완성된 웹사이트로 배우는

HTML&CSS
웹 디자인

완성된 웹사이트로 배우는 HTML&CSS 웹 디자인

5개 예제로 배우는 효율적인 웹사이트 제작 노하우

초판 1쇄 발행 2022년 5월 10일
초판 2쇄 발행 2023년 8월 30일

지은이 Mana / **옮긴이** 신은화 / **펴낸이** 김태헌
펴낸곳 한빛미디어(주) / **주소** 서울시 서대문구 연희로2길 62 한빛미디어(주) IT출판2부
전화 02-325-5544 / **팩스** 02-336-7124
등록 1999년 6월 24일 제25100-2017-000058호 / **ISBN** 979-11-6224-560-6 93000

총괄 송경석 / **책임편집** 홍성신 / **기획** 이윤지 / **교정** 김은미
디자인 표지 윤혜원 내지 박정화 / **전산편집** 다인
영업 김형진, 장경환, 조유미 / **마케팅** 박상용, 한종진, 이행은, 김선아, 고광일, 성화정, 김한솔 / **제작** 박성우, 김정우

이 책에 대한 의견이나 오탈자 및 잘못된 내용에 대한 수정 정보는 한빛미디어(주)의 홈페이지나 아래 이메일로
알려주십시오. 잘못된 책은 구입하신 서점에서 교환해드립니다. 책값은 뒤표지에 표시되어 있습니다.
한빛미디어 홈페이지 www.hanbit.co.kr / 이메일 ask@hanbit.co.kr

ほんの一手間で劇的に変わる HTML&CSS と Web デザイン実践講座
〈Hon no Hitotema de Gekiteki ni Kawaru HTML & CSS to Web Design Jissen Koza〉
Copyright © 2021 Mana
First published in Japan in 2021 by SB Creative Corp.
Korean translation rights arranged with SB Creative Corp.
through JM Contents Agency Co.
Korean edition copyright © 2022 by Hanbit Media, Inc

지금 하지 않으면 할 수 없는 일이 있습니다.
책으로 펴내고 싶은 아이디어나 원고를 메일(**writer@hanbit.co.kr**)로 보내주세요.
한빛미디어(주)는 여러분의 소중한 경험과 지식을 기다리고 있습니다.

완성된 웹사이트로 배우는

HTML&CSS
웹 디자인

Mana 지음

신은화 옮김

HB 한빛미디어
Hanbit Media, Inc.

지은이·옮긴이 소개

지은이 **Mana**

일본에서 2년간 그래픽 디자이너로 일한 뒤 캐나다 밴쿠버에 있는 웹 제작 학교를 졸업했다. 캐나다, 호주, 영국 회사에서 웹 디자이너로 근무했으며 현재는 웹사이트 제작을 강의하고 있다. 블로그 '웹 크리에이터 박스'는 2010년 일본 알파 블로거 어워드를 수상했다. 저서『러닝스쿨! 한 권으로 끝내는 HTML＋CSS 웹 디자인 입문』으로 2019년 CPU 대상 서적 부문 대상을 수상했다.

옮긴이 **신은화** silverfire07@naver.com

이화여자대학교에서 컴퓨터학을 전공했으며 일본 미에대학교에서 교환학생으로 정보공학을 공부했다. LG CNS에서 13년째 근무하며 개발, 기획, 사업 개발 등 다양한 업무를 거쳐 현재는 클라우드 빌링 업무를 담당하고 있다. 옮긴 책으로는『가장 쉬운 네트워크 가상화 입문 책』『인프라 디자인 패턴』『완벽한 IT 인프라 구축을 위한 Docker』가 있다.

지은이의 말

"HTML과 CSS 기초를 알고 있지만 실제 웹사이트를 만들려고 하면 손이 안 움직여요."
"이 웹사이트처럼 만들고 싶은데 어떻게 해야 하는지 모르겠어요."

제가 강의하는 온라인 스쿨 학생들에게 이런 이야기를 많이 듣습니다. 머릿속에는 만들고 싶은 웹사이트의 **구체적인 이미지가 있지만** 이를 **표현하는 방법을 모르겠다**는 것입니다. 학생들에게 "이런 것은 간단하게 표현할 수 있어"라며 설명하다가 문득 예전 제 모습이 생각났습니다. 웹사이트 만드는 법을 배우는 전문학교에 다닐 때의 일입니다. 당시 그래픽 디자인 업무를 하고 있던 저는 웹사이트라는 매체는 표현에 제한이 너무 많다는 것을 느꼈습니다.

- 콘텐츠는 반드시 사각형 안에 있어야 한다.
- 사각형을 배열해 레이아웃을 잡는다.
- 멋진 글씨체는 이미지로 만든다.

웹사이트를 만들 때는 그래픽 디자인처럼 자유롭게 표현하기 어려웠습니다. 웹 디자인의 재미를 느끼지 못하고 단지 과제만 수행하는 나날을 보냈습니다. 그러던 중 한 웹사이트를 만났고 충격을 받았습니다. **콘텐츠가 사각형 밖에서도 표시**되고 있던 것입니다! '사각형을 기본으로 그 안에 콘텐츠를 넣어야 한다'고 배웠던 저에게는 가히 혁신으로 다가왔습니다. 알고 있는 도구를 총동원해 어떻게 만들었는지 알아본 결과, 그곳에는 익숙하지 않은 다음의 CSS가 있었습니다.

```
position: absolute;
```

이 코드를 적용하면 요소의 위치를 **자유롭게 지정할 수 있습니다**. '이런 방법도 있구나!'라며 두근거리는 마음을 안고 다양한 웹사이트를 확인하면서 표현하고자 하는 폭을 넓혀갈 수 있었습니다. CSS에 흥미가 없었던 저는 **마법의 한 줄**로 완전히 나만의 세계를 바꿀 수 있었습니다.

이론, 사용편의성, 접근편의성, 로딩 속도, 보안 등 웹사이트를 만들려면 아주 다양한 것을 배워야 합니다. 디자인도 중요하지만 먼저 마음속에 그려둔 **이미지를 형상화하는** 경험을 많이 했으면 좋겠습니다. 이런 경험은 앞으로 웹사이트를 만들 수 있는 의욕을 생기게 해주고 설령 잘 안 되는 것이 있더라도 포기하지 않고 여유를 가지며 해결책을 찾아갈 수 있게 해줄 것입니다. 새로운 지식을 익히려 하니 귀찮을 수도 있겠죠. 하지만 새로운 세계를 알아간다는 것은 매우 설레는 모험과 같습니다. 한 사람이라도 더 많은 이에게 이런 흥분을 전하고 싶어서 이 책이 탄생하게 되었습니다.

기존에 많이 봤던 웹사이트 제작 가이드는 대부분 코드를 보면서 웹사이트를 따라 만들지만 이 책은 다릅니다. 이미 완성된 웹사이트를 보면서 어떤 테크닉을 사용한 것인지 배워 나갑니다. 많은 학생이 "이런 표현을 하고 싶어요"라고 했던 내용을 기반으로 활용 폭이 넓고, 실제 현장에서 많이 요구하는 테크닉을 다섯 개의 다른 웹사이트 안에 꽉 채워 넣었습니다.

비스듬한 선, 그래프, 아름다운 애니메이션 등 웹사이트를 꾸밀 수 있는 방법뿐만 아니라 더욱 효율적으로 웹사이트를 만들기 위한 기술, 팁 등 한발 더 나아간 기술을 담았습니다. 너무 긴 코드나 복잡한 방법은 피하고 이제 막 HTML이나 CSS 기초를 배운 분이 다음 단계로 가는 데 도움이 되도록 구성했습니다. 장마다 연습 문제나 웹사이트를 커스터마이징할 수 있는 과제도 있으니 직접 해보면서 작성한 코드가 어떻게 반영되는지 확인해보세요.

저의 웹사이트 제작 인생이 단 한 줄로 인해 바뀐 것처럼 여러분도 이 책을 계기로 웹사이트를 만드는 매력에 흠뻑 빠졌으면 좋겠습니다.

여러분만의 마법의 한 줄을 찾아봅시다.

웹 크리에이터 박스
Mana

옮긴이의 말

빠른 네트워크와 다양한 디바이스가 보급되면서 웹사이트는 단순히 정보를 전달하는 것만이 아닌 홍보의 수단과 창구로 자리 잡았습니다. 이제는 회사나 개인을 알리는 데에 웹사이트를 적극 활용하고 있으며 사용자 역시 본인이 알고자 하는 브랜드와 정보에 더 쉽게 다가가고자 웹사이트를 찾습니다. 이에 따라 틀에 박힌 레이아웃을 가진 과거의 웹사이트는 점차 사라지고 CSS 등 새로운 기술로 더욱 유려한 디자인과 가시성을 가진 웹사이트가 많이 등장했습니다. 심지어 과거에 불가능했거나 복잡한 코딩으로 겨우 구현할 수 있었던 기능을 새롭게 등장한 기술 덕분에 단 몇 줄의 코드만으로 더 아름답게 구현할 수 있습니다. 또한 포토샵 등 그래픽 도구가 없으면 만들 수 없던 아름다운 디자인과 필터도 대부분 코딩으로 구현할 수 있으며 이미지 크기를 줄여 더 빠르고 가벼운 웹사이트를 만들 수 있게 되었습니다.

하지만 초보 웹 개발자나 웹 디자이너라면 어느 정도 기초 지식은 있으나 내가 만들고자 하는 디자인을 구현하기 위해 무엇부터 시작해야 할지 막막할 것입니다. 저 역시 웹사이트 디자인만 하고 실제 개발까지 너무나 많은 시행착오를 겪고 무한히 검색을 반복했던 경험이 있기에 그 마음을 잘 이해합니다.

이 책은 대표적인 웹사이트를 종류별로 나눠 어떤 디자인을 어떻게 적용하면 좋을지 차근차근 설명합니다. 샘플 코드를 활용해 하나하나 따라가다 보면 이를 응용하여 무궁무진한 디자인의 웹사이트를 만들 기반을 다질 수 있을 것입니다.

저 역시 이 책을 번역하며 과거보다 훨씬 더 풍부하고 쉽게 웹사이트 디자인이 가능함을 느낄 수 있었습니다. 예전에 이 책을 먼저 접했더라면 좀 더 효율적으로 개발 기간을 단축할 수 있지 않았을까 하는 생각도 들었습니다. 독자 여러분도 어디서부터 시작해야 할지 모른다는 막막함을 떨치고 웹사이트 디자인에 대한 흥미를 높이는 데 도움이 되었으면 합니다.

마지막으로 좋은 책을 번역할 수 있는 기회를 마련해준 한빛미디어 관계자와 번역 작업에 많은 도움과 지지를 아끼지 않았던 사랑하는 가족 및 주변의 많은 분에게도 고마운 마음을 전합니다.

신은화

이 책에 대하여

이 책은 이미 완성된 다섯 개의 웹사이트를 보면서 여기에 쓰인 기술을 하나씩 알아가는 스타일로 구성했습니다. 또한 몇몇 장의 말미에는 연습 문제와 커스터마이징 실습이 있어 실무에 가까운 훈련을 할 수 있습니다. HTML과 CSS 기초를 배운 분이라면 한 단계 더 업그레이드하기에 딱 좋은 내용입니다.

Chapter 1	웹사이트 제작에 필요한 필수 도구인 '개발자 도구'를 자세히 배웁니다.
Chapter 7	에밋, calc 함수, Sass 등 코드를 효율적으로 작성할 수 있는 방법을 배웁니다.
Chapter 8	독학하면서 어려웠던 것을 떠올리며 웹사이트를 만들 때 만날 수 있는 문제의 해결 방법을 배웁니다.

Chapter 2 랜딩 페이지

반응형 웹 페이지를 만들기 위한 세부 설정과 폰트의 조합을 예시로 듭니다. 알아두면 아주 편리한 아이콘 폰트 등을 배웁니다.

Chapter 3 블로그 사이트

점선이나 곡선, 인덱스나 리스트, 헤더header, 푸터footer 등 세부적으로 꾸미는 방법을 소개합니다. 하고 싶었던 디자인의 세세한 표현을 배웁니다.

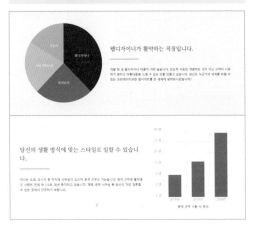

자바스크립트JavaScript 라이브러리를 활용해 그래
프나 표 등 회사 사이트에서 자주 쓰이는 데이
터를 정리하는 방법을 배웁니다.

동영상, 다단 레이아웃, CSS 필터, 확대, 라이
트 박스 등 자주 볼 수 있는 여러 가지 웹 기술
을 배웁니다.

애니메이션이나 블렌드 모드 등 사용자의 마음을
움직일 수 있는 표현 방법과 커스텀 변수 등 여러
사이트에서 응용할 수 있는 방법을 배웁니다.

예제 소스

이 책은 공부하는 데에 도움이 될 수 있도록 예제 소스를 제공합니다. 예제 소스는 다음 URL에서 다운로드할 수 있습니다.

- https://www.hanbit.co.kr/src/10560

예제 코드는 개인용이나 상업용에 관계없이 자유롭게 사용할 수 있습니다. 다만 문구와 이미지는 이 책의 학습을 위한 목적 외에는 사용할 수 없습니다. 문구와 이미지를 바꾸면 단독 사이트로 활용해도 좋습니다.

일러두기

- 이 책에서 소개하는 내용은 집필 당시의 최신 버전인 구글 크롬Google Chrome, 마이크로소프트 엣지Microsoft Edge, 마이크로소프트 인터넷 익스플로러Microsoft Internet Explorer(기본적으로 지원하지 않으나 CSS 그리드 이외는 인터넷 익스플로러 11에서 확인), 비주얼 스튜디오 코드Visual Studio Code, 맥MacOS 10.14, 윈도우Windows 10 환경에서 동작합니다.

- 이 책은 아파치 라이선스Apache License 2.0 기반으로 작성되었습니다.

- 웹사이트 화면은 시간이 지남에 따라 책과 달라질 수 있으며 링크 또한 삭제되었거나 변경되었을 수 있습니다.

CONTENTS

CONTENTS

CHAPTER 3

블로그 사이트로 배우는 다단 레이아웃과 꾸미는 방법

CHAPTER 4

회사 사이트로 배우는 표, 그래프, 폼, 자바스크립트

CONTENTS

CHAPTER 6

갤러리 사이트로 배우는 이미지와 동영상을 사용하는 방법

CONTENTS

웹사이트의 기본과 필수 도구

—

웹사이트 제작 세계에 오신 것을 환영합니다! 우선 웹사이트의 기본인 구성과 제작에 편리한 도구 사용법을 알아봅니다. 만약 이번 장에서 설명하는 기초 부분이 이미 알고 있는 내용이라면 가볍게 읽어도 됩니다.

CHAPTER

01

HTML & CSS & WEB DESIGN

1.1 웹 페이지 구조

우리 생활에 없으면 안 되는 웹 페이지, 만들고 싶은 웹 페이지를 상상하면서 어떤 구성과 순서로 만들어지는지 배워봅시다.

■ 웹 서버와 웹 클라이언트

웹 페이지를 표시하기 위해서는 **웹 서버**와 **웹 클라이언트**가 필수입니다. 웹 서버는 웹에 정보를 공개하는 컴퓨터 중 하나입니다. 웹사이트에서 사용되는 파일과 이미지가 웹 서버에 저장되어 있습니다. 웹 클라이언트는 웹 서버에서 정보를 받는 사용자가 접근하는 컴퓨터입니다. 웹 클라이언트가 원하는 웹 페이지를 '요청request'하면 웹 서버가 이에 '응답response'하면서 웹 페이지가 표시됩니다. 예를 들어 웹사이트를 열 때 웹 서버에 'ㅇㅇ 웹사이트를 보고자 함'이라는 요청을 보내면 웹 서버는 '요청한 웹사이트는 이곳'이라고 응답하며 페이지를 표시합니다.

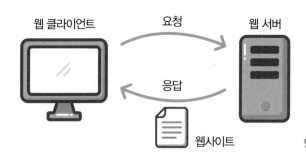

웹 클라이언트의 요청에 웹 서버가 응답한다.

■ URL

URLUniform Resource Locator은 웹사이트의 고유한 주소를 의미합니다. http://example.com이나 http://example.com/sample/index.html 같은 포맷으로 웹 브라우저의 URL 입력란에 직접 입력하면 특정 웹사이트에 접속할 수 있습니다. 다만 매번 URL을 입력해서 페이지를 이동하는 것은 불편합니다. 웹 페이지 내 텍스트나 이미지에 URL을 연결하고 그것을 클릭하면 다른 웹 페이지로 이동하도록 할 수 있습니다. 이를 **링크(하이퍼링크)**라고 합니다.

■ 웹사이트를 만드는 순서

웹 디자이너는 웹사이트 기획, 설계, 디자인, 코딩까지 모두 수행합니다. 순서를 정리해봅시다.

01 웹사이트 기획

웹사이트에서 사용자에게 제공하고 싶은 것은 무엇인지, 주 사용자는 누구였으면 하는지 정리합니다. 웹사이트의 목적이나 타깃 사용자를 설정하면 어떤 콘텐츠가 필요한지, 디자인은 어떤 분위기로 하는 것이 좋을지 알 수 있습니다.

사용자에게 무엇을 제공할 수 있을지 생각해보자.

02 사이트맵 작성

웹사이트 구성을 그려놓은 것을 **사이트맵**이라고 합니다. 주요 페이지와 각 페이지가 어떻게 링크되었는지 정리합니다. 관련 페이지를 그룹으로 묶어서 계층 구조를 만들면 사용자가 보고자 하는 페이지를 쉽게 찾을 수 있습니다.

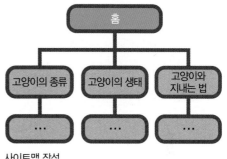

사이트맵 작성

03 와이어 프레임 작성

사이트맵을 바탕으로 필요한 페이지를 파악해 **와이어 프레임**을 만듭니다. 와이어 프레임은 어디에 어떤 콘텐츠가 들어가는가를 텍스트나 각 칸을 구분하는 간단한 선 및 박스로 작성한 웹사이트 설계도입니다. 와이어 프레임을 확실하게 만들어두면 콘텐츠의 우선순위가 명확해지는 것은 물론 디자인 작업도 쉬워집니다.

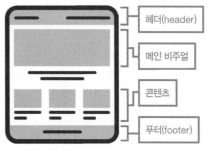

텍스트나 라인, 박스로 작성

04 디자인

포토샵이나 일러스트레이터, XD, 스케치 등의 소프트웨어 디자인 툴을 사용해 웹사이트의 **디자인 샘플**을 만듭니다. 디자인 샘플이 있으면 웹 페이지의 전체적인 이미지가 쉽게 그려집니다. 이를 바탕으로 코딩 작업을 진행합니다.

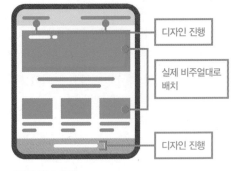

디자인 진행

실제 비주얼대로 배치

디자인 진행

디자인 툴로 제작

05 코드 작성

HTML이나 **CSS**, 때에 따라 **자바스크립트** 등을 사용해 실제로 웹에 표시되는 파일을 만듭니다. 실제로 사용될 문장이나 이미지도 준비해 페이지에 링크를 걸거나 애니메이션으로 동작하도록 코드를 작성합니다.

```
<body>
  <header>
    <h1>
      Website
    </h1>
```

HTML
CSS
자바스크립트

코드 작성

06 웹 공개

작성한 파일을 웹 서버에 업로드해 공개합니다. 일반적으로 서버 회사의 웹 서버를 임대하고 FTP 소프트웨어라고 불리는 파일 전송 소프트웨어 등을 이용해 파일을 업로드합니다. 웹사이트를 공개할 때 웹사이트 고유 주소인 **도메인**('○○.com'이나 '○○.co.kr' 등)을 사용하면 좋습니다.

웹 서버에 업로드

인터넷

PC   태블릿   스마트폰

여러 디바이스에서 볼 수 있다.

1.2 HTML 기초

HTML은 웹 페이지 콘텐츠를 구성하는 언어입니다. 기본적인 작성법과 작성 시 주의해야 할 점을 기억해둡시다.

■ HTML이란

HTML^{HyperText Markup Language}은 웹 페이지의 토대가 되는 언어입니다. 웹 페이지 정보와 웹 페이지에 표시하고자 하는 문장 등을 〈와 〉로 묶은 **태그**로 표현합니다. 태그에는 여러 종류가 있으며 어떤 태그로 묶느냐에 따라 역할이 바뀝니다.

■ 기본적인 작성법

각 부분 용어

```
<a href="index.html">HTML 기초</a>
```

코드를 작성했다면 각 부분은 다음과 같이 부릅니다.

작성 내용	용어
`<a href="index.html">HTML 기초</a>`	요소
`<a href="index.html">~</a>`	태그
`HTML 기초`	요소 내용
`a`	태그명
`href`	속성
`index.html`	값

태그로 감싸기

〈와 〉로 묶여 제일 처음 쓰인 것을 **시작 태그**, /가 더해져 마지막에 쓰인 것을 **종료 태그**라고 부릅니다. 시작 태그와 종료 태그는 보통 세트로 사용되지만 요소에 따라 종료 태그가 없는 경우도 있습니다.

| 반각문자로 작성 |

태그에는 전각문자나 한글을 사용할 수 없습니다.

좋은 예	나쁜 예
`<p>HTML 기초</p>`	`< p >HTML 기초< / p >`

| 소문자로 작성 |

기본적으로 대문자와 소문자를 구별하지 않습니다. 단 HTML 버전에 따라서 소문자로 작성해야 하는 경우도 있기 때문에 소문자로 통일하는 것이 좋습니다.

좋은 예	나쁜 예
`<p>HTML 기초</p>`	`<P>HTML 기초</P>`

중첩문 사용하기

HTML에서는 시작 태그와 종료 태그 사이에 다른 태그가 있는 **중첩문**인 경우도 많습니다. 중첩문은 반드시 바로 앞에 있는 태그부터 순서대로 종료합니다.

좋은 예	나쁜 예
`<p><strong>HTML</strong> 기초</p>`	`<p><strong>HTML</p> 기초</strong>`

■ HTML 파일 구조

HTML 파일은 포맷이 어느 정도 정해져 있습니다. 각각 어떤 역할을 하는지 다음의 예제를 참조하면서 복습해봅시다.

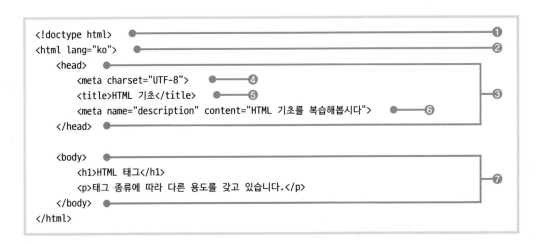

첫 번째 행에서 Doctype을 선언

`<!doctype html>`(❶)로 Doctype을 선언하며, 해당 HTML 파일이 어떤 버전으로 만들어졌는지 나타냅니다. 현재 사용 중인 HTML5 버전에서는 `<!doctype html>`로 표현하며 종료 태그는 없습니다.

모든 코드를 〈html〉 태그로 감싸기

Doctype을 선언한 후에 바로 `<html>` 태그를 적어(❷) 그 아래 적힌 코드 전체를 감쌉니다. HTML 문서라는 것을 나타내며 HTML 파일을 만들 때는 반드시 필요한 태그입니다. lang은 웹 페이지 언어를 설정하는 속성으로 ko로 적으면 한국어 문서를 뜻하게 됩니다.

〈head〉 태그에 웹 페이지 정보 기록

`<head>` 태그에는 페이지의 제목, 설명, 외부에서 불러오는 파일 링크 등 페이지 정보를 적습니다 (❸). `<head>` 태그 안 정보는 브라우저에 표시되지 않습니다.

문자 인코딩 방식을 UTF-8로 지정

`<meta charset="UTF-8">`은 문자 인코딩 방식을 설정합니다(❹). 지정하지 않으면 글자가 깨지는 현상이 발생할 수 있으니 반드시 설정해야 합니다.

〈title〉 태그에 웹 페이지 제목 지정

`<title>`은 페이지 제목을 설정합니다(❺). 여기에 설정한 제목이 브라우저 상단이나 즐겨찾기에 등록했을 때, 검색했을 때 페이지 제목으로 표시됩니다.

페이지 설명 기록

`<meta>` 태그의 이름 속성에 description을 적고 content 속성에 페이지 설명을 설정할 수 있습니다(❻). 페이지 제목과 마찬가지로 검색엔진이나 SNS에 공유할 때 설정한 설명이 표시됩니다.

〈body〉 태그의 내용이 브라우저에 표시

`<body>` 태그 안 내용이 웹 페이지를 구성합니다(❼). 실제 브라우저에 표시되는 내용입니다.

1.3 HTML 속성

HTML 태그를 보조하는 속성의 사용법을 복습해보겠습니다. 본격적으로 웹 페이지를 만들기 전 다시 한번 체크해봅시다.

■ 속성이란

태그에 따라 시작 태그 안에 속성을 추가해 부가 정보를 추가할 수 있습니다. 태그명에 이어서 공백을 두고 속성 값을 작성합니다. 속성은 태그에 따라 다르니 주의하기 바랍니다. `<img>` 태그는 이미지를 삽입하기 위한 태그이며 scr 속성으로 파일 경로를, alt 속성으로 대체 텍스트를 지정합니다.

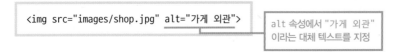

```
<img src="images/shop.jpg" alt="가게 외관">
```
alt 속성에서 "가게 외관"
이라는 대체 텍스트를 지정

따옴표 사용

속성 값을 지정할 때는 따옴표를 사용합니다. 따옴표는 " (큰따옴표 Double Quotation), ' (작은따옴표 Single Quotation) 중 어떤 것을 사용해도 상관없습니다.

좋은 예	나쁜 예
`<a href="index.html">HTML 기초</a>`	`<a href=index.html>HTML 기초</a>`

자주 사용하는 태그 속성

자주 사용하는 태그 속성과 세트를 알아두면 나중에 쉽게 활용할 수 있습니다. 이외에도 여러 가지 속성이 있으니 알아두면 좋습니다.[1]

| `<a>` 태그 |

속성	의미	예
href	링크하려는 URL	`<a href="http://example.com">웹사이트</a>`

---

1 MDN HTML 속성 레퍼런스: https://developer.mozilla.org/ko/docs/Web/HTML/Attributes

| ⟨img⟩ 태그 |

속성	의미	예
src	이미지 파일 경로	`<img src="images/dog.jpg">`
alt	어떤 이미지인지 설명	`<img src="images/dog.jpg" alt="공원에서 뛰는 강아지">`

| ⟨input⟩ 태그 |

속성	의미	예
type	입력 칸의 여러 가지 입력 형태(text, submit, checkbox, radio, email, url, search, password 등)	`<input type="text">`
value	입력 칸에 있는 값	`<input type="checkbox" value="checked">`
placeholder	⟨input⟩ 태그가 빈 값일 때 표시되는 텍스트 설정	`<input type="email" placeholder="예: info@example.com">`

글로벌 속성

글로벌 속성이란 모든 태그에서 사용할 수 있는 공통 속성을 의미합니다.

속성	의미	예
class	CSS로 스타일을 적용할 때 사용. 같은 태그에서 서로 다른 여러 가지 클래스를 지정할 때는 공백으로 구분해 사용	`<p class="align-center description">`클래스 사용법`</p>`
id	CSS로 스타일을 적용할 때 사용. 한 페이지 안에서 같은 ID를 중복해 사용이 불가능	`<h1 id="heading">ID 사용법</h1>`

이 책은 실전 경험을 목표로 해 HTML이나 CSS 기초 내용은 많지 않습니다. 기초를 더욱 자세히 배우고 싶다면 『러닝스쿨! 한 권으로 끝내는 HTML&CSS 웹 디자인 입문』을 참고하기 바랍니다. 태그 하나하나에 예제 코드와 함께 설명하고 있으니 이제 막 웹사이트를 만드는 초보자는 HTML 및 CSS 기본을 배우기 좋을 것입니다.

1.4 CSS 기초

CSS를 사용하면 더욱 즐겁게 웹사이트를 만들 수 있습니다. 예상치 못한 실수를 방지하기 위해서라도 기본 규칙을 다시 한번 점검해봅시다.

■ CSS란

CSS^{Cascading Style Sheets}는 웹 페이지 외형을 바꾸기 위한 언어입니다. HTML만으로 웹 페이지를 만들면 흰 배경에 검은 글씨 그리고 위부터 아래로 나열되는 콘텐츠로 구성된 매우 심플한 구조가 됩니다. 여기에 색상, 글씨 크기, 레이아웃을 추가해 장식하는 것이 CSS입니다.

■ CSS 기본 작성법

각 부분 용어

예시 코드의 각 부분을 다음과 같이 부릅니다.

각 부분	용어
h1	셀렉터
{ color: #0bd; }	선언 블록
color: #0bd;	선언
color	속성
blue	값

셀렉터, 속성, 값을 조합해 **어디에, 무엇을, 어떻게 바꿀 것인지**를 설정합니다.

| 셀렉터 |

어디를 장식할 것인지 지정하는 것을 셀렉터라고 합니다. HTML 태그명, 클래스명, ID를 여기에서 설정합니다.

| 속성 |

셀렉터에서 지정한 부분의 무엇을 바꿀 것인지 설정합니다. 속성과 값 사이에는 : (콜론^{colon})을 표기해 구분합니다.

| 값 |

값은 어떻게 바꿀 것인지를 설정합니다. 복수의 속성과 값을 지정할 때는 값 뒤에 ; (세미콜론^{semicolon})을 추가합니다.

CSS 작성 규칙

| 반각문자로 작성 |

HTML과 마찬가지로 전각문자는 사용할 수 없습니다.

좋은 예	나쁜 예
h1 { color: blue; }	h1 { ｃｏｌｏｒ：ｂｌｕｅ； }

| 소문자로 작성 |

기본적으로 대문자와 소문자를 구별하지 않습니다. 단 HTML 버전에 따라서 소문자로 작성해야 하는 경우도 있으니 소문자로 통일하는 것이 좋습니다.

좋은 예	나쁜 예
h1 { color: blue; }	h1 { COLOR: Blue; }

| 여러 속성을 설정 |

속성을 여러 개 설정할 때는 선언한 속성의 끝에 ;을 추가해 속성을 구분합니다.

좋은 예	나쁜 예
h1 { color: blue; font-size: 20px; }	h1 { color: blue font-size: 20px } (세미콜론이 없다)

속성이 하나밖에 없을 때는 마지막에 ;을 붙이지 않아도 됩니다. 그러나 실제로 작업할 때는 나중에 다른 속성을 추가하는 경우가 많습니다. 이때 마지막에 ;이 없으면 오류가 나니 항상 선언의 끝에는 ;을 붙이는 습관을 들이는 것이 좋습니다.

■ 클래스와 ID를 사용한 작성법

HTML 태그 속성에 class와 id를 정의할 수 있습니다. HTML로 클래스 또는 ID를 할당한 뒤 CSS와 결합해 그 부분만 장식을 변경할 수 있습니다. 클래스는 HTML 파일에서 원하는 태그에 class 속성을 정의한 후 클래스명을 정해 사용할 수 있으며, CSS 파일에서는 .(마침표) 뒤에 클래스명을 쓰고 적용하고자 하는 스타일을 정의합니다. ID를 사용하는 경우에도 클래스와 비슷합니다. 임의의 태그에 id 속성을 정의한 뒤 ID명을 정합니다. CSS 파일에서는 #(해시) 뒤에 ID명을 쓰고 적용하고자 하는 스타일을 적습니다.

예시

 HTML 태그명 뒤에 class나 id를 지정

```
<p class="blue">클래스를 지정한 텍스트</p>
<p id="orange">ID를 지정한 텍스트</p>
```

CSS blue 클래스와 orange ID를 지정

```
.blue {
  color: blue;
}
#orange {
  color: orange;
}
```

클래스명과 ID명 생성 규칙

클래스명과 ID명은 직접 설정할 수 있어 알기 쉬운 이름으로 하는 것이 좋습니다. 단 몇 가지 규칙이 있으며 잘 지키지 않으면 CSS가 반영되지 않습니다.

- 첫 글자는 반드시 영어로 시작해야 한다.
- 공백은 사용하지 않는다.
- 영어, 숫자, -(하이픈), _(언더바)만 사용한다.

한글로 된 클래스명이나 ID명도 가능하지만 브라우저에 따라 제대로 동작하지 않을 수 있어 영어나 숫자로 생성하는 것이 좋습니다.

한 태그 안에 여러 개의 클래스나 ID 정의

한 태그 안에서 클래스명이나 ID명을 공백으로 구분해 여러 개의 클래스나 ID를 정의할 수 있으며 클래스와 ID를 같은 태그 안에 정의할 수도 있습니다.

HTML 태그명 뒤에 class나 id를 지정

```
<p class="blue center small">여러 클래스를 정의</p>
```

> \<p\> 태그에 blue, center, small 이라는 세 가지 클래스를 정의한다.

HTML 같은 태그에 ID와 클래스를 각각 정의

```
<p id="blue" class="center">ID와 클래스를 함께 정의</p>
```

> \<p\> 태그에 blue라는 ID와 center라는 클래스를 정의한다.

클래스와 ID 차이

| 같은 HTML 파일에서 사용할 수 있는 횟수 |

클래스와 ID는 동일한 HTML 파일 내에서 사용할 수 있는 횟수가 다릅니다. ID는 페이지 내에서 같은 ID명을 여러 번 사용할 수 없지만 클래스는 여러 번 사용할 수 있습니다. 레이아웃 구조처럼 어느 페이지에서도 바뀌지 않는 부분에는 ID를, 페이지 내에서 몇 번이나 사용하는 장식에는 클래스를 사용하도록 구분하는 것이 좋습니다.

| CSS 우선순위 |

CSS가 적용되는 우선순위에도 차이가 있습니다. 예를 들어 같은 태그에 클래스와 ID를 사용해 서로 다른 장식을 정의한 경우에는 ID로 정의한 장식의 우선순위가 높습니다.

■ 셀렉터 정의 방법

셀렉터는 태그 이름, 클래스, ID명 외에도 여러 가지 사용법이 있습니다.

작성법	적용 범위	예
태그명	설정한 모든 태그	p {color:blue;}
*	모든 요소	* {color:blue;}
.클래스명	클래스명이 붙어 있는 요소	.example {color:blue;}
#ID명	ID명이 붙어 있는 요소	#example {color:blue;}
태그명.클래스명	클래스명이 붙어 있는 지정 태그 요소	p.example {color:blue;}
태그명#ID명	ID명이 붙어 있는 지정 태그 요소	p#example {color:blue;}
태그명[속성명]	특정 속성을 가진 지정 태그 요소	input[type] {color:blue;}
태그명[속성명="속성 값"]	특정 속성 값을 가진 지정 태그 요소	input[type="text"] {color:blue;}
셀렉터, 셀렉터	여러 셀렉터	div, p {color:blue;}
셀렉터 셀렉터	아래 계층의 지정 요소	div p {color:blue;}
셀렉터 > 셀렉터	바로 아래 계층의 지정 요소	div > p {color:blue;}
셀렉터 + 셀렉터	바로 뒤에 인접한 요소	div + p {color:blue;}

■ CSS 적용 방법

.css 확장자가 붙은 CSS 파일을 만들어 HTML 파일에 불러오는 가장 일반적인 방법입니다. CSS 파일을 하나 생성한 후 여러 HTML 파일에서 불러와 적용할 수 있어 CSS를 관리하기 쉽습니다. 수정이 필요할 때도 CSS 파일 하나만 수정하면 돼 편리합니다.

| 적용 방법 |

HTML 파일의 `<head>`에 `<link>` 태그를 사용해 CSS 파일 경로를 설정합니다. `rel` 속성에 style sheet를, `href` 속성에 CSS 파일 경로를 적습니다.

```
<!doctype html>
<html lang="ko">
    <head>
        <meta charset="UTF-8">
        <title>CSS가 적용됨</title>
        <meta name="description" content="CSS 파일을 참조함">
        <link rel="stylesheet" href="css/style.css">
    </head>

    <body>
        <p>콘텐츠</p>
    </body>
</html>
```

HTML 파일의 `<head>` 안에 CSS를 적는 방법입니다. CSS를 적은 HTML 파일에서만 적용되며 다른 HTML 파일에는 반영되지 않습니다. 앞서 설명한 방법과 달리 다른 HTML 파일에는 반영되지 않으니 주의하기 바랍니다. 특정 페이지에서만 디자인을 바꾸고 싶을 때 사용할 수 있는 방법입니다.

| 적용 방법 |

HTML 파일의 `<head>` 태그 안에 `<style>` 태그를 추가해 임의의 CSS를 정의합니다.

```
<!doctype html>
<html lang="ko">
    <head>
```

```
        <meta charset="UTF-8">
        <title>CSS가 적용됨</title>
        <meta name="description" content="head에 CSS를 정의">
        <style>
            p { color: blue; }
        </style>
    </head>

    <body>
        <p>콘텐츠</p>
    </body>
</html>
```

03 태그 안에 style 속성 지정

HTML 태그에 **style** 속성을 사용해 직접 CSS를 작성하는 방법으로 해당 태그에만 적용됩니다. 태그를 하나하나 지정해야 해 관리가 어렵고 번거롭습니다. 다른 방법보다 CSS가 적용되는 우선순위가 높아서 CSS를 덮어 쓰고 싶을 때나 디자인을 일부만 변경하고 싶을 때 사용할 수 있습니다.

| 적용 방법 |

태그 안에 CSS를 적을 때 각 태그 안에 **style** 속성을 설정합니다. 셀렉터나 , (콤마comma)는 사용하지 않아도 됩니다.

```
<!doctype html>
<html lang="ko">
    <head>
        <meta charset="UTF-8">
        <title>CSS가 적용됨</title>
        <meta name="description" content="태그에 CSS를 정의">
    </head>

    <body>
        <p style="color: blue;">콘텐츠</p>
    </body>
</html>
```

편리하게 관리하기 위해서는 특별한 이유가 없으면 '01 CSS 파일을 불러와 적용' 방법을 사용할 것을 추천합니다. 효율적인 CSS 관리 방법은 이 책의 7.2절 'calc 함수로 계산식 사용하는 법'에서 설명하니 참고하기 바랍니다.

1.5 CSS를 더욱 쉽게 관리하는 방법

지금부터 실전에 활용할 수 있는 내용을 소개합니다. CSS는 수정이 필요한 경우까지 고려해 처음부터 관리하기 쉽게 작성하는 것이 좋습니다. **반년 후의 내가 봐도 알아보기 쉬운 구조**를 목표로 코드를 작성하는 것이 중요합니다.

■ 클래스명 붙이는 법

클래스에 이름을 붙일 때 어떤 이름이 좋을지 고민할 때가 많을 겁니다. 웹사이트를 만들 때는 내가 아닌 다른 사람이 수정하는 경우도 생각해야 합니다. 누가 봐도 쉽게 이해할 수 있고 다시 사용하기 쉬운 이름을 붙이는 법에 대해 알아보겠습니다.

무엇을 의미하는지 예측할 수 있어야 한다

클래스명을 정할 때 포인트는 먼저 클래스명이 어떤 내용이나 역할을 나타내는지 명확해야 한다는 점입니다. 처음에 생각 없이 클래스명을 붙이면 코딩을 하면서 무엇을 나타내는 것인지 전혀 알 수 없게 됩니다. 이름과 내용의 일치가 중요합니다. 초보자는 숫자나 알파벳 일련번호를 사용해 나중에 이해하기 어려워지는 경우가 많습니다. 일련번호 대신 해당 클래스의 역할을 구체적인 단어와 연결해 표현해봅시다.

좋은 예	나쁜 예
.gallery-title	.g-t
.page-title, .gallery-title, .post-title	.title1, .title2, .title3
갤러리와 페이지의 제목임을 알 수 있다.	클래스명이 무엇을 나타내는지 전혀 알 수 없다.

영어로 통일

기본적으로 클래스명은 영어로 작성합니다. 영어를 잘 못한다는 이유로 한글을 쓰거나 한글 발음을 그대로 로마자로 옮기고 싶을 때도 있을 것입니다. 물론 한글이나 로마자를 클래스명으로 사용할 수 있지만 읽기 어렵고, 쓰기 어렵고, 오타도 쉽게 난다는 단점이 있습니다. 에디터에 따라서 한글 클래스명은 제대로 인식하지 못해 자동 입력 기능을 사용할 수 없을 수도 있으니 처음부터 영어로 통일하는 것이 좋습니다.

좋은 예	나쁜 예
.history	.yeoksa
.contact	.문의처

올바른 철자 사용

잘못된 철자가 있으면 나중에 다른 사람이 수정할 때 해당 코드를 검색하지 못하거나 놓칠 수도 있습니다. 헷갈리기 쉬운 클래스명은 피하고 다른 단어를 선택하는 편이 좋으며 생략할 수 있는 단어는 생략하는 것이 좋습니다. 예를 들어 즐겨찾기를 나타내는 'favorite'은 철자를 외우기도 어렵고 미국식과 영국식 철자가 다릅니다. 다른 나라에서도 표현 방식이 다양해 'fav'로 줄여서 쓰는 경우가 많습니다.

좋은 예	나쁜 예
.button	.buttan
.fav	.favarito

COLUMN

영단어 약어

클래스명을 영어로 지으면 유난히 길어지거나 철자가 떠오르지 않는 경우도 많습니다. 그럴 때는 외우기 쉬운 약어를 사용합니다. 다른 나라도 자주 사용하는 방법이니 참고해보세요.

영단어	약어	의미	영단어	약어	의미
button	btn	버튼	title	ttl	제목
image	img	이미지	download	dl	다운로드
picture	pic	사진	document	doc	문서
text	txt	텍스트	navigation	nav	내비게이션
number	num	숫자	message	msg	메시지
left	l	왼쪽	information	info	정보
right	r	오른쪽	column	col	칼럼, 열
category	cat	카테고리	previous	prev	이전
advertisement	ad	광고	favorite	fav	즐겨찾기
description	desc	설명			

■ 자주 사용하는 클래스명 리스트

자주 사용하는 클래스명을 정리했습니다. 간단한 단어가 많으니 앞으로도 유용하게 사용할 수 있을 것입니다. 필요한 단어가 있을 때 참고하기 바라며 해당 단어를 그대로 사용해도 좋습니다.

콘텐츠 내용

단어	의미
main	메인, 주요 콘텐츠
side	사이드, 서브 콘텐츠
date	날짜
profile	프로필
user	사용자 정보
post	글 또는 기사
news	공지사항, 최신 정보, 뉴스
work	실적, 작품
service	서비스 내용
contact	문의처, 연락
event	이벤트, 행사
information / info	정보
category	카테고리, 분류
comment	코멘트
shop	점포 정보
history	역사, 연혁
archive	보관, 기록
recommend	추천
related	관련된
result	결과
feature	주요 사항, 인기 상품
timeline	연표, 타임라인
download	다운로드
gallery	이미지 목록
product	상품, 제품
faq	자주하는 질문
recruit / hiring	구인정보
about	소개, ~에 대해서
guide	안내, 사용 가이드
favorite / fav	즐겨찾기

요소를 감싸는 블록

단어	의미
container	컨테이너
wrapper / wrap	래퍼, 감싸기
box	박스
content	내용, 콘텐츠
area	영역
item	항목, 아이템
column / col	칼럼, 열

내비게이션

단어	의미
navigation / nav	내비게이션, 메인 메뉴
menu	메뉴
tab	탭, 전환 버튼
breadcrumb	이동 경로(브레드크럼)
pagination	페이지네이션

미디어 관련

단어	의미
image	그림, 이미지
photo	그림, 이미지, 사진
picture	그림, 이미지
icon	아이콘
thumbnail / thumb	섬네일
logo	로고 이미지
map	지도
video	영상
chart	그래프
advertisement	광고
document	문서

텍스트 관련

단어	의미
title	제목
heading	표제
description	설명
text	문장, 텍스트
caption	이미지 보충 설명, 캡션
list	목록, 리스트
copyright	저작권 표시

폼 관련

단어	의미
label	라벨, 항목명
button / btn	버튼
login / signin	로그인
logout / signout	로그아웃
message	메시지

형태나 위치

단어	의미
small	작은
medium	중간
large	큰
right	오른쪽
left	왼쪽
top	위
bottom	아래
middle	정중앙
round	둥근
circle	원
rectangle / rect	직사각형, 사각형
square	정사각형, 사각형
reverse	반전, 반대
next	다음
previous / prev	앞, 이전

상태

단어	의미
success	성공
alert	주의
error	오류, 실패
danger	경고
warning	경고
overlay	덮어 쓰기, 오버레이
current	현재
active	유효한
disabled	무효, 불가능
show	보여줌
hide	숨김
open	열기
close	닫기
loading	로딩 중
fixed	고정

용도에 따라 단어들을 조합해 사용하는 것도 좋습니다. 예를 들어 이미지를 올리는 곳은 .gallery, 그 안의 항목 하나하나는 .gallery-item, 이미지 제목은 .gallery-title처럼 설정할 수 있습니다.

1.6 자바스크립트 사용법

자바스크립트[2]를 사용해 더욱 화려하고 기능적인 웹 페이지를 만들 수 있습니다. 우선 자바스크립트가 무엇인지 알아보겠습니다.

■ 자바스크립트란

자바스크립트는 웹 페이지에 다양한 기능을 추가할 수 있는 프로그래밍 언어입니다. 어렵게 느껴질 수 있지만 우리 주변의 곳곳에서 사용합니다. 트위터는 트윗을 올릴 때 주변이 조금 어두워지고 **모달 윈도**modal window로 불리는 작은 패널이 떠 있는 것처럼 표시되는데 자바스크립트로 만든 기능입니다.

주변 화면이 조금 어두워진다.

자주 보는 모달 윈도도 자바스크립트로 동작한다.
https://twitter.com

자바스크립트로 만들 수 있는 기능 예시

- 이메일 주소가 폼에 맞는 형식인지 체크한다.
- 스크롤에 맞춰 이미지가 움직인다.
- 검색어를 입력하면 자주 검색하는 단어를 먼저 표시한다.
- 콘텐츠를 불러올 때 로딩 화면을 보여준다.
- 드래그 앤드 드롭Drag and Drop으로 파일을 업로드한다.

---

2 비슷한 프로그래밍 언어로 자바(Java)가 있지만 자바스크립트와 전혀 다른 언어입니다. 혼동하지 않도록 주의합니다.

평소에는 무심코 보던 웹사이트에 당연하게 쓰이는 것이 바로 자바스크립트입니다. 이제는 자바스크립트를 사용하지 않는 웹사이트는 찾기 힘들 정도입니다.

■ 자바스크립트 작성법

HTML 파일 내 작성

자바스크립트는 웹 브라우저에서 동작해 HTML 파일에 직접 작성할 수 있습니다. `<script>` 태그로 감싸고 그 안에 자바스크립트 코드를 작성하면 동작합니다. 기본적으로 `<script>` 태그는 HTML 파일 어디에 사용해도 상관없습니다. 다음 예시에서는 `<body>` 태그 내에 작성했지만 `<head>` 태그 안에서도 동작합니다.

▶ 데모   chapter1/06-demo1/index.html

```
<!DOCTYPE html>
<html lang="ko">
    <head>
        <meta charset="utf-8">
        <title>자바스크립트 테스트</title>
    </head>
    <body>
        <script>
            alert('자바스크립트를 테스트해봅시다!');     작성
        </script>
    </body>
</html>
```

다른 파일에 작성

`.js` 확장자가 붙은 자바스크립트 파일을 작성한 후 HTML 파일 내에 `<script>` 태그를 사용해 자바스크립트 파일을 불러올 수 있습니다. HTML 파일 내 작성하는 방법과 달리 이 방법은 자바스크립트 파일에는 `<script>` 태그는 사용할 필요가 없습니다. 콘텐츠 내용을 다루는 HTML과 동작하는 법을 다루는 자바스크립트 파일로 나누어 작성하면 더욱 편리하게 관리할 수 있습니다.

▶ 데모   chapter1/06-demo2/index.html

```
<!DOCTYPE html>
<html lang="ko">
    <head>
        <meta charset="utf-8">
```

```
        <title>자바스크립트 테스트</title>
    </head>
    <body>
        <script src="script.js"></script>    ────────── 작성
    </body>
</html>
```

JS chapter1/06-demo2/script.js

```
alert('자바스크립트를 테스트해 봅시다');
```

alert(); 명령문은 화면에 경고창을 띄운다.

06-demo2 폴더에 있는 index.html를 실행시키면 경고창이 뜬다.

1.7 브라우저에 따라 다르게 보이는 차이

내가 만든 웹사이트가 특정 브라우저에서 제대로 보이지 않으면 해당 브라우저 사용자는 굉장히 불편할 것입니다. 어떤 브라우저에서든 제대로 표시되도록 브라우저에 따른 차이를 제대로 알아두는 것이 중요합니다.

■ 브라우저 종류

웹 페이지를 보여주는 웹 브라우저에는 많은 종류가 있으며 기본적으로 웹 디자이너는 브라우저가 무엇이든 웹 페이지가 잘 보이게끔 해야 합니다. 현재 주로 사용하는 브라우저는 **구글 크롬**Google Chrome, **사파리**Safari, **인터넷 익스플로러**Internet Explorer **(IE)**, **마이크로소프트 에지**Microsoft Edge **(Edge)** 등이 있습니다.[3] 이외에도 안드로이드 기반의 삼성 갤럭시 스마트폰에서 주로 사용하는 **삼성 인터넷**Samsung Internet, 네이버에서 개발해 최근 강세를 보이는 **웨일 브라우저**Whale Browser도 국내에서 많이 사용합니다.

2020년 7월부터 2021년 7월 국내에서 사용한 브라우저 순위를 보았을 때 PC와 모바일 모두에서 사용되는 크롬이 54.14%로 선두를 차지하고 있으며 모바일, 태블릿에서 많이 사용되는 삼성 인터넷과 사파리가 근소한 차이로 각각 2, 3위를 차지하고 있음을 확인할 수 있습니다.

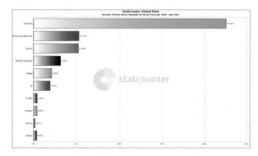

StatCounter(https://gs.statcounter.com/)

■ 각 브라우저에서 어떻게 보이는지 확인하는 방법

특정 브라우저에서는 속성에 따라 표시되지 않는 경우도 있으며 각 브라우저에 기본으로 적용된 독자적인 CSS가 있는 경우도 있습니다. 개발할 때는 브라우저마다 다르게 표시되는 것이 있는지 확인해야 합니다.

먼저 각 브라우저의 기본 CSS가 어떻게 동작하는지 봅시다. 여백, 글꼴, 폼이 각각 다른 스타일로 표현될 것입니다. 모든 브라우저는 무료로 제공되니 웹사이트를 검색하거나 스마트폰 앱 스토어에서 각 애플리케이션을 찾아서 미리 설치합니다.

----

3 사파리는 애플에서 개발한 브라우저로 아이폰(iPhone), 아이패드(iPad), 맥(Mac) 등 애플 제품에서만 사용할 수 있습니다. 마이크로소프트에서 개발한 인터넷 익스플로러는 지원이 종료되었으며 대신 마이크로소프트 에지를 사용하도록 권하고 있습니다.

구글 크롬에서 실행

웨일 브라우저에서 실행

인터넷 익스플로러에서 실행

■ 기본 CSS 초기화하기

작성한 CSS 파일은 기본 CSS를 덮어 쓰면서 적용됩니다. 기본 CSS가 남은 상태로 적용되면서 브라우저에 따라 다르게 보일 수도 있습니다. 이를 방지하고자 **CSS를 초기화**하면 브라우저에 기본으로 적용된 CSS를 취소해 다른 브라우저에서도 웹 페이지가 동일하게 보이는 효과를 가져옵니다.

CSS를 초기화하는 방법

직접 CSS를 초기화해도 되지만 외부 웹사이트에 공개된 CSS를 사용하면 더 편리하게 초기화할 수 있습니다. 이 책에서는 **Destyle.css**라는 파일을 사용해 최신 웹사이트 제작 환경에 맞춰 기본 설정된 모든 스타일을 초기화합니다.

Destyle.css

Opinionated reset stylesheet that provides a clean slate for styling your html.

- ☑ Ensures consistency across browsers (thanks normalize.css)
- ☑ Removes spacing (margin & padding) and resets font-size and line-height
- ☑ Sets some sensible defaults (see docs)
- ☑ Resets font-size and line-height
- ☑ Prevents the necessity of reseting (most) user agent styles
- ☑ Prevents style inspector bloat by only targeting what is necessary
- ☑ Contributes to the separation of presentation and semantics
- ☑ Works well with all kind of styling approaches, atomic libraries like tachyons, component based styling like css-in-js in React, good 'ol css, …

https://nicolas-cusan.github.io/destyle.css/

CSS를 초기화하고자 HTML 파일의 head 안에 Destyle.css를 불러옵니다. Destyle.css 파일을 다운로드해서 불러올 수도 있지만 웹에 공개된 https://raw.githubusercontent.com/nicolas-cusan/destyle.css/master/destyle.css를 직접 가져오면 더 편하게 적용할 수 있습니다.

```
<link rel="stylesheet" href="https://raw.githubusercontent.com/nicolas-cusan/destyle.css/
master/destyle.css">
```

head 내에 불러올 때는 작성하는 순서를 주의해야 합니다. CSS 파일은 작성된 순서대로 불러와서 내가 만든 CSS를 먼저 적용하면 나중에 나오는 Destyle.css 때문에 모든 것이 초기화됩니다. 반드시 Destyle.css가 첫 번째로 나오고 그 뒤에 자신이 만든 CSS 파일이 나와야 합니다.

HTML 잘못된 예: CSS 초기화가 나중에 적용된다.

```
<head>
    <meta charset="utf-8">
    <title>CSS 초기화</title>

<!-- CSS -->
    <link href="css/style.css" rel="stylesheet">
    <link rel="stylesheet" href="https://raw.githubusercontent.com/nicolas-cusan/destyle.
css/master/destyle.css">
</head>
```

HTML 좋은 예: CSS 초기화가 가장 먼저 적용된다.

```
<head>
    <meta charset="utf-8">
    <title>CSS 초기화</title>

<!-- CSS -->
    <link rel="stylesheet" href="https://raw.githubusercontent.com/nicolas-cusan/destyle.
css/master/destyle.css">
    <link href="css/style.css" rel="stylesheet">
</head>
```

CSS를 초기화하는 다른 대표적인 방법

Destyle.css 외에도 CSS를 초기화하는 방법으로 여러 가지가 공개되었습니다. 어떤 점이 다른지 직접 확인해보기 바랍니다.

- **Eric Meyer's Reset CSS**: 모든 스타일을 초기화하는 CSS

  https://meyerweb.com/eric/tools/css/reset/
- **Normalize.css**: 스타일 일부는 남겨두고 표시 방식을 통일하는 CSS

  http://necolas.github.io/normalize.css/

■ HTML 태그, CSS 속성의 지원 현황 확인

웹 페이지를 제작할 때 HTML 태그나 CSS 속성이 어떤 브라우저의 어떤 버전에서 지원하는지 미리 확인해야 합니다. 나중에 다른 브라우저로 확인할 때 수정은 물론 공정 시간을 단축할 수 있습니다.

Can I use...

'Can I use...'는 HTML, CSS, 자바스크립트 등 각 브라우저의 지원 현황을 확인할 수 있는 웹 서비스입니다. 사이트에 접속해 상단의 'Can I use'에 이어서 확인하고자 하는 HTML 태그나 CSS 속성을 입력해봅시다.

https://caniuse.com

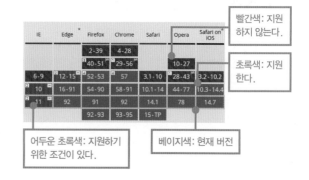

> CSS 그리드 지원 현황을 알 수 있습니다. 베이지색 띠가 붙은 숫자가 현재 버전입니다. 초록색으로 칠한 버전은 검색한 태그나 속성 지원이 가능하며 빨간색은 지원하지 않습니다. 어두운 초록색은 일정한 조건이 있어야 지원이 가능하니 페이지 하단을 확인해주세요.

벤더 프리픽스란

'Can I use...'에서 지원 현황을 확인해보면 어두운 초록색으로 된 부분에서 – (하이픈)을 볼 수 있습니다. 이는 '벤더 프리픽스$^{vendor\ prefix}$가 필요합니다'라는 표시입니다. 브라우저 접두사라고도 부르는 **벤더 프리픽스**란 브라우저 공급사(벤더)가 신규 기능을 발표할 때 이를 지원하지 않는 이전 버전의 브라우저에서도 대응할 수 있게끔 하는 식별자를 의미합니다. CSS 속성은 속성 앞에 브라우저별 벤더 프리픽스를 붙입니다. 예를 들어 이미지를 자를 수 있도록 요소에 클리핑 마스크 기능을 적용하는 `clip-path` 속성은 사파리에서 사용하려면 벤더 프리픽스를 붙여야 합니다. 이를 위해 속성 앞에 사파리의 벤더 프리픽스인 `-webkit`를 붙입니다.

주요 브라우저의 벤더 프리픽스

벤더 프리픽스	대응 브라우저
-webkit-	구글 크롬, 사파리, 오페라Opera, 마이크로소프트 에지
-moz-	파이어폭스Firefox
-ms-	인터넷 익스플로러
-o-	구 버전 오페라

```
img {
    -webkit-clip-path: circle(50px);
}
```
벤더 프리픽스

| 벤더 프리픽스가 없는 것도 함께 작성 |

벤더 프리픽스를 붙이지 않으면 동작하지 않는 속성도 이후 브라우저 버전이 업그레이드되면 벤더 프리픽스가 필요 없어질 수 있습니다. 그때를 대비해 벤더 프리픽스가 없는 것도 함께 작성해두는 것이 좋습니다.

```
img {
    -webkit-clip-path: circle(50px); /* 사파리 대응을 위한 작성 */
    clip-path: circle(50px); /* 기본 작성 */
}
```
벤더 프리픽스가 있는 경우와 없는 경우 모두 작성해야 한다.

1.8 개발자 도구를 자유자재로 사용하기

웹사이트 제작을 하는 데 필수라고 할 수 있는 것이 구글 크롬(이하 크롬)의 개발자 도구입니다. 웹사이트를 효율적으로 제작하기 위해서라도 사용법에 익숙해지기를 바랍니다.

■ 개발자 도구란

개발자 도구는 웹사이트 구성 및 CSS를 검증하고자 크롬에 기본으로 탑재된 도구입니다. 궁금한 웹사이트가 있다면 어떻게 만들어졌는지 확인할 수 있으며 만들고 있는 웹 페이지의 코드를 수정해 테스트할 수도 있습니다. 이외에도 여러 가지 편리한 기능이 있지만 웹사이트 제작에 필요한 기능들만 간단히 소개합니다.

■ 기본적인 개발자 도구 사용법

크롬에서 개발자 도구를 실행하는 방법을
알아보겠습니다. 크롬을 실행시켜서 웹 페
이지 내 아무 곳에나 우측 버튼을 클릭한 후
'검사'를 선택합니다.

개발자 도구 패널이 표시됩니다. 영어로 써
있지만 필요한 부분만 보면 사용법에 점점
익숙해질 수 있습니다.

✅ TIP

개발자 도구는 단축키로도 실행할 수 있습니다. 맥은 ⎇Shift⎇+⌘⎇+C⎇ 키로, 윈도우는 ⎇Ctrl⎇+⎇Shift⎇+C⎇ 키
를 누르면 되니 꼭 기억해두세요.

가장 먼저 사용하는 것은 왼쪽의 'Elements'
탭과 오른쪽의 'Styles' 탭입니다. 먼저 두
가지를 메인으로 살펴보겠습니다. Elements
탭에는 HTML(❶)을, Style 탭에는 CSS
(❷)를 확인할 수 있습니다. 우선 패널 왼
쪽 상단에 있는 사각형 안의 화살표(❸)를
클릭합니다. 웹 페이지에서 확인하고 싶은
부분을 클릭하면(❹) '선택 모드'가 되고 클
릭한 요소의 HTML과 CSS를 확인할 수 있
습니다(❺).

패널 왼쪽 상단의 아이콘을
클릭한다.

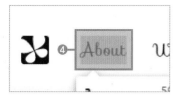

수정하고 싶은 곳을 클릭하면 연한 초록색으로 범위가 표시된다.

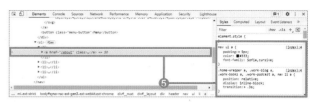

수정하고 싶은 곳이 Elements 탭에서 파란색으로 표시되고 Style 탭에서 그 부분에 적용된 CSS를 확인할 수 있다.

■ 웹 페이지의 HTML 확인

Elements 탭에서 HTML을 확인해봅니다. 자식 요소가 있는 경우 [▶]로 접혀 있어 [▶]를 클릭해 열어 확인하고 세세한 부분을 수정할 수도 있습니다.

[▶]를 클릭해서 연다.

> **TIP**
>
> 맥에서는 option 키를, 윈도우에서는 alt 키를 누르면서 [▶]를 클릭하면 모든 자식 요소를 한 번에 열 수 있습니다.

■ 개발자 도구에서 HTML 편집

Elements 탭에서 텍스트, 태그, 클래스명, ID명 등을 더블 클릭해 편집할 수 있습니다. 실시간으로 반영되므로 다른 텍스트로 바꾸면 어떻게 보이는지 검증하고 싶을 때 사용할 수 있습니다.

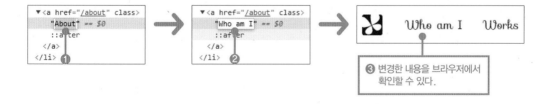

'About'을 더블 클릭해 텍스트를 선택합니다(❶). 변경하고 싶은 텍스트(예시에서는 'Who am I')를 입력하고 Enter 키를 누르면(❷) 새로 입력한 텍스트로 변경되는 것을 실시간으로 확인할 수 있습니다(❸).

새로운 클래스명 추가

요소를 선택한 상태에서 개발자 도구의 Style 탭 우측에 있는 '.cls'를 클릭하면 'Add new class'라는 새로운 입력란이 나타납니다. 추가하고 싶은 클래스명을 입력하고 〔 Enter 〕 키를 누르면 새로운 클래스가 추가됩니다.

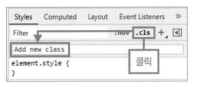 

.cls를 클릭하면 입력란이 나온다.　　　　　　　클래스명을 입력하고 〔 Enter 〕 키를 누르면 반영된다.

HTML 코드 전체 편집

클래스명, 텍스트뿐만 아니라 선택한 요소의 주변을 통째로 편집할 수도 있습니다. Elements 탭에서 편집하고 싶은 요소를 선택하고 우측 버튼을 클릭한 뒤 'Edit as HTML'을 선택하면 직접 편집할 수 있습니다. 다른 요소를 추가하거나 크게 변경하고 싶을 때 사용할 수 있는 기능입니다.

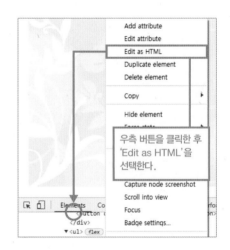

```
▼<ul> flex
  ▼<li>
    ▶
    <a href="/about" class="">Who am I</a>
```

선택한 요소가 입력란에 표시되고 직접 수정할 수 있도록 바뀐다.

■ 웹 페이지의 CSS를 확인

HTML을 확인하는 방법과 동일하게 개발자 도구의 좌측 상단 화살표 아이콘을 클릭해 수정하고 싶은 요소를 선택하면 Styles 탭에 해당 요소에 적용된 CSS가 표시됩니다.

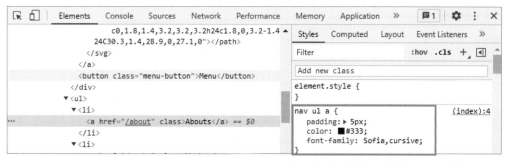

예시 그림을 보면 nav ul a에 대한 CSS가 적용된
것을 확인할 수 있습니다.

```css
nav ul a {
    padding: 5px;
    color: #333;
    font-family: Sofia,cursive;
}
```

구체적으로 CSS가 적용된 부분을 체크

Styles 탭의 CSS가 있는 부분을 보면 다음 내용
이 적혀 있는 CSS 파일명과 행이 표시되어 있습니
다. 만들고 있는 CSS 파일 중 어느 부분을 수정해
야 할지 고민해본 적이 있을 겁니다. 그럴 때 개발
자 도구를 사용해 수정하고 싶은 부분을 확인합니
다. 파일명과 행을 체크하고 해당 부분을 찾아가서
수정하면 됩니다.

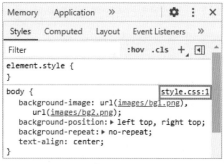

style.css 파일의 1행에 적혀 있는 내용임을 알 수 있다.

CSS 오류

속성 옆에 삼각형 모양의 주의 아이콘이 나타나는
경우가 있습니다. 오류가 생겨서 스타일이 적용되
지 않는다는 것을 의미합니다. 작성한 CSS가 적용
되지 않는다면 당황하지 말고 개발자 도구로 스펠
링이 틀리지 않았는지, 속성과 값이 올바르게 기입
되었는지 다시 한번 확인해보기 바랍니다.

padding의 스펠링이 틀린 것을 알 수 있다.

취소선의 의미

Styles 탭에서 주의 아이콘이 없지만 취소선이 있을 때가 있습니다. 특정 이유로 해당 CSS가 적용되지 않고 있다는 의미입니다. 대개 해당 요소에 속성이 여러 개 있고 우선순위가 낮아서 적용되지 않는 경우입니다.

예를 보겠습니다. 7행에서 정의한 `margin: 5px 0;`에 취소선이 있습니다. 이는 11행에서 정의한 `margin: 0px 10px;`의 우선순위가 더 높아 앞서 정의된 CSS가 적용되지 않은 것입니다. CSS에서는 파일 내 하단에 적힌 내용이 우선순위가 더 높습니다.

스타일 숨기기

Styles 탭의 속성 왼쪽에는 체크 박스가 있습니다. 체크 박스를 해제하면 해당 스타일이 반영되지 않게 숨길 수 있습니다. 무언가 제대로 표시되지 않는다면 어떤 부분이 잘못되었는지 검증하는 용도로 사용해보세요. 만약 체크 박스를 해제해 오류가 고쳐졌다면 해당 부분이 원인이라는 의미입니다.

체크 박스를 체크하거나 해제해 웹사이트에서 어떻게 보이는지 확인할 수 있다.

■ 개발자 도구로 CSS 편집하기

개발자 도구로 적용된 CSS를 확인하는 것뿐만 아니라 실제로 편집해 어떻게 변하는지도 확인할 수 있습니다. 지금까지 설명한 순서대로 확인해보고 싶은 부분을 클릭해 Styles 탭에 적힌 값을 클릭한 후 변경할 수도 있습니다. 예를 들어 색상이나 글꼴을 바꾸면 어떻게 보이는지 확인하는 것입니다. 이를 가장 잘 활용할 수 있는 것은 바로 미세한 수치 조정입니다. `margin`, `padding`, 위치 등을 세세하게 변경해야 한다면 CSS 파일을 편집하고 미리보기로 확인하는 것보다 개발자 도구에서 값을 변

글자 색상을 변경하는 곳. CSS 편집이 실시간으로 반영되어 미세하게 조정할 수 있다.

경하면서 확인하는 것이 훨씬 빠르고 편합니다. 그리고 화살표 상/하 키를 사용해 1씩 수치를 변경할
수도 있습니다.

스타일 추가

수정하고 싶은 요소에 새로운 스타일을 추가할 수
도 있습니다. Styles 탭에서 CSS가 끝나는 곳의 오
른쪽 부분을 클릭하면 속성을 직접 입력하는 칸이
생성되고 속성과 값을 추가할 수 있습니다.

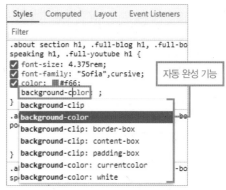

스펠링이 틀리지 않도록 자동 완성 기능을 활용할 수 있다.

마우스 오버할 때의 스타일

우측 상단의 ':hov'를 클릭하면 ':active', ':hover',
':focus', ':visited' 등 여러 항목이 나타납니다. 이
중 ':hover'를 체크하면 마우스 오버했을 때의 스
타일을 확인 및 편집할 수 있습니다.

확인하기 어려운 마우스 오버 상태의 스타일을 바로 확
인할 수 있다.

■ 다른 디바이스의 사이즈 확인

개발자 도구를 활용해 모바일 사이즈에서 어떻게
보이는지도 확인할 수 있습니다. 사각형과 화살표
로 조합된 아이콘 바로 옆의 사각형 두 개가 겹친
아이콘을 클릭하면 표시가 바뀝니다. 확인하고자
하는 디바이스명을 클릭해 다른 디바이스에서는
화면이 어떻게 보이는지 볼 수 있습니다.

모바일 사이즈는 세로가 길기 때문에 개발자 도
구에서 레이아웃을 변경하면 더 편리하게 확인하

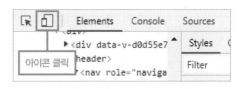

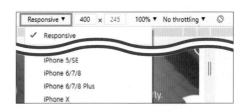

는 것이 가능합니다. 개발자 도구 우측 상단에 있는 세 개의 점을 클릭하면 'Dock side'가 나옵니다. 'Dock to left(왼쪽)', 'Dock to bottom(아래쪽)', 'Dock to right(오른쪽)', 'Undock into separate windows'를 클릭해 브라우저 화면과 개발자 도구 화면 분할을 변경할 수 있습니다.

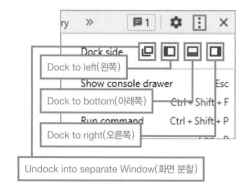

'Dock to right'로 설정한 상태이며, 모바일 사이즈에 맞춰 보기 좋게 화면이 길어집니다. 화면 레이아웃은 경계선을 드래그해서 조정할 수 있습니다.

■ 개발자 도구로 편집한 스타일을 저장하는 법

개발자 도구는 어디까지나 검증하기 위한 툴이므로 페이지를 새로고침하면 앞서 편집한 스타일은 초기화됩니다. 개발자 도구에서 스타일을 작성할 때마다 CSS 파일에 복사, 붙여넣기하여 저장해야 합니다. 'Style' 탭에서 보이는 CSS는 일반적인 텍스트처럼 드래그, 선택, 복사가 가능하므로 검증 및 수정이 끝난 텍스트는 잊지 말고 CSS 파일에 저장하도록 합시다.

1.9 앞으로 배울 내용

이번 장에서는 HTML과 CSS의 기초와 개발자 도구를 사용하는 법에 대해서 알아봤습니다. 다음 장부터는 이 책의 골자가 되는 실제 응용 방법에 대해 살펴봅니다. 방법은 크게 세 단계로 나뉘며 다음과 같습니다.

이 책에서는 많은 사이트에서 사용하는 랜딩 페이지, 블로그 사이트, 회사 사이트, 이벤트 사이트, 갤러리 사이트인 '다섯 개 카테고리의 데모 사이트'를 준비했습니다. 각 사이트의 특성에 맞춰 코딩하는 법을 설명합니다. 텍스트 에디터에서 파일 내용을 확인하면서 배워봅시다.

2장에서 배우는 랜딩 페이지

앞서 설명한 개발자 도구를 사용해 코드를 확인해봅니다. Styles 탭에서 체크 박스를 체크 및 해제하거나 직접 CSS를 수정하면서 사이트가 어떻게 구성되었는지 자세히 살펴보겠습니다. 영어가 많아 어렵게 느껴질 수 있지만 계속 사용하다 보면 익숙해질 것입니다.

개발자 도구 활용

완성된 데모 사이트를 텍스트 에디터로 수정해보겠습니다. 취향대로 바꾸려면 어디를 어떻게 수정해야 하는지, 요소를 늘리거나 줄이면 어떻게 바뀌는지 볼 수 있습니다. HTML이나 CSS를 숙지하려면 실제로 사용해보는 것이 가장 빠릅니다. 코드를 자신의 것으로 만들기 위해서라도 꼭 직접 타이핑하면서 학습해보세요.

2장에서 커스터마이징 한 예

랜딩 페이지로 배우는
반응형 웹 디자인과 글꼴

—

캠페인이나 자기소개용 사이트 등에 1페이지로 간단히 구성된 랜딩 페이지가 많이 등장합니다. 스마트폰에서도 대응되는 반응형 웹 디자인을 사용해 보기도 쉽고 사용도 편리한 웹사이트를 만들어보겠습니다.

CHAPTER

02

HTML & CSS & WEB DESIGN

2.1 랜딩 페이지 만드는 법 소개

세로로 길게 구성된 페이지로, 스크롤하면 아래에 있는 콘텐츠가 표시되는 싱글 페이지 형태의 웹 페이지를 만드는 방법을 설명하겠습니다. 큰 이미지를 메인으로 하고 웹 글꼴과 스크롤 스냅 기능을 사용해 만듭니다.

■ 이미지를 전체 배경으로 사용

전체 화면에 적용될 수 있을 정도의 큰 이미지를 배치합니다. 큰 이미지를 사용하면 웹사이트를 활용해 전달하고 싶은 것을 시각적으로 인지시킬 수 있고 임팩트 있는 디자인을 만들 수 있습니다.

■ 아이콘 폰트 사용

이미지를 아이콘으로 사용할 수도 있지만 아이콘 폰트를 사용하면 간단한 코딩만으로도 아이콘을 표시할 수 있습니다. 아이콘에 색상을 적용하거나 사이즈를 변경하는 것도 CSS로 간단하게 커스터마이징할 수 있습니다.

■ 멋진 글꼴 사용

어떤 환경에서도 같은 글꼴이 적용되도록 구글 폰트 서비스를 사용해 멋지게 꾸며볼 수 있습니다.

■ 미디어 쿼리로 스마트폰에도 대응 가능

디바이스별로 서로 다른 화면 너비에도 대응할 수 있도록 미디어 쿼리를 사용하는 법을 알아봅니다. 최적의 브레이크 포인트가 어디인지도 함께 생각해봅시다.

■ 표시 영역으로 이동

다음 영역으로 스크롤하며 이동할 때 경계 부분에서 스크롤을 잠시 정지시킵니다. 이전까지는 자바스크립트로 구현했지만 CSS의 **scroll-snap** 속성으로 구현하는 방법을 소개합니다.

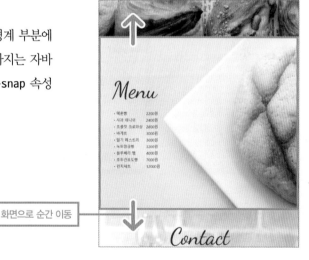

화면으로 순간 이동

■ 폴더 구성

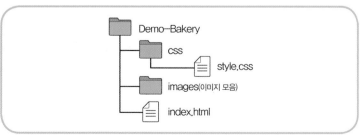

2.2 1단 레이아웃이란

레이아웃을 구성할 때 세로로 나열된 열이 '단'입니다. 단을 기준으로 해 수직 방향으로 구분한 레이아웃을 '1단 레이아웃'이라고 합니다.

■ 1단 레이아웃의 장점

1단 레이아웃이란 단을 여러 개 사용하지 않고 하나의 단으로만 작성한 레이아웃을 뜻합니다. 1단 레이아웃의 장점을 살펴보겠습니다.

반응형 웹 페이지의 편리함

스마트폰이 보급되기 전 PC용 웹사이트가 주류이던 당시는 주로 다단^{multi column} 레이아웃으로 구성했습니다. 요즘에는 스마트폰, 태블릿 등 다양한 디바이스로 웹사이트를 볼 수 있게 되어 레이아웃이 복잡한 다단 구성보다는 1단으로 웹사이트를 만드는 것이 디바이스에 따른 차이를 줄이고 설계 또한 쉽다는 장점이 있습니다.

스마트폰   PC

스마트폰에서도 PC에서도 콘텐츠 내용과 순서를 변경하지 않고 표시할 수 있다.

콘텐츠에 집중하기 쉬움

다단 레이아웃은 표현할 수 있는 내용이 많은 만큼 사용자 시선이 많이 이동해야 해 콘텐츠를 볼 때 집중력이 떨어지고 산만해지기 쉽습니다. 1단으로 구성한다면 필요한 정보를 압축해서 정리할 수 있어 사용자에게 알리고 싶은 부분으로 시선을 집중시켜 포인트를 제대로 전달할 수 있습니다. 표시 영역도 최대한 활용할 수 있어 이미지나 동영상을 강조하는 것은 물론 여백도 충분히 사용할 수 있습니다. 즉 1단 구성은 사용자에게 주목받는 인상적인 디자인을 더욱 쉽게 구현할 수 있습니다.

■ 1단 레이아웃에서 주의해야 할 점

정보가 많으면 설계가 어려움

1단 레이아웃은 한 번에 보여주는 정보가 한정되어 제공하는 콘텐츠 수가 많다면 적합하지 않은 레이아웃입니다. 쇼핑이나 갤러리 사이트 등 많은 아이템 목록을 제공하거나 뉴스나 블로그 사이트 등 관련 기사를 제공하고 싶을 때는 다단 레이아웃이 적당합니다.

■ 1단 레이아웃으로 구성된 웹사이트 예

The Ocean Resort Residences

고정바를 이용해 메뉴를 언제든 바로 접근할 수 있도록 상단에 세팅한 후 중요도 순으로 리조트 외관(톱 이미지), 위치, 소개 영상, 문의 양식 등 콘텐츠에 집중할 수 있도록 대형 이미지 및 영상을 1단으로 배치했습니다.

Teletype for Atom

전체 콘텐츠 양이 적어 별도의 페이지로 분할하지 않고 폭이 좁은 레이아웃 안에서 텍스트로 간결하게 정리하였습니다. 스마트폰으로 봐도 레이아웃이 거의 바뀌지 않으며, 심플하고 구현하기 쉬운 구성입니다.

톱 이미지

위치

소개 영상

문의 양식

https://theoceanfortlauderdale.com/

https://teletype.atom.io/

2.3 풀사이즈 배경 이미지로 눈에 띄는 디자인 만들기

큰 배경 이미지를 사용하는 이유는 무엇보다도 임팩트 때문입니다. 텍스트를 사용하지 않아도 이미지를 활용해 전달하고자 하는 내용을 직접적으로 표현할 수 있습니다. 먼저 크게 배치할 이미지를 준비해보겠습니다.

■ 배경 이미지 설정 방법

가로 폭이 1200~3000px 정도인 이미지를 준비해야 좋은 화질을 유지할 수 있습니다.

배경화면은 웹사이트의 얼굴과 같으니 전달하고자 하는 내용이나 분위기가 잘 담긴 이미지로 잘 선택해야 한다.

chapter2/Demo-Bakery/index.html

```html
<section class="hero">
    <h1 class="title">WCB Bakery</h1>
    <p>
        엄선된 재료와 식감이 살아 있는 빵.<br>
        매일 아침 갓 구운 빵.<br>
        빵과 함께 행복한 시간을 만끽해보세요.
    </p>
</section>
```

이미지에 표현하고자 하는 콘텐츠를 hero 클래스의 <section> 태그로 감싼다.

해당 웹사이트는 영역에 따라 이미지가 달라 우선 <section> 태그에 공통으로 적용할 내용을 적습니다. 높이를 100vh로 했으며 **vh**viewport height란 값을 100으로 설정하면 표시되는 영역의 높이 전체에 배경 이미지를 적용할 수 있습니다. background-size:cover;를 설정하면 화면의 비율을 유지한 채 이미지로 화면을 가득 채울 수 있으며, 화면보다 이미지가 큰 경우에는 끝이 잘립니다. 배경 이미지의 위치는 background-position으로 조정할 수 있습니다. 여기에서는 가로, 세로 모두 center로 설정해 이미지의 중앙을 기준으로 설정했습니다.

CSS chapter2/Demo-Bakery/css/style.css

```css
section {
    height: 100vh;
    background-size: cover;
    background-repeat: no-repeat;
    background-position: center center;
}
```

> 높이는 100vh로 설정

> 이미지 비율을 유지하며 전체 화면으로 표시

CSS chapter2/Demo-Bakery/css/style.css

```css
.hero {
    background-image: url(../images/bread1.jpg);
    text-align: center;
    padding-top: 10vh;
}
```

> 영역별로 클래스를 나누어 배경 이미지를 지정한다.

■ 커스터마이징 예

배경 이미지를 여러 개 지정   ▶ 데모   chapter2/03-demo1

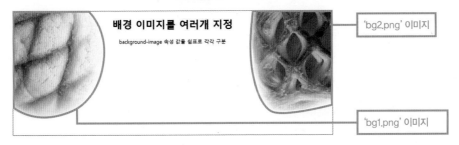

> 'bg2.png' 이미지

> 'bg1.png' 이미지

큰 이미지를 한 장뿐만 아니라 여러 장의 이미지를 배경으로 사용할 수도 있습니다. 좌우 양 끝이나 상하 양 끝에 이미지를 배치해 또 다른 느낌을 만드는 것도 가능합니다. background-image 속성 값을 쉼표로 각각 구분하는 것으로 설정합니다. background-position 속성에서도 이미지를 표시할 위치를 쉼표로 설정하고 background-repeat에서 이미지의 반복 방법을 설정합니다. 살짝 여백이 있게끔 이미지를 배치하면 더 세련되게 보입니다.

📄 chapter2/03-demo1/style.css

```
body {
  background-image: url(images/bg1.png), url(images/bg2.png);
  background-position: left top, right top;
  background-repeat: no-repeat;
}
```

> 쉼표로 구분해서 두 장의 배경 이미지를 지정

배경 이미지를 표시할 위치를 변경 ▶ 데모 chapter2/03-demo2

background-position: left top;을 적용한 예(기본값). 빵 이미지가 우측으로 치우쳤다.

background-position: center center;를 적용한 예. 빵 이미지가 중앙에 위치한다.

디바이스마다 화면 비율이 다르므로 스마트폰이나 태블릿으로 보면 큰 이미지가 다 안 보일 수도 있습니다. 이런 경우에 background-position으로 이미지 위치를 조정하면서 어떻게 설정하는 것이 좋을지 살펴보겠습니다.

```css
body {
    background-image: url(images/bg.jpg);
    background-size: cover;
    background-position: center center;  ──────────────── 이미지가 표시되는 위치 조정
    text-align: center;
    height: 100vh;
}
```

✅ TIP

이미지를 그대로 보여주는 패턴(좌측 하단의 예시)과 이미지 끝을 트리밍(자르기)한 패턴(우측 하단의 예시)을 비교해보면 끝을 트리밍한 이미지가 더 임팩트 있다는 것을 알 수 있습니다. 일부가 잘린 이미지를 보면서 사용자는 보이지 않는 부분을 상상하게 되고 화면이 더 확대된 것처럼 느낍니다. 불필요한 부분을 잘라내는 것만으로도 더 세련된 웹사이트가 됩니다.

■ 이미지 파일 용량 압축하기

큰 이미지를 사용할 때의 가장 큰 문제는 파일 사이즈입니다. 웹 페이지 로딩 시간이 길어지면 사용자는 기다리지 않고 다른 사이트로 이탈합니다. 웹 페이지의 로딩 시간을 단축시키기 위해 이미지 용량을 압축해야 합니다.

Shrink Me

Shrink Me는 웹사이트에 이미지를 간단하게 드래그 앤 드롭해서 JPG, PNG, WebP,[1] SVG 형식의 파일을 화질은 그대로 유지한 채 압축할 수 있으며 변환 시간이 매우 빨라 추천합니다. 압축한 후에는 ZIP 파일로 다운로드할 수 있으니 압축 해제해 이미지를 사용하면 됩니다.

───────────────────

1 구글의 새로운 이미지 형식. '웹피'라고 읽으며 기존 이미지 형식보다 파일 사이즈를 더 줄일 수 있다.

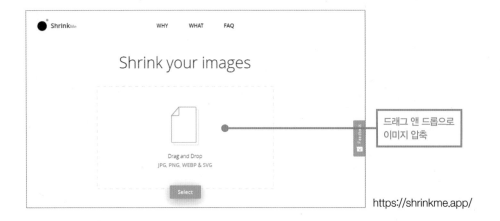

드래그 앤 드롭으로
이미지 압축

https://shrinkme.app/

Compressor.io

Compressor.io도 이미지를 웹사이트에 드래그 앤 드롭해 압축합니다. 파일 형식은 JPG, PNG, GIF, SVG를 지원합니다. 'Shrink Me'와 비교해 압축 및 다운로드에 조금 시간이 걸립니다.

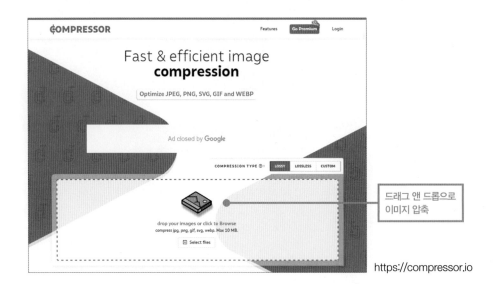

드래그 앤 드롭으로
이미지 압축

https://compressor.io

2.4 글꼴을 사용하는 자세한 방법

웹 폰트를 사용하면 어떤 환경에서 웹 페이지에 접속하든 상관없이 설정한 글꼴로 표시할 수 있습니다. 이미지로 변환한 텍스트와 달리 텍스트 선택과 복사도 가능해 사용자가 편리하게 사용할 수 있습니다.

■ 웹 폰트란

글꼴 데이터를 제공하는 웹 서비스로 웹사이트에 해당하는 글꼴을 나타내는 시스템이 **웹 폰트**입니다. 이전에는 세련된 글꼴을 사용하고 싶을 때 해

당 글꼴로 이루어진 텍스트를 이미지로 변환하고 웹사이트에 올려서 표현했습니다. 이제는 웹 폰트로 텍스트 선택, 복사, 붙여넣기가 가능한 것뿐만 아니라 페이지 로딩 속도도 단축되었습니다.

■ 구글 폰트

구글에서 제공하는 웹 폰트 서비스로 **구글 폰트**Google Fonts가 있습니다. 약 1천 개의 무료 글꼴이 있으며 그중 한국어에 적용되는 글꼴도 있습니다. 이 책의 데모 사이트는 구글 폰트를 사용합니다. 단계별 사용법을 확인해보겠습니다.

https://fonts.google.com/

01 글꼴 선택

구글에 로그인해 사용하고자 하는 글꼴을 구글 폰트 웹사이트에서 검색한 뒤 클릭합니다.

'Search'에서 Dancing Script 검색

글꼴의 크기를 선택한 후 'Select this sytle'을
클릭합니다. 이 책에서는 Regualr 400을 선
택했습니다.

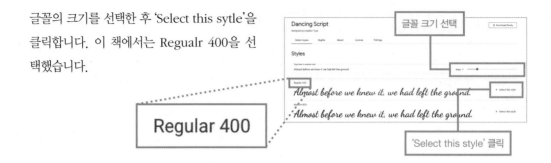

Regular 400

02　CSS 파일에 적용

화면 우측에 나타나는 글꼴의 코드를 복사
합니다. 코드가 보이지 않을 경우 우측 상
단의 █▌ 아이콘을 클릭하면 숨겨졌던 메뉴
가 나타납니다. <link>의 코드를 복사해
HTML 파일의 <head> 안에 적습니다.

▨ chapter2/Demo-Bakery/index.html

```html
<head>
    <meta charset="utf-8">
    <title>WCB Bakery</title>
    <meta name="description" content="엄선된 빵이 모여있는 베이커리">
    <link rel="icon" type="image/svg+xml" href="images/favicon.svg">
    <meta name="viewport" content="width=device-width, initial-scale=1">

<!-- CSS -->
    <link rel="stylesheet" href="https://unpkg.com/destyle.css@1.0.5/destyle.css">
    <link href="https://fonts.googleapis.com/css2?family=Dancing+Script&display=swap" rel="
stylesheet">
    <link href="css/style.css" rel="stylesheet">          구글 폰트를 불러온다.

<!-- FontAwesome -->
    <script src="https://kit.fontawesome.com/b8a7fea4d4.js" crossorigin="anonymous"></
script>
</head>
```

03 CSS 추가

글꼴을 적용하고 싶은 요소의 CSS에 'CSS rules to specify families'의 코드를 복사해 입력합니다. 데모 사이트에서는 **.title** 요소에 적용했습니다.

CSS chapter2/Demo-Bakery/css/style.css

```css
.title {
    font-family: 'Dancing Script', cursive;
    font-size: 7rem;
    margin-bottom: 2rem;
}
```

적용하려는 요소에 글꼴명 입력

04 완성

타이틀에 Dancing Script 웹 폰트가 적용되었습니다.

WCB Bakery

웹 폰트 적용 전(다른 글꼴이 적용되어 있다)

↓

WCB Bakery

웹 폰트 적용 후

■ 어도비 폰트

포토샵Photoshop, 일러스트레이터Illustrator 등 그래픽 도구로 친숙한 어도비에서도 어도비 폰트 Adobe Fonts라는 웹 폰트 서비스를 제공합니다. 어도비 크리에이터 클라우드Adobe Creative Cloud 유료 회원이라면 1만 5천 가지가 넘는 글꼴을 추가 요금 없이, 무료 어도비 계정에서도 약 200가지의 글꼴을 사용할 수 있습니다.

https://fonts.adobe.com/

'모든 글꼴'을 클릭해 글꼴 선택

어도비 폰트 사이트에 어도비 계정으로 로
그인한 후 '모든 글꼴'을 클릭해 어떤 글꼴
을 제공하는지 살펴보겠습니다. 왼쪽 상단
의 '언어 및 쓰기 시스템'에서 '한국어'를 선
택하면 한글 글꼴만 모아서 볼 수도 있습니
다. 원하는 글꼴을 골라서 '〈/〉' 아이콘을 클
릭합니다.

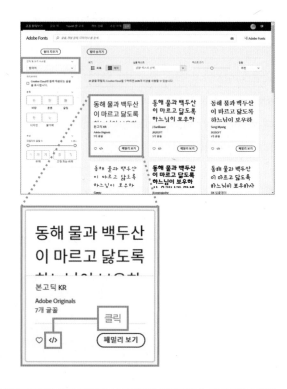

02 **프로젝트 생성**

'웹 프로젝트를 시작했습니다' 팝업에서 [확인]을 클릭한 후 '웹 프로젝트에 글꼴 추가' 팝업에서 알기
쉬운 이름으로 새로운 프로젝트명을 입력하고 [만들기]를 클릭합니다.

03 자바스크립트 추가

다음 팝업의 가이드에 따라 `<script>`로 시작하는 코드를 복사한 후 HTML의 `<head>` 태그 안에 붙여넣습니다.

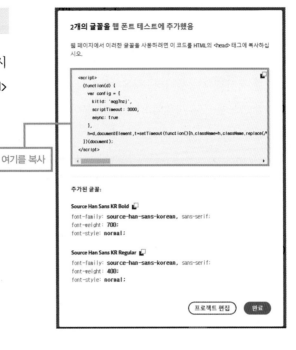

2개의 글꼴을 웹 폰트 테스트에 추가했음

웹 페이지에서 이러한 글꼴을 사용하려면 이 코드를 HTML의 `<head>` 태그에 복사하십시오.

```
<script>
  (function(d) {
    var config = {
      kitId: 'eqg7nzj',
      scriptTimeout: 3000,
      async: true
    },
    h=d.documentElement,t=setTimeout(function(){h.className=h.className.replace(/
  })(document);
</script>
```

여기를 복사

추가된 글꼴:

Source Han Sans KR Bold
font-family: **source-han-sans-korean**, sans-serif;
font-weight: **700**;
font-style: **normal**;

Source Han Sans KR Regular
font-family: **source-han-sans-korean**, sans-serif;
font-weight: **400**;
font-style: **normal**;

프로젝트 편집   완료

🅗🅣🅜🅛 chapter2/04-demo/index.html

```
<head>
    <meta charset="utf-8">
    <title>탄생석</title>

<!-- Adobe Fonts -->
<script>
    (function(d) {
      var config = {
            (…중략…)※
      })(document);
      </script>

<!-- CSS -->
    <link href="style.css" rel="stylesheet">
</head>
```

복사한 코드를 붙여넣는다.
※에는 개별 ID가 들어간다.

04 CSS 추가

CSS에는 `font-family:`로 시작하는 부분의 코드를 복사해 사용합니다. 다음 예에서는 복사한 코드를 CSS 파일의 h1 태그에 붙여 적용했습니다.

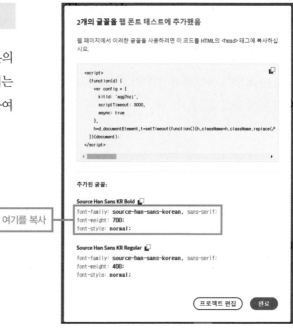

여기를 복사

CSS chapter2/04-demo/style.css

```css
h1 {
    font-family: source-han-sans-korean,sans-serif;
    font-weight: 700;
    font-style: normal;
}
```

글꼴을 적용하고 싶은 곳에 CSS 코드 적용

05 완성

다음과 같이 웹 폰트가 적용된 것을 확인할 수 있습니다.

▶ 데모 chapter2/04-demo

웹 폰트 적용 전

본고딕 KR Bold 글꼴이 적용된다.

웹 폰트 적용 후

■ 한글 글꼴 사용 시 주의할 점

글꼴이 표시되기까지 시간이 걸린다

영어는 알파벳 26자로 구성되어 있어 문자, 숫자, 기호를 모두 합해도 100글자로 표현됩니다. 한글은 자음, 모음으로 구성되었고 각 글자에서 낱자가 주변 낱자와 어떤 관계인지에 따라 모양이 조금씩 달라집니다. 모든 경우를 조합한 한글의 글자 수는 11,172가지입니다. 한글 글꼴을 바르게 표현하기 위해서는 11,172가지를 폰트에 포함해야 하며 용량이 커지게 됩니다. 용량이 큰 글꼴을 적용하면 페이지 로딩에 시간이 걸리거나 글꼴이 표시되기까지 시간이 걸릴 수밖에 없습니다.

선택할 수 있는 글꼴 종류가 제한적

앞서 설명한 이유로 영어 글꼴에 비해 한글에 적용할 수 있는 웹 폰트는 종류가 적은 편이기에 마음에 드는 글꼴을 찾기 어려울 것입니다. 대부분 웹 폰트 서비스에서 한글 글꼴을 개발하고 있으니 각 웹 폰트 사이트에서 업데이트 정보를 확인해보기 바랍니다.

■ 무료로 사용할 수 있는 글꼴

구글 폰트, 어도비 폰트 외에도 무료로 사용할 수 있는 글꼴이 많습니다. 지금부터 소개하는 서비스에서 개성이 강한 글꼴을 찾을 수 있을지도 모릅니다. 한 가지 주의할 점이 있습니다. 무료 글꼴 중 개인적으로 이용하는 것은 상관없으나 상업적으로 활용하는 것은 금지하는 경우도 있으니 반드시 이용 약관을 확인하기 바랍니다.

TypeSquare

일본 유명 글꼴 디자인 회사인 모리사와Morisawa의 글꼴을 사용할 수 있는 사이트입니다. 모리사와 코리아를 설립하면서 다양한 한글 글꼴 또한 제공 중입니다. TypeSquare에서는 많은 글꼴 디자인 회사와의 협력을 기반으로 여러 가지 글꼴을 선택할 수 있습니다. 글꼴 파일을 다운로드하는 것이 아니라 회원으로 가입해 HTML 파일의 `<head>` 태그에 전용 태그를 적용하는 방식입니다. 무료 회원은 글꼴 하나를 월 1만 페이지 뷰까지 사용할 수 있습니다.

http://typesquare.com

DaFont

DaFont에서 한글은 제공하지 않으나 다양한 영문 무료 글꼴을 다운로드받을 수 있습니다. 기본적으로 다운로드는 무료이나 상업적으로 사용 가능한 글꼴, 저작권이 있는 글꼴 등 여러 종류로 나뉘기에 주의사항을 잘 확인하기 바랍니다.

https://www.dafont.com/

눈누

눈누는 상업적으로 이용 가능한 무료 한글 글꼴을 모아놓은 사이트입니다. 글꼴을 사용할 수 있는 허용 범위 및 글꼴 형태에 따른 필터링이 가능하고 사용하고자 하는 문구에 글꼴을 적용했을 때 어떻게 보이는지 한눈에 보기 쉽습니다.

https://noonnu.cc/

공유마당

공유마당은 한국저작권위원회에서 운영하는 사이트로 CCL저작물, 공공저작물, 만료저작물, 기증저작물을 제공합니다. 글꼴 외에도 이미지, 영상, 음악 등 다양한 무료 저작물을 확인할 수 있습니다. 무료 글꼴은 우측 상단의 [전체메뉴] 버튼을 클릭해 '무료폰트'로 들어가면 다양한 글꼴 모음이 나타납니다.

https://gongu.copyright.or.kr/

네이버 나눔글꼴

네이버 나눔글꼴은 네이버가 2008년부터 시작한 '한글 한글 아름답게' 캠페인에서 시작해 현재까지 이어지는 무료 글꼴 사이트입니다. 많이 사용되는 '나눔고딕' 글꼴을 포함해 다양한 글꼴을 보유하고 있습니다.

https://hangeul.naver.com/2017/nanum

산돌구름

산돌구름은 국내 최대 다국어 글꼴을 보유 중인 사이트입니다. 월정액, 연간구매 등으로 글꼴 서비스를 구매할 수도 있으나 무료 폰트도 제공합니다. 무료 폰트는 '자유사용'과 '범위제한'으로 나뉘기에 주의사항을 잘 읽어보기 바랍니다.

https://www.sandollcloud.com/openfreefonts.html

COLUMN

구글 폰트 조합 제안 기능

구글 폰트는 웹 폰트 제공뿐만 아니라 내가 선택한 글꼴이 어떤 글꼴과 함께 있을 때 잘 어울리는지 제안하는 기능도 있습니다. 제목에 적용할 글꼴과 본문에 적용할 글꼴을 어떻게 조합하는 것이 좋을지 고민될 때 사용해보면 좋을 것입니다.

구글 폰트 페이지에서 원하는 글꼴을 선택한 후 Pairings 탭을 클릭하면 선

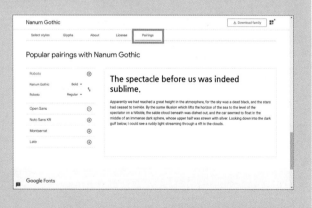

택한 글꼴과 어울리는 다른 글꼴이 나옵니다. 좌측에서 다른 글꼴을 선택하거나 위아래 화살표 아이콘을 클릭해 제목과 본문에 적용된 글꼴을 바꾸는 등 다양한 조합을 확인할 수 있습니다.

■ 글꼴에 따른 디자인 차이

어떤 글꼴을 사용하느냐에 따라 사용자가 느끼는 인상이 크게 바뀝니다. 다음 예시처럼 같은 내용과 같은 레이아웃을 사용한 광고문이지만 적용된 글꼴에 따라 전체적인 분위기가 달라지기도 합니다. 고딕체를 사용하면 선의 폭이 균일해 멀리서 봐도 쉽게 인식할 수 있고 힘 있는 디자인이 됩니다. 명조체를 기반의 디자인은 고급스럽지만 문구가 강조되지 않습니다.

월 사용료

5,000원

무료 회원 등록 후 1개월 이내에 서비스를 신청한 분에 한하여 월 5,000원에 이용하실 수 있습니다.

고딕체를 기반으로 한 디자인

월 사용료

5,000원

무료 회원 등록 후 1개월 이내에 서비스를 신청한 분에 한하여 월 5,000원에 이용하실 수 있습니다.

명조체를 기반으로 한 디자인

장문인 경우도 비교해보겠습니다. 소설이나 신문 등의 장문에는 선이 가는 명조체가 고딕체에 비해서 술술 읽기 쉬워 더 효과적이라고 알려졌습니다. 고딕체는 꾸밈이 없는 만큼 어떤 디자인에도 잘 어울리며 명조체는 고딕체보다 전체적으로 선이 얇아 산뜻하게 정리된 느낌을 줍니다.

고딕체를 기반으로 한 장문

명조체를 기반으로 한 장문

■ 글꼴 조합 예시

제목이나 강조하고 싶은 부분, 본문에 서로 다른 글꼴을 사용하면 둘 사이의 차이가 도드라지면서 눈에 띄게 하고 싶었던 부분을 더 명확히 할 수 있습니다. 글꼴을 개수만큼 조합할 수 있는 여러 가지 방법이 있어 어떤 것이 정답이라고는 할 수 없지만 처음 보았을 때 위화감이 없도록 조화로운 글꼴 조합을 생각해야 합니다.

간단한 프로필　강조하고 싶은 부분

웹 디자이너이자 블로거인 Mana 입니다. 일본에서 2년간 그래픽 디자이너로서 활동하다가 캐나다 벤쿠버의 웹 개발 학교를 졸업한 뒤 캐나다, 오스트리아, 영국 회사에서 웹 디자이너로서 활동했습니다.

본문

같은 글꼴 모음 내에서의 조합

같은 글꼴 모음(폰트 패밀리^{font family}) 내에서 조합하는 것이 가장 좋습니다. 제목과 본문의 굵기, 글자 크기를 다르게 적용하는 것을 추천합니다. 글꼴 모음에 명조체와 고딕체가 모두 있는 것도 조합하기 쉽고 안정된 느낌을 줍니다.

간단한 프로필

웹 디자이너이자 블로거인 Mana 입니다. 일본에서 2년간 그래픽 디자이너로서 활동하다가 캐나다 벤쿠버의 웹 개발 학교를 졸업한 뒤 캐나다, 오스트리아, 영국 회사에서 웹 디자이너로서 활동했습니다.

제목	나눔명조 ExtraBold
본문	나눔명조

웹에서 가장 무난하게 쓰는 명조체로 붓글씨의 힘이 느껴지면서도 현대적이고 명쾌한 느낌이다.

간단한 프로필

웹 디자이너이자 블로거인 Mana 입니다. 일본에서 2년간 그래픽 디자이너로서 활동하다가 캐나다 벤쿠버의 웹 개발 학교를 졸업한 뒤 캐나다, 오스트리아, 영국 회사에서 웹 디자이너로서 활동했습니다.

제목	나눔고딕 ExtraBold
본문	나눔고딕

웹에서 가장 무난하게 쓰이는 고딕체로 친근하고 부드러운 느낌이다.

간단한 프로필

웹 디자이너이자 블로거인 Mana 입니다. 일본에서 2년간 그래픽 디자이너로서 활동하다가 캐나다 벤쿠버의 웹 개발 학교를 졸업한 뒤 캐나다, 오스트리아, 영국 회사에서 웹 디자이너로서 활동했습니다.

제목	나눔고딕 ExtraBold
본문	나눔명조

글꼴 집합에 고딕체와 명조체를 모두 활용한 조합으로 전체적으로 깔끔한 느낌이다.

간단한 프로필

웹 디자이너이자 블로거인 Mana 입니다. 일본에서 2년간 그래픽 디자이너로서 활동하다가 캐나다 벤쿠버의 웹 개발 학교를 졸업한 뒤 캐나다, 오스트리아, 영국 회사에서 웹 디자이너로서 활동했습니다.

제목	Noto Serif KR Black
본문	Noto Serif KR Medium

Noto 글꼴은 튀지 않으면서 가독성이 높아 구글 폰트 중에서도 인기가 많은 웹 폰트이다. 다국어를 지원하여 웹 디자인에 다방면으로 활용되며 그중 Noto Serif KR은 '본명조'라고 불린다.

간단한 프로필

웹 디자이너이자 블로거인 Mana 입니다. 일본에서 2년간 그래픽 디자이너로서 활동하다가 캐나다 벤쿠버의 웹 개발 학교를 졸업한 뒤 캐나다, 오스트리아, 영국 회사에서 웹 디자이너로서 활동했습니다.

제목	Noto Sans KR Black
본문	Noto Sans KR

Noto 글꼴 계열 중 고딕체를 기반으로 하며 '본고딕'으로도 불린다.

간단한 프로필

웹 디자이너이자 블로거인 Mana 입니다. 일본에서 2년간 그래픽 디자이너로서 활동하다가 캐나다 벤쿠버의 웹 개발 학교를 졸업한 뒤 캐나다, 오스트리아, 영국 회사에서 웹 디자이너로서 활동했습니다.

제목	Spoqa Han Sans Neo Bold
본문	Spoqa Han Sans Neo

토스, 타다, 망고플레이트 등 유명 웹사이트 및 모바일 앱에서 널리 사용하며 유명해진 고딕체 기반의 글꼴이다.

다른 글꼴과의 조합

제목과 본문에 다른 글꼴을 조합하면 확실한 차이가 생기고 전체적으로 역동성과 독창성 있는 느낌을 줍니다. 단 글꼴 간의 폭이 다르면 어울리지 않고 읽기도 어렵습니다. 각 글꼴의 특징과 콘셉트를 생각하며 조합하기를 바랍니다. 최근에는 각 회사나 지자체 등에서도 브랜드 이미지를 담은 글꼴을 무료 배포하는 경우가 많으니 이를 활용하는 것도 좋습니다.

간단한 프로필

웹 디자이너이자 블로거인 Mana 입니다. 일본에서 2년간 그래픽 디자이너로서 활동하다가 캐나다 밴쿠버의 웹 개발 학교를 졸업한 뒤 캐나다, 오스트리아, 영국 회사에서 웹 디자이너로서 활동했습니다.

| 제목 | 나눔고딕 ExtraBold |
| 본문 | Noto Sans KR |

고딕체 기반의 두 글꼴을 조합해 깔끔한 느낌이다.

간단한 프로필

웹 디자이너이자 블로거인 Mana 잉니다. 일본에서 2년간 그래픽 디자이너로서 활동하다가 캐나다 밴쿠버의 웹 개발 학교를 졸업한 뒤 캐나다, 오스트리아, 영국 회사에서 웹 디자이너로서 활동했습니다.

| 제목 | 배달의민족 주아 |
| 본문 | 배달의민족 연성 |

손글씨 느낌의 두 가지 글꼴을 사용해 부드러운 이미지를 강조했다.

간단한 프로필

웹 디자이너이자 블로거인 Mana 입니다. 일본에서 2년간 그래픽 디자이너로서 활동하다가 캐나다 밴쿠버의 웹 개발 학교를 졸업한 뒤 캐나다, 오스트리아, 영국 회사에서 웹 디자이너로서 활동했습니다.

| 제목 | 완도희망체 Bold |
| 본문 | Noto Serif KR |

눈에 띄는 글꼴을 제목에, 무난한 글꼴을 본문에 사용해 제목에 포인트를 주었다.

간단한 프로필

웹 디자이너이자 블로거인 Mana 입니다. 일본에서 2년간 그래픽 디자이너로서 활동하다가 캐나다 밴쿠버의 웹 개발 학교를 졸업한 뒤 캐나다, 오스트리아, 영국 회사에서 웹 디자이너로서 활동했습니다.

| 제목 | 양진체 |
| 본문 | 나눔바른펜 |

복고풍 느낌을 주면서도 정돈된 제목과 고딕체 바탕의 손글씨체를 사용해 절제된 느낌이다.

간단한 프로필

웹 디자이너이자 블로거인 Mana 입니다. 일본에서 2년간 그래픽 디자이너로서 활동하다가 캐나다 밴쿠버의 웹 개발 학교를 졸업한 뒤 캐나다, 오스트리아, 영국 회사에서 웹 디자이너로서 활동했습니다.

| 제목 | 서평원 꺾깎체 |
| 본문 | 나눔바른고딕 |

고딕체 기반이지만 획의 일부를 꺾어 제목을 강조하고 본문은 깔끔해 보이는 글꼴을 적용했다.

간단한 프로필

웹 디자이너이자 블로거인 Mana 입니다. 일본에서 2년간 그래픽 디자이너로서 활동하다가 캐나다 밴쿠버의 웹 개발 학교를 졸업한 뒤 캐나다, 오스트리아, 영국 회사에서 웹 디자이너로서 활동했습니다.

| 제목 | 티웨이_하늘체 |
| 본문 | 나눔명조 |

명조체 기반이나 복고적이면서 모던한 느낌을 살리는 단순한 글꼴을 적용해 제목을 강조했다.

꾸밈 글꼴을 사용한 조합

꾸밈 글꼴을 사용하면 문장을 읽도록 유도하는 것뿐만 아니라 보여주는 것까지 가능하여 디자인 일부로 사용할 수 있습니다. 하지만 꾸밈 글꼴을 본문에 사용하면 문장을 잘못 읽을 수도 있으니 제목이나 단문에만 사용하는 것이 좋습니다.

간단한 프로필

웹 디자이너이자 블로거인 Mana 입니다. 일본에서 2년간 그래픽 디자이너로서 활동하다가 캐나다 벤쿠버의 웹 개발 학교를 졸업한 뒤 캐나다, 오스트리아, 영국 회사에서 웹 디자이너로서 활동했습니다.

`제목` 배민 을지로10년후체
`본문` Noto Serif KR Medium

옛날 간판의 느낌이 나는 글꼴로 힘이 있으면서 복고적인 느낌이 있다.

간단한 프로필

웹 디자이너이자 블로거인 Mana 입니다. 일본에서 2년간 그래픽 디자이너로서 활동하다가 캐나다 벤쿠버의 웹 개발 학교를 졸업한 뒤 캐나다, 오스트리아, 영국 회사에서 웹 디자이너로서 활동했습니다.

`제목` Black And White Picture
`본문` 나눔명조

오래된 사진 효과를 주는 글꼴로 복고적인 느낌을 준다.

간단한 프로필

웹 디자이너이자 블로거인 Mana 입니다. 일본에서 2년간 그래픽 디자이너로서 활동하다가 캐나다 벤쿠버의 웹 개발 학교를 졸업한 뒤 캐나다, 오스트리아, 영국 회사에서 웹 디자이너로서 활동했습니다.

`제목` 나눔손글씨
`본문` 나눔바른펜

느낌 있는 손글씨체로 제목에 친근함을 더한다.

간단한 프로필

웹 디자이너이자 블로거인 Mana 입니다. 일본에서 2년간 그래픽 디자이너로서 활동하다가 캐나다 벤쿠버의 웹 개발 학교를 졸업한 뒤 캐나다, 오스트리아, 영국 회사에서 웹 디자이너로서 활동했습니다.

`제목` Dokdo
`본문` Noto Serif KR

제목에 강한 느낌의 글꼴을 적용해 더 강조할 수 있다.

간단한 프로필

웹 디자이너이자 블로거인 Mana 입니다. 일본에서 2년간 그래픽 디자이너로서 활동하다가 캐나다 벤쿠버의 웹 개발 학교를 졸업한 뒤 캐나다, 오스트리아, 영국 회사에서 웹 디자이너로서 활동했습니다.

`제목` Gugi
`본문` Spoqa Han Sans Neo

훈민정음의 특징을 현대적으로 재해석해 심플한 느낌을 준다.

간단한 프로필

웹 디자이너이자 블로거인 Mana 입니다. 일본에서 2년간 그래픽 디자이너로서 활동하다가 캐나다 벤쿠버의 웹 개발 학교를 졸업한 뒤 캐나다, 오스트리아, 영국 회사에서 웹 디자이너로서 활동했습니다.

`제목` sf레몬빙수
`본문` 나눔바른펜

레트로 게임의 느낌과 귀여운 느낌까지 함께 있는 글꼴이다.

■ 영문 글꼴을 사용한 조합

제목만 영어로 해도 더욱 세련된 이미지를 만들 수 있습니다. 단 영어가 익숙하지 않은 사람은 무의식적으로 영어를 건너뛰고 읽을 수 있으니 영어를 사용한다면 한두 개 정도의 평이한 단어를 사용할 것을 추천합니다.

About Me

웹 디자이너이자 블로거인 Mana 입니다. 일본에서 2년간 그래픽 디자이너로서 활동하다가 캐나다 벤쿠버의 웹 개발 학교를 졸업한 뒤 캐나다, 오스트리아, 영국 회사에서 웹 디자이너로서 활동했습니다.

| 제목 | Georgia Regular |
| 본문 | Noto Serif KR |

클래식한 느낌의 Georgia와 명조체 기반의 Noto Serif 글꼴로 단정한 인상을 준다.

About Me

웹 디자이너이자 블로거인 Mana 입니다. 일본에서 2년간 그래픽 디자이너로서 활동하다가 캐나다 벤쿠버의 웹 개발 학교를 졸업한 뒤 캐나다, 오스트리아, 영국 회사에서 웹 디자이너로서 활동했습니다.

| 제목 | Gotham Rounded Medium |
| 본문 | 나눔스퀘어라운드 Regular |

제목과 본문 모두 안정적이며 둥근 느낌의 글꼴로 구성되어 있어 가독성은 유지하면서도 부드러운 이미지를 준다.

About Me

웹 디자이너이자 블로거인 Mana 입니다. 일본에서 2년간 그래픽 디자이너로서 활동하다가 캐나다 벤쿠버의 웹 개발 학교를 졸업한 뒤 캐나다, 오스트리아, 영국 회사에서 웹 디자이너로서 활동했습니다.

| 제목 | Rockwell Regular |
| 본문 | Noto Sans KR |

각지고 힘찬 Rockwell 글꼴은 두꺼운 Noto Sans 글꼴이 잘 어울린다.

About Me

웹 디자이너이자 블로거인 Mana 입니다. 일본에서 2년간 그래픽 디자이너로서 활동하다가 캐나다 벤쿠버의 웹 개발 학교를 졸업한 뒤 캐나다, 오스트리아, 영국 회사에서 웹 디자이너로서 활동했습니다.

| 제목 | Futura |
| 본문 | 나눔스퀘어라운드 Light |

뾰족한 장식이 있는 Futrua 글꼴을 읽기 쉬운 나눔스퀘어라운드 글꼴과 배치해 부드럽게 만들어준다.

About Me

웹 디자이너이자 블로거인 Mana 입니다. 일본에서 2년간 그래픽 디자이너로서 활동하다가 캐나다 벤쿠버의 웹 개발 학교를 졸업한 뒤 캐나다, 오스트리아, 영국 회사에서 웹 디자이너로서 활동했습니다.

| 제목 | Didot |
| 본문 | Noto Serif KR Light |

두께에 강약이 있는 Didot은 심플한 Noto Serif와 조합하면 우아한 느낌을 만들 수 있다.

About Me

웹 디자이너이자 블로거인 Mana 입니다. 일본에서 2년간 그래픽 디자이너로서 활동하다가 캐나다 벤쿠버의 웹 개발 학교를 졸업한 뒤 캐나다, 오스트리아, 영국 회사에서 웹 디자이너로서 활동했습니다.

| 제목 | Sofia |
| 본문 | 나눔고딕 Light |

곡선이 아름다운 Sofia와 어른스러운 고딕체를 조합해 따뜻한 느낌을 주었다.

고해상도 이미지를 준비할 수 없을 때 팁 ①

이미지를 흐릿하게 하기

포토샵 등의 그래픽 툴로 원본 이미지를 블러Blur 처리해 흐릿하게 만들면 색감과 전체적인 분위기를 살려 배경 이미지를 만들 수 있습니다. 희미하게나마 어떤 이미지인지 알 수 있을 정도로 흐릿하게 만들기를 바랍니다.

▶ 데모　chapter2/column1-demo2

일단 이미지를 크게 확대해서 블러 처리하는 것이 포인트

점 무늬를 입히기

이미지에 패턴을 겹칩니다. 예에서는 반투명 흰색 점 무늬를 `background-image`를 사용해 배경 이미지와 점 무늬 이미지를 겹쳐 적용했습니다. 이미지를 ,(쉼표)로 구분하고 먼저 표시되는 이미지를 `dots.svg`로, 뒤에 표시되는 이미지를 `bg.jpg`로 설정했습니다.

▶ 데모　chapter2/column1-demo3

잘 보면 점 무늬가 있다.

CSS　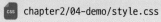chapter2/04-demo/style.css

```css
.wrapper {
/* 글꼴 설정 */

    /* 배경이미지 */
    background-image:  url(dots.svg), url(bg.jpg);
    background-size: 10px 10px, cover;
    height: 100vh;
}
```

순서가 바뀌면 점 무늬가 보이지 않으니 주의한다.

* 원본 이미지는 chapter2/column1-demo1을 참고하기 바랍니다.

2.5 아이콘 폰트 사용법

요즘은 다양한 디바이스에 맞춰 크고 작은 화면 모두에 대응할 수 있는 디자인이 필요합니다. 아이콘 폰트를 사용하면 작은 디스플레이부터 고해상도 디스플레이까지 깔끔하게 처리할 수 있습니다.

■ 아이콘 폰트란

아이콘 폰트란 웹 페이지에서 글자처럼 표시되는 아이콘을 뜻합니다. 일반적으로 사용하는 이미지 형식인 JPEG, PNG 등의 비트맵 형식과 달리 확대하거나 축소해도 화질이 떨어지지 않습니다.

■ Font Awesome

Font Awesome은 웹 페이지에 아이콘을 표시해주는 서비스로 범용성이 높은 심플한 아이콘이 많이 있습니다. 아이콘 이미지를 직접 준비해도 되지만 서비스를 사용하면 더 쉽게 개발할 수 있으며 관리하기도 편합니다. Font Awesome은 무료도 있으나 스탠다드 플랜Standard Plan(99달러/1년)을 구입해 유료 서비스를 이용하면 더 많은 아이콘을 사용할 수 있습니다.[2]

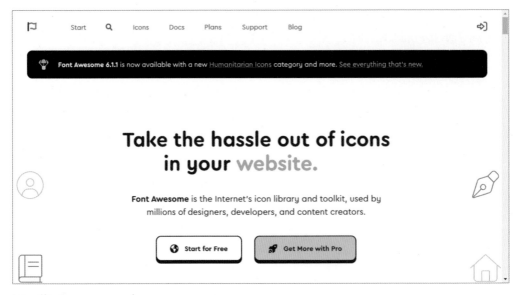

https://fontawesome.com/

---

2 2022년 2월 기준입니다. 본 정보는 변경될 수 있으므로 공식 사이트의 최신 정보를 확인해주기 바랍니다.

Font Awesome 회원가입

Font Awesome을 사용하기 위해서는 메일 주소를 등록한 후 개별로 발급받은[3] 파일의 URL을 사용합니다. 다음 순서에 따라 회원가입을 해봅시다.

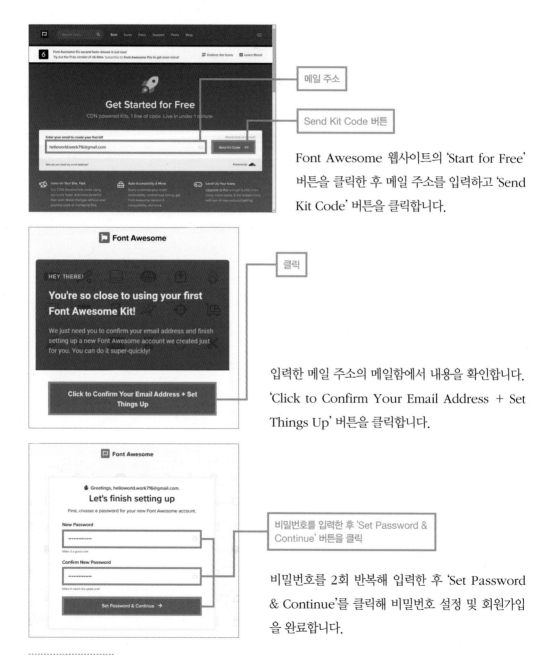

메일 주소

Send Kit Code 버튼

Font Awesome 웹사이트의 'Start for Free' 버튼을 클릭한 후 메일 주소를 입력하고 'Send Kit Code' 버튼을 클릭합니다.

클릭

입력한 메일 주소의 메일함에서 내용을 확인합니다. 'Click to Confirm Your Email Address + Set Things Up' 버튼을 클릭합니다.

비밀번호를 입력한 후 'Set Password & Continue' 버튼을 클릭

비밀번호를 2회 반복해 입력한 후 'Set Password & Continue'를 클릭해 비밀번호 설정 및 회원가입을 완료합니다.

---

3 버전 자동 관리 및 아이콘을 빠르게 표시하기 위해 개별적으로 나뉘어 있습니다.

■ Font Awesome 기본 사용법

01 자바스크립트 파일 불러오기

로그인한 후 Start 메뉴를 클릭(https://fontawesome.com/start)합니다. 화면 중앙의 Recently
used kits 옆에 현재 활성화된 자신의 Kit 코드를 확인한 뒤 클릭합니다. 다음 화면에서 'Copy Kit
Code' 버튼을 클릭해 복사한 후 **<head>** 태그 내에 붙여넣기합니다.

🅷🆃🅼🅻 Font Awesome 사용 예

```html
<!doctype html>
<html>
  <head>
    <!-- Place your kit's code here -->
    <script src="https://kit.fontawesome.com/발급받은 FontAwesome Kit ID.js" crossorigin="
anonymous"></script>
  </head>

  <body>
    <!-- Ready to use Font Awesome. Activate interlock. Dynotherms - connected. Infracells
- up. Icons are go! -->
    <i class="fas fa-thumbs-up fa-5x"></i>
  </body>
</html>
```

웹사이트에 있는 'Show Me Exactly Where to Put This Kit Code' 버튼을 누르면 HTML 예시를
확인할 수 있으며 'Download Example File' 버튼을 클릭해 다운로드받을 수도 있습니다. HTML
을 읽어보고 어떻게 적용하는지 참고하세요.

아이콘 목록 페이지(https://fontawesome.
com/icons?d=gallery)에서 사용하고 싶은
아이콘을 찾아봅시다. 연한색 아이콘은 Pro 사
용자만 이용할 수 있습니다.

검색창에서 원하는 아이콘을 검색할 수 있으며
영어만 가능하다.

03　HTML 코드 추가

원하는 아이콘을 클릭합니다. `<i class="`
`~~~"></i>` 코드를 클릭해 복사한 후 `<body>`
태그 안에 아이콘을 표시하고 싶은 곳에 붙여
넣기하면 웹 페이지에 아이콘이 나타납니다.
복사/붙여넣기만으로도 간단하게 아이콘을 넣
을 수 있습니다.

🔲 chapter2/Demo-Bakery/index.html

```
<ul class="contact-sns">
<li><a href="#"><i class="fab fa-facebook-square"></i></a></li>
    <li><a href="#"><i class="fab fa-twitter"></i></a></li>
    <li><a href="#"><i class="fab fa-instagram"></i></a></li>
</ul>
```

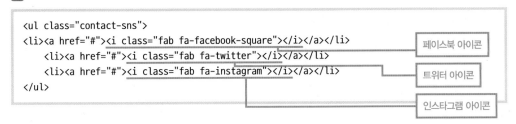

페이스북 아이콘

트위터 아이콘

인스타그램 아이콘

■ 커스터마이징 방법

크기 변경

아이콘 폰트는 이름 그대로 글꼴처럼 사용할 수 있습니다. width, height로 크기를 설정하지 않고 font-size로 크기를 변경합니다. Font Awesome에서 크기를 변경할 수 있도록 클래스를 제공해 변경하고 싶은 아이콘 태그에 클래스만 추가하면 간단하게 적용할 수도 있습니다. 기준 사이즈는 적용 중인 CSS와 연계됩니다.

▶ 데모   chapter2/05-demo1/index.html

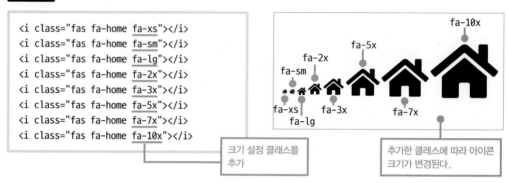

```
<i class="fas fa-home fa-xs"></i>
<i class="fas fa-home fa-sm"></i>
<i class="fas fa-home fa-lg"></i>
<i class="fas fa-home fa-2x"></i>
<i class="fas fa-home fa-3x"></i>
<i class="fas fa-home fa-5x"></i>
<i class="fas fa-home fa-7x"></i>
<i class="fas fa-home fa-10x"></i>
```

크기 설정 클래스를 추가

추가한 클래스에 따라 아이콘 크기가 변경된다.

CSS로 꾸미기

일반적인 HTML/CSS처럼 클래스에 CSS를 적용해 꾸밀 수 있습니다. `<i class="fas fa-home"></i>` 코드의 **fa-home** 클래스에 스타일을 적용해보겠습니다. 직접 클래스를 추가해도 좋습니다. 색깔은 color로, 아이콘 크기는 font-size로 설정합니다.

▶ 데모   chapter2/05-demo2/index.html   **css** chapter2/05-demo2/style.css

```
<i class="fas fa-home"></i>
<i class="fas fa-rss"></i>
<i class="fas fa-mobile-alt"></i>
<i class="fab fa-youtube"></i>
<i class="fas fa-leaf"></i>
```

필요한 코드를 붙여넣기

```css
.fa-home {
color: #0bd;
    font-size: 2rem;
}
.fa-rss {
    color: #fa2;
}
.fa-mobile-alt {
    color: #999;
    font-size: 3rem;
}
.fa-youtube {
    color: #f00;
    font-size: 2rem;
}
.fa-leaf {
    color: #8c2;
}
```

색깔, 글자 크기 등을 각 클래스에 추가한다.

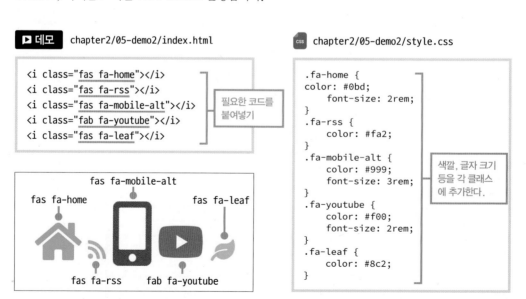

고해상도 이미지를 준비할 수 없을 때 팁 ②

줄무늬 겹치기

background-image 속성에 두 가지 배경을 설정합니다. 줄무늬는 CSS의 그러데이션으로 표현할 수 있어 별도 이미지는 필요 없습니다. **repeating-linear-gradient**를 사용하면 직선형 그러데이션이 반복됩니다. 다음 표현식을 참고하기 바랍니다.

```
repeating-linear-gradient(그러데이션 각도나 방향, 시작 지점 색깔, 중간 지점 색깔, 종료 지점
색깔);
```

시작 지점이 기본 0이라면 위치를 생략할 수 있습니다. 중간 지점은 색상 및 위치를 추가할 수 있습니다. 다음 예시에서는 시작 지점에서 4px까지는 투명, 4px에서 종료 지점의 6px까지는 불투명도 40%인 흰색 줄무늬를 표현했습니다.

▶ 데모　chapter2/column2-demo1

어느 날 본 하늘.

CSS이므로 색과 크기의 조절이 쉽다.

css chapter2/column2-demo1/style.css

```
.wrapper {
/* 글꼴 설정 */

/* 배경 이미지 */
   background-image: repeating-linear-gradient(0deg, transparent, transparent 4px,
rgba(255,255,255,.4) 4px, rgba(255,255,255,.4) 6px ), url(bg.jpg);
   background-size: auto, cover;
   height: 100vh;
}
```

그러데이션 설정 방법은 5.8절에서 자세히 설명합니다. 동영상에도 적용할 수 있으며 이는 6.2절을 참고해주세요.

2.6 스마트폰에 대응 가능한 반응형 웹 디자인

이제는 연령에 상관없이 누구나 스마트폰으로 웹사이트를 보는 세상이 되었습니다. 사용자가 언제 어디서나 웹사이트를 볼 수 있도록 스마트폰에 대응 가능한 웹 디자인을 만드는 방법을 알아보겠습니다.

■ 반응형 웹 디자인이란

디바이스 화면 크기에 따라 웹 페이지가 표현되는 방법이 바뀌는 것을 **반응형 웹 디자인**Responsive Web Design이라고 합니다. 웹 페이지의 콘텐츠 내용은 크게 바뀌지 않고 CSS를 사용해 각 디바이스에 맞는 최적의 표현 방법으로 바꾸는 방법입니다. 반응형 웹 디자인을 적용하면 디바이스별로 HTML을 작성하지 않고 CSS로 꾸밀 수 있어 웹사이트를 더욱 쉽게 업데이트하고 관리할 수 있습니다. 하지만 모든 디바이스의 콘텐츠가 모두 동일하다고 할 수 없으며 세세한 설정이 어려운 경우도 있습니다. 이처럼 반응형 웹 디자인은 장점과 단점 모두 있지만 최대 검색 엔진인 구글이 추천하면서 현재 대부분 웹사이트에 적용되는 대표적인 방법이 되었습니다.

■ viewport 설정

반응형 웹 디자인을 구현하는 첫걸음으로 디바이스의 화면 크기를 의미하는 **viewport**를 설정해야 합니다. viewport를 설정하지 않으면 스마트폰으로 봐도 데스크톱 화면처럼 크게 나옵니다. <head> 안에 <meta> 태그를 입력해 가로 폭을 각 디바이스에 맞춥니다.

chapter2/Demo-Bakery/index.html

```
<meta name="viewport" content="width=device-width, initial-scale=1">
```

width=device-width는 '디바이스의 가로 폭에 맞춰 보여주세요'라는 의미입니다. initial-scale은 페이지를 확대하는 비율을 나타내며 값을 1로 설정하면 '확대 없이 본래 크기대로 보여주세요'가 됩니다. 같은 의미이지만 디바이스나 브라우저에 따라 적용되는 문법이 달라 보통 두 가지 모두 기술합니다.

예시 그림을 보면 viewport를 설정하기 전에는 스마트폰 화면의 콘텐츠가 한쪽으로 몰렸지만 viewport를 설정한 후에는 콘텐츠가 화면 사이즈에 딱 맞게 표시되어 보기 편하다는 것을 확인할 수 있습니다.

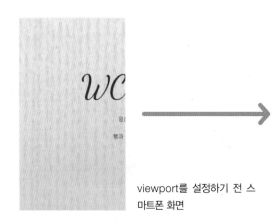

viewport를 설정하기 전 스　　　　　　　viewport를 설정한 후 스마
마트폰 화면　　　　　　　　　　　　트폰 화면

■ 미디어 쿼리 기본

viewport는 화면 크기만 디바이스에 맞출 뿐이고 레이아웃은 최적화되지 않습니다. 이 최적화를 위해 CSS로 세세하게 설정해야 합니다. 반응형 웹 디자인을 구현하는 방법으로 여러 가지가 있지만 대부분 **미디어 쿼리**를 사용합니다. 미디어 쿼리는 기본적으로 다음 세 가지 방법을 적용합니다.

01 CSS 파일로 적용하는 방법

미디어 쿼리를 다른 코드와 함께 CSS에 정의하는 방법입니다. 우선 **@media**를 쓰고 괄호 안에는 화면 크기, 디바이스 사양 등 미디어 특성을 입력합니다.

예를 들어 `max-width: 700px`이라고 하면 '최대(max) 너비(width)가 700px일 때'를 의미하며 가로 폭이 0~700px 사이인 화면에 스타일이 적용됩니다. 예시의 코드를 0~700px 사이의 화면에서 보면 글자 크기가 7rem에서 4rem으로 바뀝니다. 글꼴이나 여백에 관련된 설정은 별도로 없으니 처음에 설정한 내용이 그대로 적용됩니다.

chapter2/Demo-Bakery/css/style.css

```css
.title {
    font-family: 'Dancing Script', cursive;
    font-size: 7rem;
    margin-bottom: 2rem;
}

/*
MOBILE SIZE
============================================= */
@media (max-width: 700px) {
    .title {
        font-size: 4rem;
    }
}
```

가로 폭이 0~700px 사이인 경우에 보이도록 설정한다.

모바일 화면으로 보면 글꼴 크기가 4rem이 된다.

데스크톱 화면으로 보면 글꼴 크기가 7rem이 된다.

max-width는 최댓값을 설정할 수 있으며 min-width는 최솟값을 설정할 수 있습니다.

CSS 최솟값 설정 예

```
@media (min-width: 700px) {
    .title {
        font-size: 7rem;
    }
}
```

예시는 '최소(min) 폭(width)이 700px일 때'를 의미하며 가로 폭이 700px 이상인 경우에 스타일이 적용됩니다.

02 CSS 파일을 불러오는 〈link〉 태그로 적용하는 방법

〈head〉 태그 안에 〈link rel="stylesheet"〉 태그를 쓰면 미디어 특성을 사용해 특정 조건에서만 href 속성으로 설정한 CSS 파일을 적용할 수 있습니다. 먼저 공통 스타일을 작성한 style.css, 모바일용인 mobile.css, 데스크톱용인 desktop.css 등 다양한 CSS 파일을 준비합니다. HTML 파일의 〈head〉 태그 안에 미디어 쿼리를 활용해 상황에 따라 서로 다른 CSS 파일을 불러옵니다.

HTML 적용 예

미디어 쿼리를 사용해서 서로 다른 CSS를 불러온다.

```
<link rel="stylesheet" href="style.css">
<link rel="stylesheet" href="desktop.css" media="(min-width: 701px)">
<link rel="stylesheet" href="mobile.css" media="(max-width: 700px)">
```

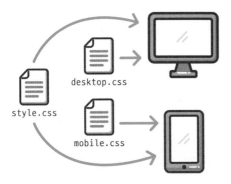

모든 웹 페이지에는 style.css가 적용된다. 폭이 700px 이하인 경우에는 mobile.css가, 701px 이상인 경우에는 desktop.css가 적용된다.

03 CSS 파일을 @import로 불러오는 방법

@import는 CSS 파일에 다른 CSS 파일을 불러올 때 사용합니다. 화면 폭 등을 설정해 서로 다른 파일을 불러올 수 있습니다. 메인 CSS 파일과는 별도로 모바일용인 mobile.css를 준비하고 최대 폭이 700px인 디바이스에 적용하고자 할 때는 다음처럼 작성합니다.

 작성 예

```
@charset 'UTF-8';
@import url('mobile.css') (max-width: 700px);
```

@import는 CSS 파일 앞부분에 있는 **@charset 'UTF-8';** 바로 다음에서 정의합니다. **@import**를 사용해 CSS 파일을 불러오는 것은 다른 방법보다 느리니 권장하지는 않습니다.

■ 미디어 특성

지금까지 설명한 max-width, min-width 등 표시 영역을 특정하거나 디바이스를 정의하는 부분을 **미디어 특성**이라고 합니다. 미디어 특성에는 여러 가지 있으나 다음 표에 자주 사용하는 것을 정리하였으니 웹 페이지 개발 시 참고하기 바랍니다.

미디어 특성	의미
width	화면 가로 폭. max-(최댓값), min-(최솟값)을 지정할 수 있다.
height	화면 세로 폭. max-(최댓값), min-(최솟값)을 지정할 수 있다.
aspect-ratio	화면 너비와 높이의 비율
orientation	화면 방향. portrait(세로 방향), landscape(가로 방향)
resolution	디바이스 해상도

* 이외의 미디어 특성은 다음 URL을 참고하기 바랍니다.
  https://developer.mozilla.org/ko/docs/Web/CSS/Media_Queries/Using_media_queries#미디어_특성

■ 모바일 퍼스트와 데스크톱 퍼스트

반응형 웹 디자인을 개발할 때는 **모바일 퍼스트**, **데스크톱 퍼스트**라는 용어가 자주 등장합니다. 모바일 퍼스트는 모바일에서 어떻게 표현할 것인지 먼저 정의하고 데스크톱용 화면을 미디어 쿼리로 적용하는 방법을 의미합니다.

최근에는 PC보다 스마트폰에서 웹사이트를 많이 접속하기에 먼저 모바일용을 염두에 두고 만들어야 합니다. 모바일 퍼스트로 구현하면 스마트폰에서 웹 페이지가 더 빠르게 표시된다는 장점도 있습니다. 모바일 퍼스트로 구현할 때는 미디어 쿼리의 `min-width`를 설정해 최소 폭을 지정합니다.

CSS 700px 기준으로 CSS를 다르게 적용하는 예

```
모바일용 CSS

@media (min-width: 700px) {
    데스크톱 용 CSS
}
```

반드시 모바일 퍼스트로 구현해야 하는 것은 아닙니다. 웹사이트에 따라 PC로 접속하는 사용자가 많으면 데스크톱 퍼스트로 구현하고 데스크톱에서 어떻게 표현할지 먼저 정의한 후 미디어 쿼리로 모바일용 CSS를 불러오는 것이 좋습니다. 즉 웹사이트의 특성에 따라 어느 쪽으로 개발하는 것이 좋을지 검토해야 합니다.

COLUMN

SVG 형식 이미지로 파비콘 만들기

웹 페이지의 탭에 표시되는 아이콘을 파비콘favicon이라고 합니다. 예전에는 PNG 등 비트맵 형식 이미지를 사용했으나 지금은 SVG 형식을 사용합니다. SVG 형식을 사용하면 확대 및 축소를 해도 이미지가 깨지지 않습니다.

SVG 파비콘 사용 방법　　▶ 데모　chapter2/column3-demo

❶ 파비콘용 SVG 형식 이미지 준비

그래픽 도구를 사용해 파비콘으로 쓸 이미지를 준비합니다. 정방형 이미지라면 크기는 신경 쓰지 않아도 됩니다. 일러스트레이터로 32x32px 크기의 이미지를 준비했습니다.

일러스트레이터로 아이콘 생성

SVG 형식으로 저장

❷ HTML 파일 작성

`<head>` 태그 안에 **type** 속성을 **image/svg+xml**로 정의해 파비콘을 추가합니다.

```
<head>
    <meta charset="utf-8">
    <title>SVG Favicon</title>
    <link rel="icon" href="images/favicon.svg" type="image/svg+xml">
</head>
```

😆 SVG Favicon × +

SVG 형식이라서 선이 깔끔하다.

2.7 브레이크 포인트 알아보기

스마트폰, 태블릿, 데스크톱 등 여러 가지 디바이스에 최적화된 표현을 하기 위해서는 브레이크 포인트breakpoint가 필수입니다.

■ 브레이크 포인트란

브레이크 포인트란 미디어 쿼리를 사용해 디바이스별로 적용하는 CSS를 나누는 분기점을 말합니다. 예를 들어 `min-width: 700px`이라고 정의하면 700px이 브레이크 포인트입니다. 모바일 디바이스는 대부분 세로로 사용해 화면의 세로 폭 기준을 브레이크 포인트로 합니다.

주로 사용하는 iOS 디바이스 화면과 비율

디바이스	화면 세로 폭	화면 가로 폭	Retina 배율
iPad(10.2")	810	1080	2
iPad Air(10.9")	820	1180	2
iPhone Xs Max / 11 Pro Max	414	896	3
iPhone XR / 11	414	896	2
iPhone12 / iPhone 12 Pro	390	844	3
iPhone X / iPhone Xs / 11 Pro	375	812	3
iPhone 6~8 Plus	414	736	3
iPhone 6~8	375	667	2

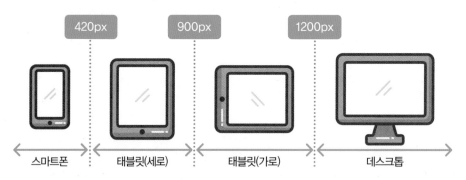

예에서는 0~420px을 스마트폰, 421~900px을 태블릿(세로), 901~1200px를 태블릿(가로), 그 이상을 데스크톱으로 설명한다.

디바이스에 따라 화면 비율이 달라 브레이크 포인트를 정할 때는 어느 정도 여유 있게 해야 합니다. Retina 배율은 디바이스의 해상도 배율을 의미하며 값이 높을수록 더 선명하고 깨끗하게 보입니다. 미디어 특성인 resolution으로 설정할 수 있습니다.

■ 반응형 웹 디자인을 적용한 갤러리 사이트 예시

반응형 웹 디자인을 적용한 웹사이트 사례를 살펴보겠습니다. 스마트폰, 태블릿, 데스크톱에서 각각 다르게 보이니 어떻게 만들어졌는지 참고해보기를 바랍니다.

RWDB(Responsive Web Design DB)

http://rwdb.kr/

국내 반응형 웹 디자인 모음 사이트입니다. 스마트폰, 태블릿, 데스크톱에서 어떻게 표시되는지 한눈에 확인할 수 있습니다.

Media Queries

https://mediaqueri.es/

해외 반응형 웹 디자인 모음 사이트입니다. 네 가지 화면 폭 기준으로 웹사이트가 어떻게 표현되는지 한눈에 볼 수 있습니다.

2.8 표시 영역으로 빠르게 이동하는 방법

페이지를 스크롤할 때 보여주고 싶은 영역에서 멈추게 하는 기능을 추가해보겠습니다.

■ 스크롤이 멈추는 위치를 지정할 수 있는 스크롤 스냅

CSS 스크롤 스냅을 사용하면 화면 중간에서 멈췄다가 이동할 각 영역을 지정할 수 있습니다. 이전에는 자바스크립트로 구현해야 했던 부드러운 움직임이나 스크롤 위치 조정 등을 CSS만으로 간단하게 구현할 수 있습니다. 큰 이미지를 사용하는 풀스크린 레이아웃이나 갤러리용 사이트에도 적용하기 좋습니다.

■ 스크롤 스냅 기본

이동할 요소를 부모 요소로 감쌉니다. 예시에서는 부모 요소에 container 클래스를 붙였습니다.

CSS chapter2/Demo-Bakery/index.html

```
<div class="container">
    <section class="hero">
        <h1 class="title">WCB Bakery</h1>
        …중략…
    </section>
    <section class="menu">
        <div class="wrapper">
            <h2 class="title">Menu</h2>
            …중략…
        </div>                        부모 요소 감싸기
    </section>

    <section class="contact">
        <h2 class="title">Contact</h2>
        …중략…
    </section>
</div>
```

스크롤 스냅을 위해 다음 속성은 필수입니다. 높이를 100vh로 설정해 화면을 꽉 채워 풀스크린 레이아웃으로 만듭니다.

각 속성에 대해 하나씩 설명하겠습니다.

chapter2/Demo-Bakery/css/style.css

```css
.container {
    overflow: auto;
    scroll-snap-type: y mandatory;
    height: 100vh;
}
section {
    height: 100vh;
    scroll-snap-align: start;

    /*배경 이미지를 화면에 꽉 채우기*/
    background-size: cover;
    background-repeat: no-repeat;
    background-position: center center;
}
```

> 화면에 꽉 채우도록 설정한다.

■ 스크롤하는 축 지정

부모 요소에서 scroll-snap-type 속성을 설정해서 어느 위치에서 스크롤할 것인지 축을 설정합니다.

세로 방향으로 스크롤(scroll-snap-type: y)

y로 값을 입력하면 세로 방향으로 스크롤할 때 빠르게 넘기거나 멈출 수 있습니다. 풀스크린 레이아웃으로 구성한 웹사이트에 적용하면 좋습니다.

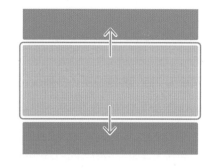

▶ 데모   chapter2/08-demo1

chapter2/08-demo1/index.html

```html
<div class="container">
  <div class="area">1</div>
  <div class="area">2</div>
  <div class="area">3</div>
  <div class="area">4</div>
  <div class="area">5</div>
</div>
```

> 각 영역을 부모 요소인 .container로 감싼다.

chapter2/08-demo1/style.css

```css
.container {
  overflow: auto;
  scroll-snap-type: y;
  height: 100vh;
}
.area {
  scroll-snap-align: start;
  height: 100vh;
}
```

> 부모 요소에 scroll-snap-type을 추가한다.

가로 방향으로 스크롤(scroll-snap-type: x)

x를 값으로 입력하면 가로 방향으로 스크롤할 때 빠르게 지나가거나 멈추게 할 수 있습니다. 캐러셀carousel[4] 이미지 등에 사용할 수 있으며 모바일용 화면 구성에도 적합합니다. 요소의 양 옆에 플렉스 박스를 사용합니다(플렉스 박스는 3.2절 칼럼 참고).

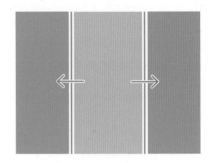

▶ 데모   chapter2/08-demo2

 chapter2/08-demo2/index.html

```html
<div class="container">
  <div class="area">1</div>
  <div class="area">2</div>
  <div class="area">3</div>
  <div class="area">4</div>
  <div class="area">5</div>
</div>
```

chapter2/08-demo2/style.css

```css
.container {
  overflow: auto;
  scroll-snap-type: x;
  display: flex;
}
.area {
  scroll-snap-align: start;
  height: 100vh;
  width: 50vw;
  flex: none;
}
```

세로 및 가로 정방형으로 스크롤(scroll-snap-type: both)

both를 값에 입력하면 가로와 세로 모두 이동하며 스크롤의 움직임을 제어할 수 있습니다. 타일형 레이아웃 등 여러 가지 요소로 구성된 웹사이트에 사용하기 좋습니다. 레이아웃을 구성할 때 CSS 그리드를 사용합니다(CSS 그리드는 6.4절의 'CSS 그리드 설정' 참고)

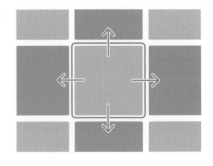

---

4 이미지, 문장 등 콘텐츠를 좌우로 슬라이드해서 보여주는 방식을 의미합니다.

데모 chapter2/08-demo3

HTML chapter2/08-demo3/index.html

```html
<div class="container">
  <div class="area">1</div>
  <div class="area">2</div>
  <div class="area">3</div>
  <div class="area">4</div>
  <div class="area">5</div>
  <div class="area">6</div>
  <div class="area">7</div>
  <div class="area">8</div>
  <div class="area">9</div>
  <div class="area">10</div>
</div>
```

CSS chapter2/08-demo3/style.css

```css
.container {
  overflow: auto;
  scroll-snap-type: both;
  display: grid;
  grid-template-columns: repeat(5, 42vw);
  grid-template-rows: repeat(3, 42vw);
  gap: 1rem;
  height: 100vh;
}
.area {
  scroll-snap-align: start;
}
```

> both를 값에 입력하면 상하 좌우로 스크롤할 수 있다.

■ 스크롤하는 위치 지정(scroll-snap-type)

scroll-snap-type 속성으로 스크롤하는 방향에 따라 어느 정도의 수준으로 위치를 조정할 것인가도 설정할 수 있습니다.

항상 스크롤 스냅이 동작하도록 설정(mandatory)

mandatory를 추가하면 현재 표시되는 영역이나 다음 영역 등 어느 한 부분이 표시됩니다. 데모 사이트는 이 설정을 적용했습니다.

 데모 chapter2/08-demo4

HTML chapter2/08-demo4/index.html

```html
<div class="container">
  <div class="area">1</div>
  <div class="area">2</div>
  <div class="area">3</div>
  <div class="area">4</div>
  <div class="area">5</div>
</div>
```

CSS chapter2/08-demo4/style.css

```css
.container {
  overflow: auto;
  scroll-snap-type: y mandatory;
  height: 100vh;
}
.area {
  scroll-snap-align: start;
  height: 100vh;
}
```

> mandatory를 추가해 어느 지점에서든 다음 영역으로 빠르게 움직인다.

중간 지점에 있으면 그곳에서 정지(proximity)

proximity를 추가하면 경계선 근처로 움직였을 때 화면이 스크롤되고 그렇지 않으면 중간 지점에서 멈춥니다. mandatory는 순간적으로 빠르게 움직이는 느낌이 강한 편이라면 proximity는 이보다는 부드럽게 움직이는 느낌입니다.

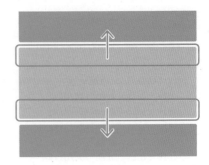

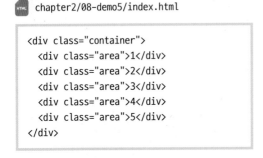

▶ 데모   chapter2/08-demo5

HTML chapter2/08-demo5/index.html

```html
<div class="container">
  <div class="area">1</div>
  <div class="area">2</div>
  <div class="area">3</div>
  <div class="area">4</div>
  <div class="area">5</div>
</div>
```

CSS chapter2/08-demo5/style.css

```css
.container {
  overflow: auto;
  scroll-snap-type: y proximity;
  height: 100vh;
}
.area {
  scroll-snap-align: start;
  height: 100vh;
}
```

> proximity를 추가하면 부드럽게 움직인다.

■ 부모 요소의 어느 위치에서 멈출지 결정(scroll-snap-align)

scroll-snap-align 속성은 자식 요소에 작성합니다. 영역 내 어느 위치를 기준선으로 잡고 멈추게 할 것인지 설정할 수 있습니다.

영역 시작점(start)

start를 값에 입력하면 영역 시작점에서 스크롤을 멈춥니다. 표시하는 요소가 세로로 나열되었다면 상단이, 가로로 나열되었다면 좌측이 기준선입니다.

▶ 데모   chapter2/08-demo6

HTML chapter2/08-demo6/index.html

```html
<div class="container">
  <div class="area">1</div>
  <div class="area">2</div>
  <div class="area">3</div>
  <div class="area">4</div>
  <div class="area">5</div>
</div>
```

CSS chapter2/08-demo6/style.css

```css
.container {
  overflow: auto;
  scroll-snap-type: y mandatory;
  height: 100vh;
}
.area {
  scroll-snap-align: start;
  height: 70vh;
}
```

> scroll-snap-align은 부모 요소가
> 아닌 자식 요소에 추가한다.

영역 종료 지점(end)

end를 입력하면 영역이 끝나는 지점에서 스크롤이 멈춥니다. 표시하는 요소가 세로로 나열되었다면 하단이, 가로로 나열되었다면 우측이 기준선입니다.

기준선

▶ 데모   chapter2/08-demo7

HTML chapter2/08-demo7/index.html

```html
<div class="container">
  <div class="area">1</div>
  <div class="area">2</div>
  <div class="area">3</div>
  <div class="area">4</div>
  <div class="area">5</div>
</div>
```

CSS chapter2/08-demo7/style.css

```css
.container {
  overflow: auto;
  scroll-snap-type: y mandatory;
  height: 100vh;
}
.area {
  scroll-snap-align: end;
  height: 70vh;
}
```

영역 중앙 지점(center)

center를 입력하면 중앙에서 스크롤이 멈춥니다.

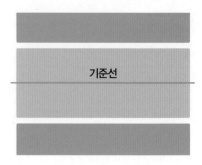

▶ **데모** chapter2/08-demo8

🔲 chapter2/08-demo8/index.html

```
<div class="container">
  <div class="area">1</div>
  <div class="area">2</div>
  <div class="area">3</div>
  <div class="area">4</div>
  <div class="area">5</div>
</div>
```

CSS chapter2/08-demo8/style.css

```
.container {
  overflow: auto;
  scroll-snap-type: y mandatory;
  height: 100vh;
}
.area {
  scroll-snap-align: center;
  height: 70vh;
}
```

2.9 연습 문제

2장에서 배운 것을 실제로 활용해볼 수 있도록 연습 문제를 준비했습니다. 다음 항목이 반영되도록 준비된 베이스 파일을 수정해보세요.

> 1 구글 폰트를 사용해 제목의 글꼴을 변경한다.
>
> 2 400px 이하가 되면 제목의 글자 크기를 3rem으로 변경한다.
>
> 3 각 영역으로 순식간에 이동할 수 있도록 스크롤 스냅을 적용한다.

■ 베이스 파일 확인

[연습 문제 파일] chapter2/09-practice-base

영역별로 색이 다른 세로로 정렬된 웹 페이지를 준비했습니다.

데스크톱 사이즈. 스크롤 스냅이 적용되지 않았다.

모바일 사이즈. 제목의 글자 크기가 줄어들지 않아서 읽기 힘들고 끝의 일부분이 잘렸다.

■ 해설 확인

[연습 문제 파일] chapter2/09-practice-answer

모르는 것이 있으면 8장을 참고해 스스로 해결해보기를 바랍니다. 직접 해결하기 위해 투자하는 그 시간이 나중에 큰 힘이 될 것입니다. 문제를 모두 풀었다면 해설을 확인해보세요.

데스크톱 사이즈. 제목에 글꼴이
적용되었다.

모바일 사이즈. 제목 크기가 작아졌다.

2.10 커스터마이징

이번 장에서 만든 제과점 랜딩 페이지의 웹사이트를 커스터마이징해보겠습니다. 심플한 구조이기에 여러 가지로 활용하기 좋습니다.

■ 커스터마이징 순서

갑자기 커스터마이징을 해보라고 해도 어떻게 해야 할지 잘 모를 것입니다. 지금부터 다음 순서에 따라 커스터마이징해봅시다.

01 웹사이트 테마 결정

우선 만들고자 하는 **웹사이트의 목적과 콘텐츠 내용, 메인 타깃**이 될 사용자를 생각해보죠. 스스로 테마를 생각하기 어렵다면 다음 예시를 참고해보세요.

요구 사항

- 20대 남성을 메인 타깃으로 한 온라인 프로그래밍 학습 사이트. 심플하고 쿨한 이미지. 무료 체험 코스로 유도하고 자 한다.
- 20대 후반~30대 초반 여성을 메인 타깃으로 한 꽃집. 어른스럽지만 귀여운 분위기. 온라인숍으로 유도하고자 한다.
- 30대 부부를 메인 타깃으로 한 주택 전시장 이벤트 공지 사이트. 성실하고 신뢰감 있는 이미지. 모델하우스 관람 예약 기능을 추가한다.

02 콘텐츠 내용 변경

테마에 맞는 주요 문구나 콘텐츠 내용을 고려합니다. 같은 카테고리의 다른 웹사이트를 참고하는 것도 도움이 됩니다.

03 장식 변경

테마나 콘텐츠 내용에 맞춰 웹사이트를 꾸밉니다. 글꼴, 글자 크기, 배경색, 이미지만 변경해도 완전히 다른 웹사이트가 됩니다. 필요에 따라서 레이아웃을 변경해보는 것도 좋은 방법입니다.

꽃집 웹사이트로 커스터마이징
한 예시

■ 꽃집 사이트의 커스터마이징 포인트

꽃집 데모 사이트의 특징은 큰 배경 이미지와 유려한 글꼴입니다. 사이트 내 문장이 적어서 글을 '읽는다'는 느낌보다는 그림을 '보여준다'는 느낌이 강한 웹사이트입니다. 사용자가 한눈에 어떤 사이트인지 알 수 있도록 인상 깊고 매력적인 이미지를 준비해야 합니다.

블로그 사이트로 배우는
다단 레이아웃과 꾸미는 방법

—

블로그는 정보를 전달하는 웹사이트로 널리 사랑받고 있습니다. 블로그를 자세히 살펴보면 여러 가지 요소로 구성되어 있습니다. 이번 장에서는 편하게 읽을 수 있으면서 깊은 인상을 남길 수 있도록 웹사이트를 꾸미는 방법을 알아보겠습니다.

HTML & CSS & WEB DESIGN

3.1 샘플 블로그 사이트 살펴보기

일반적으로 블로그는 2단 레이아웃으로 구성되어 있습니다. 고양이 정보를 공유하는 2단 레이아웃의
블로그를 살펴보겠습니다.

메인 페이지

게시글 페이지

■ 스마트폰에서도 보기 편하도록 미디어 쿼리 사용

모바일 사이즈에 맞추어 코딩한 후 데스크톱 사이즈에 적용한 **모바일 퍼스트**를 기반으로 개발되었습니다. 데스크톱에서는 플렉스 박스로 2단 구성의 가로 배열로 변경됩니다.

모바일 버전 홈페이지

모바일 버전 게시글 페이지

■ 각 요소 꾸미기

고해상도 디스플레이에서도 최적화되도록 꾸미는 부분은 CSS로만 개발할 것을 추천합니다. 이미지를 사용하지 않고 CSS를 적용하면 나중에 유지보수를 할 때 훨씬 수월합니다.

점선을 활용한 스티치 무늬의 버튼

약간 변형된 타원 모양 이미지

이중선과 아이콘을 함께 배치한 제목

처음 고양이를 키우는 분이라면 필수로 필요한 것!

사선으로 포인트를 준 제목

■ 스크롤할 때 박스가 따라오게끔 설정

페이지를 스크롤해서 인기글 목록까지 오면 해당 요소를 고정시켜서 스크롤을 따라가게 합니다. 내용이 많은 콘텐츠, 목차 등에 적용할 수 있습니다.

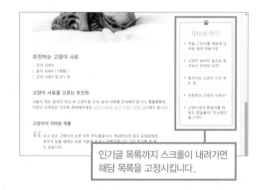

인기글 목록까지 스크롤이 내려가면 해당 목록을 고정시킵니다.

■ 폴더 구성

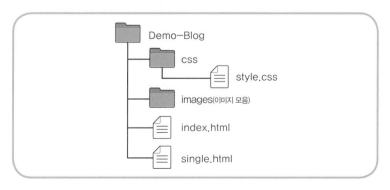

3.2 2단 레이아웃에 대해

메인 콘텐츠와 서브 콘텐츠로 나뉜 2단 레이아웃은 웹 페이지에서 자주 사용하는 구성입니다. 어떤 유형이 있는지 잘 익혀두기를 바랍니다.

■ 2단 레이아웃이란

2단으로 구성된 레이아웃에는 좌우 너비를 다르게 설정해 넓은 쪽에 메인 콘텐츠를, 좁은 쪽에 내비게이션 메뉴 등을 두어 **메인 영역**과 **서브 영역**으로 나누는 방법이 있습니다. 블로그, 뉴스 등 정보의 양이 많은 웹사이트에 효과적입니다. 최근에는 좌우를 같은 비율로 나누는 **스플릿 레이아웃**split layout을 적용하는 경우도 많습니다. 콘텐츠 내용에 맞추어 각 단의 폭을 결정하는 것을 추천합니다.

좌측에 내비게이션을 둔 2단 레이아웃

우측에 내비게이션을 둔 2단 레이아웃

화면을 같은 비율로 이분할한 스플릿 레이아웃

■ 2단 레이아웃의 장점

웹사이트 내 사용자의 편의성 상승

메인 콘텐츠를 표시하는 영역과 부가 정보를 보여주는 사이드 칼럼을 나란히 배치해 화면 내 공간을 효율적으로 활용할 수 있습니다.

사이드 칼럼에는 다른 페이지로 가는 링크나 검색 폼, 공지 사항 등을 올리고 사용자는 메인 콘텐츠를 집중해서 읽을 수 있으면서도 다른 페이지로도 쉽게 이동할 수 있게 됩니다. 보통 사이드 칼럼은 메인 영역과 함께 스크롤되지만 일부를 고정시켜서 표시하는 것도 가능합니다. 사용자가 꼭 보았으면 하는 정보가 있다면 사이드 칼럼에 고정시켜서 주의를 끄는 방법이 있습니다.

높은 공간 활용도

블로그나 뉴스처럼 문장 위주로 작성된 웹사이트는 콘텐츠 영역의 가로 폭이 너무 길어지면 글자를 따라서 읽기가 힘들어서 가독성이 떨어집니다. 쉽게 읽을 수 있도록 메인 콘텐츠의 너비를 설정하면 데스크톱에서 볼 때는 좌우 공간이 남습니다. 이때 2단으로 구성하면 공간 활용은 물론 개발자와 사용자 모두 다루기도 보기도 쉬운 레이아웃이 됩니다.

메인 영역의 너비가 넓으면 시선이 움직이는 동선이 길어져서 문장을 읽기 어렵다.

메인 영역의 너비를 줄인 만큼 넓은 공간을 활용할 수 있고 문장도 읽기 편해진다.

■ 2단 레이아웃에서 주의해야 할 점

메인 콘텐츠에 대한 떨어지는 집중력

1단 레이아웃에 비해 화면에 표시되는 정보가 많아 사용자가 메인 콘텐츠에 집중하기 어려울 수 있습니다. 용도에 따라서 한 콘텐츠에 제대로 포커스를 맞추고 싶다면 1단으로, 메인 콘텐츠 외 정보를 함께 표시하고 싶다면 2단으로 나누어 구성하는 것이 중요합니다.

작은 화면에서의 읽기 어려움

스마트폰처럼 작은 화면에서 2단 레이아웃으로 구성된 웹 페이지를 보면 각 콘텐츠가 꽉 차서 읽는 것은 물론 조작하는 것도 어렵습니다. 스마트폰과 같은 모바일 디바이스에서는 1단으로 전환할 수 있도록 구성하는 것이 좋습니다.

■ 2단 레이아웃으로 구성된 웹사이트 예

NightCall(https://nightcall.us/)

Type/Code(https://typecode.com/)

한 번에 많은 콘텐츠를 보여주면 사용자에게 부담이 될 수 있습니다. 2단으로 구성하고 클릭하면 화면을 동적으로 움직이면서 상세 정보를 보여주는 세련되면서도 간결한 디자인을 적용했습니다.

레이아웃을 절반으로 분할해 이미지를 보여주려는 콘텐츠와 정보를 읽게끔 하려는 콘텐츠를 적절하게 조합했습니다.

COLUMN

웹사이트 개발 시 사용할 수 있는 다양한 레이아웃

1장에서는 1단 레이아웃을, 3장에서는 2단 레이아웃을 소개했습니다. 이외에도 다양한 레이아웃이 있습니다. 많은 웹사이트에서 사용하는 레이아웃을 알아보겠습니다.

타일형 레이아웃

사각형 모양의 요소를 규칙적으로 나열한 레이아웃을 타일형 레이아웃 또는 카드형 레이아웃이라고 합니다. 많은 정보를 한 번에 보여줄 수 있어 깔끔하고 단정한 이미지의 웹사이트를 만들 때 사용합니다. 반응형 디자인에도 잘 어울려 이미지 갤러리나 인터넷 쇼핑몰의 상품 목록 등에도 쓰입니다.

이미지만 배치하는 것도 좋지만 사각형 박스 안에 텍스트와 이미지 모두 배치하는 것도 좋다.

| 모자이크 레이아웃 |

크기가 다른 사각형을 배치한 타일형 레이아웃을 모자이크 레이아웃 또는 메이슨리^{Masonry} 레이아웃이라고 합니다. 여백이나 좌우에 선을 넣으면 크기가 달라도 아름답게 표현할 수 있습니다.

사이즈가 다른 요소를 빈틈없이 촘촘하게 배치할 수 있다.

다단 레이아웃

여러 칼럼을 조합한 레이아웃입니다. 데스크톱에서 스크롤하지 않아도 많은 정보를 표기할 수 있어 쇼핑이나 뉴스 사이트에서 주로 사용합니다. 다만 콘텐츠가 분산 배치되어 사용자에게 가장 어필하고자 하는 정보로 유도하기는 어렵습니다.

카테고리가 많은 뉴스나 상품이 많은 쇼핑 사이트에 적합하다.

| 프리 레이아웃 |

화면 전체에 자유롭게 배치하는 레이아웃입니다. 웹사이트의 콘셉트나 세계관을 표현하기에 좋은 레이아웃입니다. 요소 사이에 명확하게 여백을 주지 않고 늘어놓기만 한다면 이상한 디자인이 될 수 있으니 주의해야 합니다. 요소를 중첩하거나 랜덤으로 배치할 수도 있으나 반응형 디자인을 적용하기는 번거로우니 설계할 때 제대로 구성해야 합니다.

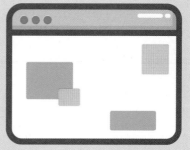

전체적인 밸런스를 잡기도, 적당한 여백을 주는 것도 어려워 난이도가 높은 레이아웃이다.

3.3 크기가 다른 화면에도 대응할 수 있는 전환 방법

화면 크기가 달라도 잘 보일 수 있도록 미디어 쿼리를 적용해 데스크톱에서는 2단 레이아웃, 모바일에서는 1단 레이아웃으로 전환하는 방법을 알아봅니다.

▓ 화면 크기에 맞춘 레이아웃 변경

모바일 디바이스는 데스크톱보다 훨씬 크기가 작아 많은 정보를 표시하기 어려워 다단 레이아웃으로 구성된 대부분 웹사이트는 모바일과 데스크톱 간 레이아웃이 변경되도록 만들어졌습니다. 2장의 데모 사이트에서는 미디어 쿼리로 글자 크기를 변경하는 등 꾸미는 방법에 대해 소개했습니다. 이번 장에서는 미디어 쿼리로 모바일 디바이스에서는 1단 레이아웃을, 데스크톱에서는 2단 레이아웃으로 바꾸는 방법을 소개합니다.

▓ 모바일 사이즈 개발

고양이 블로그는 모바일로 접속하는 사용자가 많을 것이라고 전제를 두고 **모바일 퍼스트**로 만들었습니다. 모바일 퍼스트란 모바일 디바이스의 화면 크기에 맞춰 먼저 만드는 것입니다. 각 요소를 1단 레이아웃의 세로로 배치해보죠.

모바일 접속 시 화면

■ 데스크톱 사이즈 개발

데스크톱에서 접속했을 때는 2단 레이아웃으로 변경되도록 미디어 쿼리를 사용합니다. 브레이크 포인트를 600px로 해 `min-width: 600px`로 화면 크기가 600px 이상일 때 적용되도록 개발했습니다.

`CSS` chapter3/Demo-Blog/css/style.css

```
/*
DESKTOP SIZE
============================================ */
@media (min-width: 600px) {
    /* Layout*/
    .container {

    }

    /* Main */
    main {

    }

    /* Aside */
    aside {

    }
}
```

> 화면 폭이 600px 이상이면 .container, main, aside를 적용한다. 아직 스타일을 정의하지 않아 반영되지는 않는다.

HTML 설정

HTML을 어떻게 구현하는지 보겠습니다. **플렉스 박스**를 사용해 두 개의 박스를 가로로 배치합니다. 플렉스 박스란 Flexible Box Layout Module로 유연하고 간단하게 레이아웃을 구성할 수 있는 방법입니다. 우선 플렉스 박스 레이아웃의 기본 사용법부터 마스터해보겠습니다. 플렉스 컨테이너라고 불리는 부모 요소 안에 플렉스 아이템이라는 자식 요소를 넣어서 HTML을 만듭니다.

`HTML` chapter3/Demo-Blog/index.html

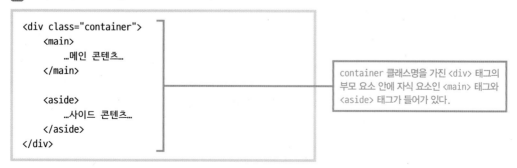

```
<div class="container">
    <main>
        …메인 콘텐츠…
    </main>

    <aside>
        …사이드 콘텐츠…
    </aside>
</div>
```

> container 클래스명을 가진 `<div>` 태그의 부모 요소 안에 자식 요소인 `<main>` 태그와 `<aside>` 태그가 들어가 있다.

CSS 설정

CSS에서는 부모 요소인 `.container`에 `display:flex`만 추가하면 두 가지 요소가 나란히 배치됩니다. 이외에도 요소 간 여백을 설정하는 등 다양하게 꾸밀 수 있습니다.

`justify-content`는 자식 요소를 수평 방향 기준으로 어떻게 배치할 것인가를 정의합니다. 이 값에 space-between을 입력하면 main 태그를 부모 요소 왼쪽에, aside 태그를 오른쪽에 붙이고 남은 공간을 여백으로 설정할 수 있습니다.

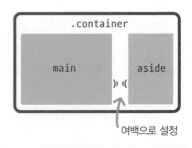

여백으로 설정

main 태그와 aside 태그 폭을 더한 값이 94%이므로 space-between으로 자식 요소를 양 끝에 붙이면 6%를 여백으로 설정할 수 있다.

CSS chapter3/Demo-Blog/css/style.css

```css
/*
DESKTOP SIZE
=================================== */
@media (min-width: 600px) {
    /* Layout*/
    .container {
        display: flex;
        justify-content: space-between;
        margin-bottom: 4rem;
        padding: 1rem 2.5rem 2.5rem;
    }

    /* Main */
    main {
        width: 68%;
        margin-bottom: 0;
    }

    /* Aside */
    aside {
        width: 26%;
    }
}
```

플렉스 박스로 설정

자식 요소를 수평 방향 기준으로 어떻게 배치할지 설정

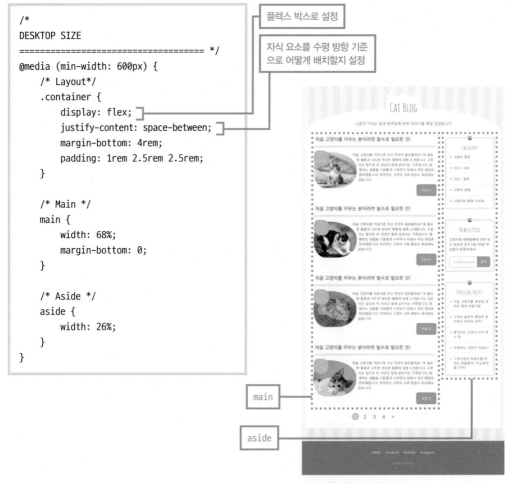

main

aside

데스크톱 접속 시 화면

■ 커스터마이징 예

높이 관련 미디어 쿼리

지금까지 미디어 쿼리로 `max-width`, `min-width`를 설정해 가로 폭 기준으로 브레이크 포인트를 설정하는 방법을 알아봤습니다. 브레이크 포인트로 가로 폭뿐만 아니라 `max-height`(최대 높이), `min-height`(최소 높이)를 설정할 수도 있습니다. 예를 들어 스마트폰을 옆으로 눕혔을 때 화면 상단의 헤더가 높으면 콘텐츠가 많이 가려져서 보기 어려워집니다. 스마트폰을 가로로 눕힌 화면 높이는 375~420px 정도입니다. '높이가 420px 이하면 헤더 높이를 줄이는 것'으로 설정하는 것이 좋습니다. 데모 파일을 통해 확인해보세요.

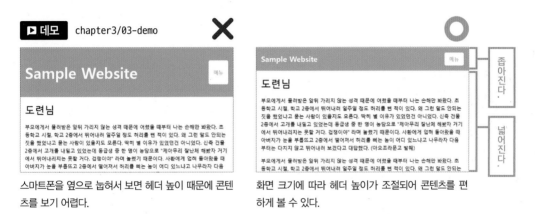

▶ 데모 chapter3/03-demo

스마트폰을 옆으로 눕혀서 보면 헤더 높이 때문에 콘텐츠를 보기 어렵다.

화면 크기에 따라 헤더 높이가 조절되어 콘텐츠를 편하게 볼 수 있다.

css chapter3/03-demo/style.css

```css
@media (max-height: 420px) {
    header {
        padding: 1rem;
    }
    h1 {
        font-size: 1.5rem;
    }
    button {
        padding: .5rem 1rem;
    }
}
```

높이가 420px 이하가 되면 헤더 높이가 작아지도록 설정한다.

3.4 요소별 꾸미기 ①(제목, 이미지, 버튼)

블로그나 뉴스처럼 읽는 콘텐츠가 메인인 웹사이트는 각 요소를 잘 꾸미는 것이 중요합니다. 우선 제목, 이미지, 버튼을 꾸미는 방법을 살펴보겠습니다.

▓ 제목 꾸미기

글이 메인인 웹사이트에 접속하는 사용자는 제목을 먼저 읽고 전체적인 요점이 무엇인지 생각하면서 콘텐츠를 읽는 경우가 많습니다. 제목을 잘 꾸미면 사용자 시선을 사로잡는 웹사이트를 만들 수 있습니다.

제목에 줄무늬가 들어간 밑줄 넣기

요소를 선으로 둘러싸거나 밑줄을 그을 때는 보통 border 속성을 사용합니다. 한 가지 더 추가해보겠습니다. 고양이 블로그의 게시물 제목에는 이미지를 사용하지 않고 CSS로 줄무늬를 넣었습니다. 제목을 `<div>` 태그로 감싸고 그 안에 CSS 그러데이션으로 사선 줄무늬를 만듭니다(❶). 여기까지만 하면 글자를 읽기 어려우므로 h2 요소의 배경색을 흰색으로 설정하고(❷) 아래 부분에만 줄무늬가 보이게끔 합니다. `.post-title` 태그의 `padding-bottom` 값을 조절하면 선 굵기를 바꿀 수 있습니다 (❸).

처음 고양이를 키우는 분이라면 필수로 필요한 것!	처음 고양이를 키우는 분이라면 필수로 필요한 것!
`<h2>` 태그에 하얀색 배경이 없으면 줄무늬만 표시되어 글자를 읽기 어렵다.	줄무늬 요소 위에 하얀색 배경 요소를 덧씌워서 읽기 편해진다.

 chapter3/Demo-Blog/index.html

```html
<div class="post-title">
    <h2><a href="#">처음 고양이를 키우는 분이라면 필수로 필요한 것!</a></h2>
</div>
```

제목의 `<h2>` 태그를 `<div>` 태그로 감싸기

```
.post-title {                                                    ❶
    padding-bottom: 10px;
    background-image: linear-gradient(45deg, #fff 30%, #ccc 30%, #ccc 50%, #fff 50%, #fff
80%, #ccc 80%, #ccc 100%);
    background-size: 6px 6px;
    margin-bottom: 1.5rem;
}
.post-title h2 {
background: #fff;                                                 ❷
    padding: 0 .5rem .875rem;                                    ❸
    font-size: 1.5rem;
    font-family: 'M PLUS Rounded 1c', sans-serif;
    font-weight: 500;
    line-height: 1.5;
}
.post-title a {
    color: #949087;
    text-decoration: none;
}
```

커스터마이징 예: 제목에 형광펜을 칠한 효과 넣기

텍스트에 배경색만 입힌다면 **background**를 설정하면 되고 밑줄을 긋는다면 **border-bottom**을 설정
하면 됩니다. 하지만 굵은 선을 텍스트에 살짝 겹쳐 보이도록 하려면 CSS 그러데이션 기능을 사용해
야 합니다(❶). 값을 바꾸면 선 굵기를 조절할 수 있습니다. **padding-bottom**을 추가하면 글자 베이
스라인보다 조금 아래에 선을 그릴 수 있습니다(❷). 색깔과 굵기를 커스터마이징해서 멋진 결과물
을 만들 수 있습니다. 그러데이션의 자세한 사용 방법은 5.8절을 참고하기 바랍니다.

▶ **데모**　chapter3/04-demo1

HTML chapter3/04-demo1/index.html

```
<h1>나는 고양이로소이다. 이름은 아직 없다.</h1>
```

나는 고양이로소이다. 이름은 아직 없다.

글자 위에 덧칠한 것 같은 효과

CSS chapter3/04-demo1/style.css

```
h1 {
    font-size: 2rem;
    font-family: sans-serif;
    font-weight: bold;
    display: inline-block;
    background-image: linear-gradient
(transparent 50%, #ff6 50%);        ❶
    padding-bottom: .25rem;          ❷
}
```

다른 웹사이트 살펴보기

글자와 장식에 도트를 활용해 옛날 디지털 화면을 표현한 디자인
이다.
https://shoptalkshow.com/

밑줄 색을 중간에 바꾸는 방식으로 너무 튀지는 않지만 포인트를
주는 디자인이다.
https://www.kyoto-seika.ac.jp/

부드럽게 움직이는 그러데이션 사각형을 양쪽에 장식해서 귀여
운 이미지를 주는 디자인이다.
https://www.nisshin.com/welnavi/

■ 이미지 꾸미기

이미지의 주변을 신경 써서 꾸미면 시각적으로도 재미있는 이미지가 되고 사용자 시선을 사로잡기에
도 좋습니다. 요소의 각진 모서리를 둥글게 만드는 CSS 속성으로 border-radius가 있습니다. 박스
나 이미지에 적용해 둥근 모서리를 만들거나 원형으로 만드는 등 여러 가지로 표현할 수 있습니다.
이번 장에서 소개하는 데모 사이트의 기사 섬네일은 살짝 기울어진 타원 모양으로 만들었습니다.

chapter3/Demo-Blog/index.html

```html
<img class="post-img" src="images/cat1.jpg" alt="고양이">
```

타원형은 둥근 모서리나 원형과는 또 다른 귀여움이 있다.

각 꼭짓점의 둥글기를 /(슬래시)로 구분해서 지정하면 타원의 원호를 따라 둥근 모서리를 만들 수 있습니다. / 앞에는 타원의 가로 반지름을, 뒤에는 세로 반지름을 적습니다. 완전히 동그란 모서리를 만들 때는 /가 필요 없습니다. 가로 및 세로 반지름이 같으니 border-radius:10px;로 정의하면 깔끔한 동그라미 모양의 모서리가 됩니다.

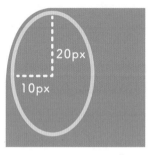

border-radius
:10px/20px 적용

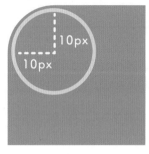

border-radius
:10px 적용

border-radius 속성을 축약해서 적을 수도 있습니다. 타원의 가로 반지름과 세로 반지름을 /로 구분하고 동그라미일 때와 마찬가지로 왼쪽 상단, 오른쪽 상단, 오른쪽 하단, 왼쪽 하단을 순서로 해 왼쪽 상단부터 시계 방향으로 값을 적습니다.

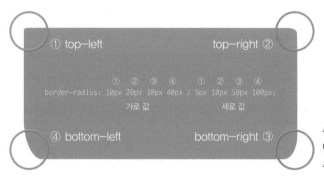

축약형으로 작성하면 값이 어느 모서리의 어느 반지름을 의미하는지 헷갈릴 수 있으니 적을 때 주의가 필요하다.

데모 사이트에서는 화면 폭이 바뀌어도 동그란 상태를 유지하고자 크기를 정할 때 px 대신 %를 사용했습니다. 세로 값은 모두 50%로 통일했고(❶) 원본 이미지 비율에 상관없이 이미지가 깨지지 않도록 object-fit: cover;를 사용했습니다(❷). 지정한 범위를 넘어가는 부분은 트리밍되어 종횡비 aspect ratio가 유지된 상태로 표시할 수 있습니다.

```
.post-img {
width: 100%;
    height: 260px;
    object-fit: cover;                                                    ❷
    border-radius: 40% 70% 50% 30%/50%;                                   ❶
}

/*
DESKTOP SIZE
========================================== */
@media (min-width: 600px) {
    .post-img {
        width: 220px;
        height: 180px;
    }
}
```

모바일에서 접속하면 이미지가 화면을 꽉 채우고 데스크톱에서 보면 폭이 좁아지도록 설정했습니다.

텍스트를 원형 이미지에 맞춰 배치하기

웹 디자인을 할 때는 사각형 박스를 기반으로 디자인하기 쉽습니다. **CSS Shapes**를 사용하면 원형, 다각형 또는 이미지 형태에 맞춰서 텍스트를 감싸듯이 배치할 수 있습니다. 잡지나 광고에서 흔히 볼 수 있던 레이아웃을 웹에도 적용할 수 있다면 디자인 폭이 훨씬 넓어질 것입니다.

글자를 원형으로 감싸려면 원형 요소에 `shape-outside: circle();`을 적용합니다. 이번에는 이미지 주변을 글씨로 감싸보겠습니다.

일반적으로 사각형 안에 문장이 들어가 둥근 형태의 이미지와 글자 사이에 공백이 생긴다.

구석에 공백이 생긴다.

글씨가 이미지를 둥글게 감싸도록 적용하면 이미지 형태에 맞춰 문장이 정렬된다.

이미지 형태에 맞춰 감싸고 있다.

```html
<div class="post-thumb">
    <p class="post-date"><span>2021</span>12/28</p>
    <img class="post-img" src="images/cat1.jpg" alt="고양이">
</div>
<p class="post-desc">
    처음 고양이를 키운다면 우선 무엇이 필요할까요?
    꼭 필요한 물품과 사두면 편리한 물품에 대해 소개합니다.
    고양이는 앞으로 약 10년간 함께 살아가는 가족입니다.
    함께하는 생활을 기분좋게 시작하기 위해서 미리 제대로 준비해둡시다!
    추천하는 고양이 사료 랭킹도 정리해보았습니다!
</p>
```

> 섬네일 이미지를
> `<div>` 태그로 감싼다.

CSS chapter3/Demo-Blog/css/style.css

```css
.post-thumb {
    margin: 0 0 1rem 0;
    position: relative;
}

/*
DESKTOP SIZE
=========================================== */
@media (min-width: 600px) {
    .post-thumb {
        margin: 0 3rem 1rem 0;
        shape-outside: circle();
        float: left;
    }
}
```

> 섬네일 이미지를 포함한 `<div>` 태그에
> shape-outside 를 설정한다.

데스크톱에서만 가로로 정렬되어 shape-outside나 float는 미디어 쿼리 안에서만 정의했다.

커스터마이징 예: 클로버 모양 이미지 만들기

border-radius를 이용한 또 다른 이미지 표현 방법이 있습니다. 세 개의 모서리를 원으로 만들어 꽃잎 모양으로 만들고 네 개를 나란히 붙여 클로버 모양을 만들어보겠습니다. 먼저 네 개의 이미지를 나열하고 각 이미지에 border-radius를 설정합니다. 중앙에 있는 모서리만 직각으로 설정하는 것이 포인트입니다. 이어서 플렉스 박스로 나열하면 완성됩니다.

HTML chapter3/04-demo2/index.html

```html
<div class="clover">
    <img class="spring" src="images/
spring.jpg" alt="" />
    <img class="summer" src="images/
summer.jpg" alt="" />
    <img class="autumn" src="images/
autumn.jpg" alt="" />
    <img class="winter" src="images/
winter.jpg" alt="" />
</div>
```

CSS chapter3/04-demo2/style.css

```css
.clover {
  display: flex;
  flex-wrap: wrap;
  width: 420px;
  margin: 20px auto;
}
.clover img {
  margin: 5px;
  width: 200px;
}
.spring {
  border-radius: 50% 50% 0 50%;
}
.summer {
  border-radius: 50% 50% 50% 0;
}
.autumn {
  border-radius: 50% 0 50% 50%;
}
.winter {
  border-radius: 0 50% 50% 50%;
}
```

border-radius에서 하나만 빼도
여러 가지 표현이 가능하다.

다른 웹사이트 살펴보기

배경 이미지와 일러스트를 겹치게 배
치해 화려한 이미지로 디자인했다.
http://www.diane-bonheur.com/

이미지를 흐릿하게 한 그림자와 함께 배치
해 투명감과 입체감이 있도록 표현했다.
https://o3mist.bollina.jp/

이미지 가장자리에 흐릿한 효과를 주어
부드러운 인상을 주는 디자인으로 표현
했다.
https://www.budounotane.com/

좋은 디자인이 떠오르지 않을 때 도움이 되는 사이트

어떻게 디자인을 할까 고민될 때는 다양한 웹사이트를 보며 참고하기도 합니다. 참고만 한다면 자신의 디자인 영역을 넓히기 어렵고 이미 있는 것을 복사한 디자인이 될 뿐입니다. 외관만 보는 것이 아니라 '왜 필요한가', '어떻게 사용하기를 바라는가'를 생각하는 습관을 키우도록 합시다.

마네루 디자인 연구소

마네루 디자인 연구소는 멋진 웹사이트의 디자인에서 따라 하면 좋을 포인트나 응용할 수 있는 화면, 주의점을 정리한 웹사이트입니다. 단지 보는 것이 아니라 포인트를 파악하고 응용하면서 디자인을 더 깊이 이해할 수 있게 됩니다.

https://maneru-design-lab.net/

Design patterns

Design patterns는 링크, 갤러리, 섬네일 이미지, 입력란 등 웹사이트에서 사용하는 각 요소를 '왜 이 요소가 필요한가', '어떤 문제를 해결해주는가'를 설명하고 참고할만한 예시와 힌트를 얻을 수 있는 디자인 부분까지 자세히 설명합니다. 영문 사이트이지만 꼭 참고하기 바랍니다.

http://ui-patterns.com/patterns

■ 버튼 꾸미기

문의 사항이나 다운로드 등 버튼이 웹사이트의 목표를 달성에 중요한 역할을 하는 경우가 많습니다. 다른 요소와 차별화될 수 있도록 꾸며서 더욱 사용하기 편리하도록 디자인해보기를 바랍니다.

이번 장의 데모 사이트에서는 박스 주변에 바느질한 것 같은 효과를 주었습니다. 박스 주변에 `border: 2px dashed #e38787;`로 점선을 그립니다(❶). 바깥쪽에 흐릿하게 처리되지 않은 박스 섀도를 box-shadow로 추가하면 바느질한 효과가 표현됩니다(❷). box-shadow 사용 방법은 다음의 순서로 적습니다.

```
box-shadow: 가로방향그림자위치 세로방향그림자위치 그림자흐릿한정도 그림자크기 그림자색;
```

스페이스로 각 값을 구분해줍니다. 여기에서는 다음과 같이 설정합니다.

```
box-shadow: 0 0 0 5px #eda1a1;
```

박스와 동일한 위치에 흐릿함 없이 크기가 5px인 그림자를 #eda1a1 색상으로 지정했습니다. 박스 배경 색과 그림자 색을 잘 맞추면 버튼이 크게 확대되는 것처럼 표현할 수 있습니다.

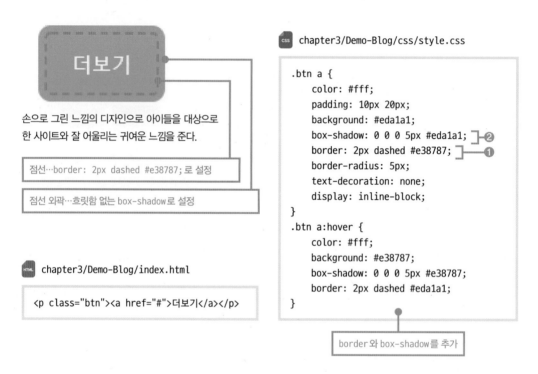

더보기

손으로 그린 느낌의 디자인으로 아이들을 대상으로 한 사이트와 잘 어울리는 귀여운 느낌을 준다.

점선···border: 2px dashed #e38787; 로 설정

점선 외곽···흐릿함 없는 box-shadow로 설정

CSS chapter3/Demo-Blog/css/style.css

```
.btn a {
    color: #fff;
    padding: 10px 20px;
    background: #eda1a1;
    box-shadow: 0 0 0 5px #eda1a1;      ❷
    border: 2px dashed #e38787;          ❶
    border-radius: 5px;
    text-decoration: none;
    display: inline-block;
}
.btn a:hover {
    color: #fff;
    background: #e38787;
    box-shadow: 0 0 0 5px #e38787;
    border: 2px dashed #eda1a1;
}
```

HTML chapter3/Demo-Blog/index.html

```
<p class="btn"><a href="#">더보기</a></p>
```

border와 box-shadow를 추가

커스터마이징 예: 플랫하지만 입체적인 버튼

그림자 없이 단색으로 플랫하게 디자인된 버튼은 누르는 느낌이 없을 수 있습니다. box-shadow에서 흐릿함 없는 그림자를 더해서 입체감을 냅니다(❶).버튼에 마우스 커서를 올리면 top 값을 조금 바꿔서 버튼을 누르고 있는 것 같은 움직임을 줄 수 있습니다(❷).

▶ 데모   chapter3/04-demo3

단색 그림자를 더한다.

커서를 올리면 버튼 위치가 아래로 내려가서 실제로 누른 것 같은 상태가 된다.

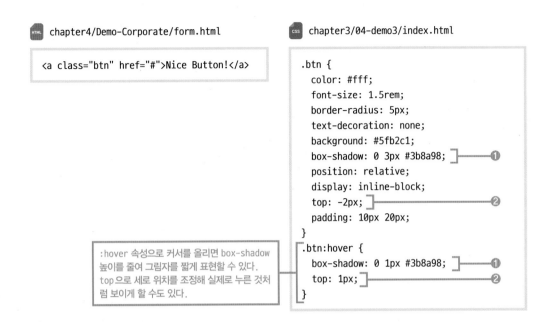

HTML chapter4/Demo-Corporate/form.html

```html
<a class="btn" href="#">Nice Button!</a>
```

CSS chapter3/04-demo3/index.html

```css
.btn {
  color: #fff;
  font-size: 1.5rem;
  border-radius: 5px;
  text-decoration: none;
  background: #5fb2c1;
  box-shadow: 0 3px #3b8a98;        ①
  position: relative;
  display: inline-block;
  top: -2px;                        ②
  padding: 10px 20px;
}
.btn:hover {
  box-shadow: 0 1px #3b8a98;        ①
  top: 1px;                         ②
}
```

:hover 속성으로 커서를 올리면 box-shadow 높이를 줄여 그림자를 짧게 표현할 수 있다. top으로 세로 위치를 조정해 실제로 누른 것처럼 보이게 할 수도 있다.

다른 웹사이트 살펴보기

無料資料請求はこちら

그림자에 사선을 더해서 플랫한 디자인이지만 입체감을 주었다.

https://payme.tokyo/

VIEW MORE → VIEW MORE

커서를 올리면 배경에 그러데이션이 흐르는 듯한 효과를 준다. 그러데이션이 들어간 선이 더 예쁜 버튼을 만든다.

https://www.nijitoumi.jp

COLUMN

position 속성으로 위치 지정하는 방법

position 속성을 포괄적으로 설명한다면 '요소의 위치를 정하기'라고 할 수 있습니다. 일반적으로 표시되는 위치와는 다른 곳에 배치하거나 서로 다른 요소를 겹쳐 보이게끔 할 때 position 속성을 사용합니다.

상대 위치를 정하는 값 relative    ▶ 데모   chapter3/column1-demo1

원래 보여줘야 하는 위치를 기준으로 상대적인 위치를 결정하는 것이 position: relative;입니다. top, right, bottom, left를 적고 어느 위치에 둘 것인지 구체적인 값을 입력합니다.

속성	의미
top	위에서부터 거리
right	왼쪽에서부터 거리
bottom	아래에서부터 거리
left	왼쪽에서부터 거리

chapter3/column1-demo1/index.html

```
<p>궁금하신 점이 있다면<a href="#">아래의 폼</a>을 통해 문의해주시기 바랍니다.</p>
```

CSS chapter3/column1-demo1/style.css

```
a {
    background: #0bd;
    color: #fff;
    padding: 6px;
    display: inline-block;
    position: relative;
    top: 40px;
    right: 20px;
}
```

position 속성 설정

궁금하신 점이 있다면 아래의 폼 을 통해 문의해주시기 바랍니다.

하이퍼링크 텍스트의 원래 위치입니다.

궁금하신 점이 있다면 ↓40px 을 통해 문의해주시기 바랍니다.
아래의 폼 20px

원래 위치에서 위부터 40px, 오른쪽부터 20px 옮겨졌습니다(바로 위 데모 파일 적용 시).

절대 위치를 정하는 값 absolute　▶ 데모　chapter3/column1-demo2

부모 요소를 기준으로 절대 위치를 정하는 것은 **position: absolute;**입니다. 원래 위치는 무시하고 주위에 어떤 요소나 여백과 상관없이 반드시 지정한 위치에 배치됩니다. 부모 요소에 **position: relative;**를 설정해야 해당 부모 요소를 기준으로 설정할 수 있습니다. 만약 부모 요소에 **position: relative;**가 없으면 브라우저 화면을 기준으로 범위를 정합니다. **relative**와 동일하게 **top**, **right**, **bottom**, **left**를 정하고 어느 위치로 지정할 것인지 구체적인 값을 설정합니다.

HTML chapter3/column1-demo2/index.html

```
<div class="absolute">화면 크기를 기준으로 한 박스</div>

<div class="parent">
    <div class="child">부모 요소를 기준으로 한 박스</div>
</div>
```

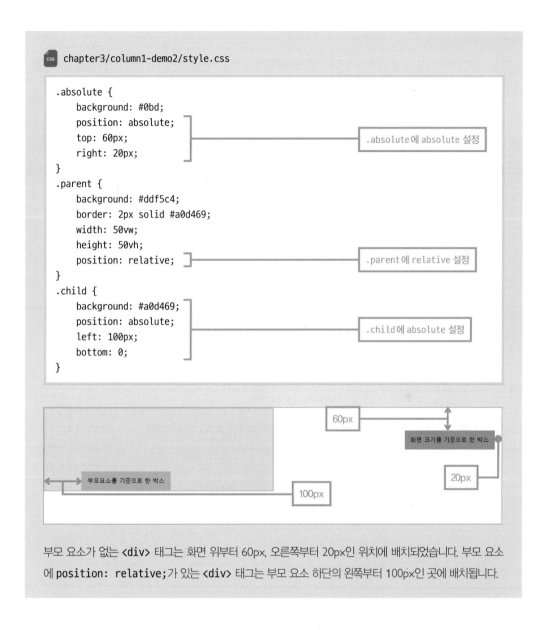

```css
.absolute {
    background: #0bd;
    position: absolute;
    top: 60px;
    right: 20px;
}
.parent {
    background: #ddf5c4;
    border: 2px solid #a0d469;
    width: 50vw;
    height: 50vh;
    position: relative;
}
.child {
    background: #a0d469;
    position: absolute;
    left: 100px;
    bottom: 0;
}
```

chapter3/column1-demo2/style.css

.absolute에 absolute 설정

.parent에 relative 설정

.child에 absolute 설정

60px

화면 크기를 기준으로 한 박스

20px

부모요소를 기준으로 한 박스

100px

부모 요소가 없는 `<div>` 태그는 화면 위부터 60px, 오른쪽부터 20px인 위치에 배치되었습니다. 부모 요소에 `position: relative;`가 있는 `<div>` 태그는 부모 요소 하단의 왼쪽부터 100px인 곳에 배치됩니다.

3.5 요소별 꾸미기 ②(번호 없는 목록, 번호 있는 목록)

사용자의 눈길을 사로잡기 위해 디자인하되 너무 화려하거나 전체적인 통일감이 없다면 오히려 콘텐츠를 읽기 어렵게 만들 수 있습니다. 특히 앞으로 소개할 목록을 꾸밀 때는 주의해야 합니다.

■ 번호 없는 목록 꾸미기

목록의 글머리 기호는 사용자에게 '목록을 의미'한다는 것만 전해지면 되니 너무 화려하게 꾸미는 것은 피합니다. 각 항목이 무엇인지 알기 쉽도록 하나하나 읽기 쉽게 정리하는 것이 중요합니다.

목록을 만들면 각 항목 왼쪽에 원형의 글머리 기호가 붙습니다. 글머리 기호의 색은 `list style`로 바꿀 수 없습니다. 색을 변경하려면 `::before`로 li 요소에 **가상 요소**[1]를 만들어야 합니다(❶). `content: '';`로 가상 요소를 만들어(❷) 사이즈, 색 등을 정의하고(❸) `border-radius`로 원형 글머리 기호를 만듭니다(❹). CSS를 초기화하지 않으면 ul 요소에 `list-style:none`을 추가해야 합니다.

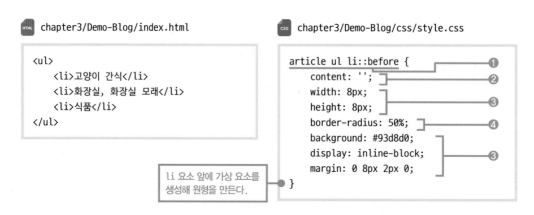

- 고양이 간식
- 화장실, 화장실 모래
- 식품

아이디어에 따라 다양한 형태로 변경할 수 있다.

HTML chapter3/Demo-Blog/index.html

```html
<ul>
    <li>고양이 간식</li>
    <li>화장실, 화장실 모래</li>
    <li>식품</li>
</ul>
```

CSS chapter3/Demo-Blog/css/style.css

```css
article ul li::before {        ❶
    content: '';               ❷
    width: 8px;
    height: 8px;               ❸
    border-radius: 50%;        ❹
    background: #93d8d0;
    display: inline-block;     ❸
    margin: 0 8px 2px 0;
}
```

li 요소 앞에 가상 요소를 생성해 원형을 만든다.

커스터마이징 예: Font Awesome으로 글머리 기호 꾸미기   ▶ 데모   chapter3/3-05-demo1

기본 글머리 기호의 종류는 많지 않습니다. 원하는 아이콘으로 바꾸려면 배경 이미지로 넣는 방법 이외에 2.5절의 'Font Awesome'에서 소개한 Font Awesome을 사용하는 방법도 있습니다. 2.5절 'Font Awesome 기본 사용법'의 방법대로 Font Awesome을 불러온 후 CSS의 가상 요소로 아이콘을 넣습니다. 글꼴에 Font Awesome 5 Pro를 설정하고 **content** 속성에 Font Awesome

---

1 HTML에 정의되지 않은 요소를 CSS에서 새롭게 정의해 만들어내는 요소를 의미합니다. 아직 잘 모르겠다면 3.5절의 칼럼을 참고하기 바랍니다.

에서 설정한 문자 코드를 적습니다. 문자 코드는 각 아이콘 페이지나 Font Awesome Cheatsheet(https://fontawesome.com/v5/cheatsheet/free/solid)를 확인해보기 바랍니다.

색도 자유롭게 바꿀 수 있어 디자인의 자유도가 높아진다.

Solid Icons

ad	f641	address-book	f2b9	address-card	f2bb	adjust	f042	air-freshener	f5d0	align-center	f037
align-justify	f039	align-left	f036	align-right	f038	allergies	f461	ambulance	f0f9	american-sign-language-interpreting	f2a3
anchor	f13d	angle-double-down	f103	angle-double-left	f100	angle-double-right	f101	angle-double-up	f102	angle-down	f107
angle-left	f104	angle-right	f105	angle-up	f106	angry	f556	ankh	f644	apple-alt	f5d1
archive	f187	archway	f557	arrow-alt-circle-down	f358	arrow-alt-circle-left	f359	arrow-alt-circle-right	f35a	arrow-alt-circle-up	f35b
arrow-circle-down	f0ab	arrow-circle-left	f0a8	arrow-circle-right	f0a9	arrow-circle-up	f0aa	arrow-down	f063	arrow-left	f060
arrow-right	f061	arrow-up	f062	arrows-alt	f0b2	arrows-alt-h	f337	arrows-alt-v	f338	assistive-listening-systems	f2a2
asterisk	f069	at	f1fa	atlas	f558	atom	f5d2	audio-description	f29e	award	f559
baby	f77c	baby-carriage	f77d	backspace	f55a	backward	f04a	bacon	f7e5	balance-scale	f24e
balance-scale-left	f515	balance-scale-right	f516	ban	f05e	band-aid	f462	barcode	f02a	bars	f0c9
baseball-ball	f433	basketball-ball	f434	bath	f2cd	battery-empty	f244	battery-full	f240	battery-half	f242
battery-quarter	f243	battery-three-quarters	f241	bed	f236	beer	f0fc	bell	f0f3	bell-slash	f1f6
bezier-curve	f55b	bible	f647	bicycle	f206	biking	f84a	binoculars	f1e5	biohazard	f780
birthday-cake	f1fd	blender	f517	blender-phone	f6b6	blind	f29d	blog	f781	bold	f032
bolt	f0e7	bomb	f1e2	bone	f5d7	bong	f55c	book	f02d	book-dead	f6b7
book-medical	f7e6	book-open	f518	book-reader	f5da	bookmark	f02e	border-all	f84c	border-none	f850

배치하고 싶은 아이콘의 우측에 있는 네 글자에 \를 붙여 content에 설정합니다. 예를 들어 네 글자가 f004라면 content 속성 값은 \f004가 됩니다.

`HTML` chapter3/05-demo1/index.html

```html
<ul>
    <li>장미의 꽃말은 '사랑'</li>
    <li>분홍 장미는 '완벽한 행복'</li>
    <li>하얀 장미는 '나는 당신에게 어울립니다'
</li>
</ul>
```

`CSS` chapter3/05-demo1/style.css

```css
ul li::before {
    font-family: "Font Awesome 5 Pro";
    font-weight: 900;
    content: "\f004";
    color: #f66;
}
```

Font Awecome 설정

다른 웹사이트 살펴보기

글머리 기호로 Q를 넣어 질문임을 표현했다.
https://www.necolico.co.jp/business/dokkyo/

글머리 기호로 ✓를 넣고 밑줄을 그어서 각 항목을 더 강조했다.
https://trial.norel.jp/

작은 아이콘으로 항목이 무엇을 의미하는지 알기 쉽게 표시했다.
https://lattice.com/

■ 번호 있는 목록 꾸미기

사용자에게 가입, 응모 등 사용 방법을 순서대로 가이드할 때는 번호가 있는 목록을 많이 사용합니다. 사용자가 순서를 잘못 알거나 누락하지 않도록 번호 있는 목록으로 명확하게 제시해야 합니다.

번호 없는 목록을 만들 때와 마찬가지로 번호 있는 목록에서도 색상을 변경할 때 가상 요소를 사용합니다. 단 커스터마이징할 때는 counter-increment라는 꽤 낯선 속성을 사용해야 합니다. counter-increment는 요소의 연속 값을 세는 속성으로 웹 페이지에서 사용할 때마다 값의 숫자가 늘어납니다.

counter-increment 값에 임의의 카운터명을 설정하고 li::before에 앞서 content 속성에서 지정한 카운터명을 넣어 요소의 개수를 표시합니다. 이 부분에서 색 정의 등을 꾸밀 수 있습니다. CSS 초기화(1.7절 '기본 CSS 초기화하기')가 적용되지 않은 경우에는 ol 요소에 list-style:none을 더합니다.

1 건식 사료A
2 습식 사료B (C배합)
3 건식 사료D 닭고기 맛

번호 있는 목록을 설정할 때 CSS로 색, 글자 크기, 글꼴 등을 변경해 재미있게 꾸밀 수 있다.

chapter3/Demo-Blog/single.html

```html
<ol>
    <li>건식 사료A</li>
    <li>습식 사료B (C배합</li>
    <li>건식 사료D 닭고기 맛</li>
</ol>
```

li 요소에 counter-increment로 list라는 이름을 설정하고 li 요소가 쓰일 때마다 개수를 세어 표시한다.

chapter3/Demo-Blog/css/style.css

```css
ol li {
    counter-increment: list;
}
ol li::before {
    content: counter(list);
    color: #93DFB8;
    display: inline-block;
    margin-right: 8px;
}
```

위의 숫자를 가상 요소로 표시한다.

커스터마이징 예: 원형 안에 숫자를 넣어 글머리 기호 꾸미기 ▶ 데모 chapter3/05-demo2

숫자 색을 바꿀 때처럼 가상 요소와 counter-increment로 꾸밉니다. 배경색이나 크기만 변경해도 화려하게 꾸밀 수 있습니다. 미세하게 위치를 조정해야 하므로 1.8절에서 소개한 개발자 도구를 사용해 line-height, margin을 설정해보겠습니다.

HTML chapter3/05-demo2/index.html

```html
<ol>
    <li>ABC 비료C</li>
    <li>D사 EFG 비료 (HI배합)</li>
    <li>J사 KLM비료</li>
</ol>
```

CSS chapter3/05-demo2/style.css

```css
ol li {
    counter-increment: list;
    margin-bottom: 0.25rem;
    line-height: 1.25;
}
ol li::before {
    content: counter(list);
    color: #fff;
    background: #0bd;
    border-radius: 50%;
    font-size: .75rem;
    width: 1.25rem;
    height: 1.25rem;
    line-height: 1.75;
    text-align: center;
    display: inline-block;
    margin-right: 0.25rem;
    vertical-align: top;
}
```

너무 화려하게 꾸미면 오히려 콘텐츠에 독이 된다. 색이나 형태가 웹사이트 전체 디자인과 통일되어야 한다.

다른 웹사이트 살펴보기

항목 하나하나를 둥근 모서리로 감싸서 자칫 어렵게 보일 수 있는 시공 순서를 친근한 이미지로 만들었다.

https://hiraco-anesis.com/

작성 폼을 보내기 전 어떤 순서로 흘러가는지 번호로 표현하고 현재 단계의 색상을 변경해 시각적으로 알기 쉽게 만들었다.

https://matsumoto-seikeigeka.com/contact/

01 Using the axios module.

02 Implementing Authentication in Nuxt.

03 Nuxt.js official documentation.

번호 색을 변경하고 충분히 여백을 주어 읽기 쉽도록 디자인했다.
https://www.smashingmagazine.com/

가상 요소란

가상 요소란 HTML에 정의되지 않은 요소를 CSS로 새롭게 만들어낸 요소입니다. 가상 요소를 잘 구사하면 CSS만으로도 폭넓은 디자인이 가능합니다.

가상 요소를 사용하는 방법

CSS에서 태그, 클래스, ID 등 셀렉터 뒤에 `::before`나 `::after`를 붙여 content 속성과 조합한 후 가상 요소를 만듭니다. content 속성에는 해당 위치에 넣고 싶은 텍스트나 이미지 등의 콘텐츠를 적습니다. 반드시 기억해야 할 점은 **content 속성으로 표시한 텍스트는 선택 및 복사, 붙여넣기를 할 수 없다**는 것입니다. 문장으로 사용하고자 할 때는 CSS를 사용하는 대신 HTML 안에 적어야 합니다.

before와 after의 차이

`::before`를 사용하면 요소 앞에, `::after`를 사용하면 요소 뒤에 가상 요소가 삽입됩니다. 가상 요소를 사용할 때는 `content:"텍스트 내용";`의 형식으로 적습니다. 텍스트는 따옴표(`' '`)나 쌍따옴표(`" "`)로 둘러싸는 것을 잊으면 안 됩니다.

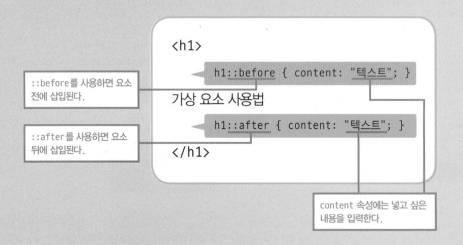

`::before`를 사용하면 요소 전에 삽입된다.

`::after`를 사용하면 요소 뒤에 삽입된다.

content 속성에는 넣고 싶은 내용을 입력한다.

::after 데모 파일 ▶ 데모 chapter3/column2-demo1

다음 예에서는 new라는 클래스명의 목록에 `::after`를 붙여서 텍스트 마지막에 **NEW!**라는 단어를 표시합니다.

```html
<ul>
  <li class="new">Run 쟈켓 - 200,000원
</li>
  <li>Breezy T셔츠 - 48,000원</li>
  <li>Happiest T셔츠 - 48,000원</li>
  <li class="new">Weekend Sports 백 -
120,000원</li>
</ul>
```

```css
.new::after {
  content: "NEW!";
  font-size: .75rem;
  background: #f99;
  color: #fff;
  padding: 5px;
  margin-left: 5px;
  border-radius: 3px;
}
```

Run 쟈켓 - 200,000원 NEW!
Breezy T셔츠 - 48,000원
Happiest T셔츠 - 48,000원
Weekend Sports 백 - 120,000원 NEW!

HTML에 적혀 있지 않은 NEW!
라는 텍스트가 표시된다.

텍스트를 꾸밀 수 있으니 커서
마이징해보는 것도 추천한다.

:(콜론) 개수 :before/:after와 ::before/::after의 차이

웹사이트 만드는 법을 다룬 책이나 웹사이트 CSS 샘플 등에서 `:before`, `:after`라고 쓴 것과 `::before`, `::after`라고 쓴 것을 본 적이 있을 것입니다. CSS 버전 차이에 따라 표현하는 방식이 다르기 때문입니다. CSS2까지는 콜론 한 개만 적었지만 가장 최근 버전인 CSS3이 되면서 콜론 두 개를 적는 것으로 바뀌었습니다. 일반적으로는 콜론을 두 개 사용하는 방식을 적용하지만 IE8 이하처럼 오래된 브라우저에서도 동작해야 한다면 콜론 한 개를 사용합니다.

가상 요소를 활용한 예시 ①(이미지 표시)   ▶ 데모   chapter3/column2-demo2

content에는 텍스트뿐만 아니라 이미지도 넣을 수 있습니다. 배경 이미지를 설정하는 것처럼 URL에 이미지 경로를 넣습니다. 링크나 파일 유형에 따라 자동으로 아이콘이 바뀌는 방법을 알아보겠습니다.

http://로 시작하는 🔲외부 링크에 아이콘을 추가. mailto를 사용한 ✉ 메일 링크에는 메일 아이콘. URL을 지정할 수도 있습니다. 🗎 PDF파일처럼 확장자를 지정할 수도 있습니다~!

각각 이미지가 표시된다.

📄 HTML chapter3/column2-demo2/index.html

```
<p>
    http://로 시작하는<a href="http://example.com">외부 링크</a>에 아이콘을 추가 。
    mailto를 사용한<a href="mailto:hello@example.com">메일 링크</a>에는 메일 아이콘 。
    URL을 지정할 수도 있습니다. <a href="example.pdf">PDF파일</a>처럼 확장자를 지정할 수도
있습니다~!
</p>
```

📄 CSS chapter3/column2-demo2/style.css

```
a::before {
    padding: 0 5px;
}
/* 외부 링크 */
a[href^="http://"]::before {
    content: url(images/link.svg);
}
/* 메일 */
a[href^="mailto:"]::before {
    content: url(images/email.svg);
}
/* PDF */
a[href$=".pdf"]::before {
    content: url(images/doc.svg);
}
```

> 각각 이미지를 설정한다.

CSS에서 [href^="http://"]로 href 속성 값을 지정합니다.[2]

가상 요소를 활용한 예시 ②(공백 요소)　▶데모　chapter3/column2-demo3

content 값에 아무것도 입력하지 않고 " 또는 " "만 적으면 공백을 만들 수 있습니다. 따옴표, 쌍따옴표 모두 상관없습니다. 공백 요소에 크기나 배경색 등을 지정하면 HTML에는 없는 도형을 그릴 수도 있습니다. 다음 예에서는 제목 좌우에 높이 2px의 상자를 만들고 **display:flex;**로 가로 배열해 텍스트가 선을 관통하는 것처럼 보이도록 표현했습니다.

가상요소로 공백 요소를 표시

크기나 색만 바꿔도 여러 가지 조합이 가능합니다.

---

2 ^= 는 속성 값의 텍스트 앞부분을, $= 는 속성 값 텍스트의 끝부분을 지정할 수 있습니다.

📄 HTML chapter3/column2-demo3/index.html

```html
<h1>가상요소로 공백 요소를 표시</h1>
```

📄 CSS chapter3/column2-demo3/style.css

```css
h1 {
    display: flex;
    font-size: 2rem;
}
h1:before,
h1:after {
    flex: 1;
    height: 2px;
    content: '';
    background-color: #ddd;
    position: relative;
    top: 1rem;
}
h1:before {
    margin-right: 1rem;
}
h1:after {
    margin-left: 1rem;
}
```

3.6 요소별 꾸미기 ③(인용문, 페이지네이션, 테두리)

가상 요소, Font Awesome으로 인용문과 페이지네이션을 꾸며보겠습니다. 테두리를 그릴 때는 border, outline을 사용합니다. 모두 웹사이트를 만들 때 자주 사용하는 요소이니 잘 기억해두세요.

■ 인용문 꾸미기

인용문은 사용자 경험담이나 추천 문구 등을 표시할 때 사용하면 좋습니다. 홑낫표(「 」)나 따옴표에 포인트를 주면 사용자의 눈길을 사로잡을 수 있습니다. 인용문은 <blockquote> 태그로 감쌉니다. 배경색만 적용하는 것으로는 눈에 띄지 않으니 인용부호도 붙여보겠습니다.

다음 예시에서는 ::before와 ::after로 가상 요소를 사용해서 자동으로 문장 앞뒤에 쌍따옴표를 붙였습니다. blockquote 요소에 position: relative;를 붙여서 기준이 되는 위치를 설정하고(❶) 앞뒤의 쌍따옴표에는 position: absolute;로 기준 범위 내 절대 위치를 설정했습니다(❷). content 속성에 입력한 \201C는 "를 \201D는 "를 나타냅니다(❸).

> ❝ 쉬고 있는 고양이의 눈은 아주 부드럽습니다. 적대적이지 않고 상대방에게 호의가 있을 때에는 눈을 가늘게 뜨거나 깜빡거립니다. 가끔 윙크를 할 때도 있습니다. ❞

문장 앞뒤에 쌍따옴표를 붙였다. 다른 기호나 표시로 바꿔도 멋진 디자인을 만들 수 있다.

HTML chapter3/Demo-Blog/single.html

```html
<blockquote>
    <p>
        쉬고 있는 고양이의 눈은 아주 부드럽습니다.
        적대적이지 않고 상대방에게 호의가 있을 때는 눈을 가늘게 뜨거나 깜빡거립니다.
        가끔 윙크를 할 때도 있습니다.
    </p>
</blockquote>
```

blockquote로 인용문 작성

CSS chapter3/Demo-Blog/css/style.css

```css
article blockquote {
    position: relative;                                            ❶
    padding: 1rem 3rem 1rem 3rem;
    margin-bottom: 1rem;
}
article blockquote::before,
article blockquote::after {
    font-size: 6rem;
    font-family: 'Noto Sans KR', sans-serif;
    color: #ccc;
    position: absolute;                                            ❷
    line-height: 0;
}
article blockquote::before {
    content: '\201C';                                              ❸
    top: 2.5rem;
    left: 0;
}
article blockquote::after {
    content: '\201D';                                              ❸
    bottom: .5rem;
    right: 0;
}
```

blockquote 앞뒤에 가상 요소를 넣어 인용부호를 표시하였다.

커스터마이징 예: 인용문 주변을 홑낫표로 꾸미기

인용문을 따옴표로 장식한 디자인은 많은 편이
니 홑낫표를 사용하면 새로운 느낌을 줄 수 있
습니다. 가상 요소로 만들 수 있으며 content:
'';로 빈 가상 요소를 만들고(❶) border로 선
을 그리면 완성됩니다(❷).

▶ 데모   chapter3/06-demo1

'하늘은 사람 위에 사람을 만들지 않고, 사람 밑에 사람을 만들지 않는다'는 말
이 있다. 이는 곧 하늘이 인간을 만들 때 만인은 만인 모두 같은 위치에 있게
하고 태어나면서부터 상하귀천 차별없이 만물의 영적인 몸과 마음 간의 작용
으로서 천지만물을 가지게 하며 이를 통해 의식주를 만족하고 자유자존, 상호
인간 사이의 방해없이 각자 이세상을 안락하게 살아가게 하려는 취지였음이
라.

적당한 여백과 행간을 설정해 고급스러운 디자인으로 표현
했다.

chapter3/06-demo1/index.html

```html
<blockquote>
    <p>
        '하늘은 사람 위에 사람을 만들지 않고, 사람 밑에 사람을 만들지 않는다'는 말이 있다.
        이는 곧 하늘이 인간을 만들 때 만인은 만인 모두 같은 위치에 있게 하고 태어나면서부터 상하귀천 차
        별없이 만물의 영적인 몸과 마음 간의 작용으로서 천지만물을 가지게 하며 이를 통해 의식주를 만족하
        고 자유자존, 상호 인간 사이의 방해없이 각자 이세상을 안락하게 살아가게 하려는 취지였음이라.
    </p>
</blockquote>
```

chapter3/06-demo2/style.css

```css
blockquote {
    position: relative;
    padding: 2rem;
}
blockquote::before,
blockquote::after {
    content: '';                                          ❶
    width: 40px;
    height: 40px;
    position: absolute;
}
blockquote::before {
    border-top: 2px solid #ccc;
    border-left: 2px solid #ccc;                          ❷
    top: 0;
    left: 0;
}
blockquote::after {
    border-bottom: 2px solid #ccc;
    border-right: 2px solid #ccc;                         ❷
    bottom: 0;
    right: 0;
}
```

40x40px인 가상 요소를 만들어서
border로 선을 그린다.

다른 웹사이트 살펴보기

말풍선으로 실제 대화하는 것처럼 표현했다.
https://www.shiseido.co.jp/revital/

Emergence is _bold_ and willing to take risks where other VCs aren't.

본문은 우아한 가는 글꼴을, 쌍따옴표는 각진 글꼴 사용해 강조했다.
https://www.emcap.com/

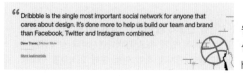

웹사이트의 테마 색상인 분홍에 일러스트를 더해 읽기 쉽게 정리했다.
https://dribbble.com/

■ 페이지네이션 꾸미기

페이지네이션은 블로그, 공지 등 게시물이 많은 경우 페이지를 분할할 때 사용합니다. 숫자 등을 클릭해서 이전 또는 다음 페이지로 넘어가는 기능이며 한 페이지 이상일 때 반드시 필요합니다.

데모 사이트에서는 `display: flex;`를 활용해 가로로 나열한 페이지 번호를 꾸밉니다(❶). 현재 표시하는 페이지 번호와 커서를 갖다 대었을 때 페이지 번호의 색이 서로 다르다는 점이 디자인 포인트이며, 색을 구분해 현재 위치를 시각적으로도 알기 쉽게 했습니다. 원형을 만들기 위해 `width`와 `height` 수치를 똑같이 입력하고(❷) `border-radius: 50%;`로 둥글게 만들었습니다(❸).

현재 표시 중인 페이지는 연한 회색으로, 커서를 대면 연한 초록색으로 변한다.

```html
<ul class="pagination">
    <li><span class="current">1</span></li>
    <li><a href="#">2</a></li>
    <li><a href="#">3</a></li>
    <li><a href="#">4</a></li>
    <li><a href="#">&gt;</a></li>
</ul>
```

현재 위치에는 span 요소를 더한다.

```css
.pagination {
    display: flex;                              ❶
    justify-content: center;
    font-family: 'Noto Sans KR', sans-
serif;
    font-size: 1.5rem;
    text-align: center;
}
.pagination a:hover {
    background: #93d8d0;
    color: #fff;
}
.pagination a,
.pagination .current {
    border-radius: 50%;                         ❸
    padding-top: 4px;
    display: inline-block;
    width: 36px;                                ❷
    height: 36px;
    margin: 0 6px;
}
.pagination .current {
    background: #ccc;
    color: #fff;
}
```

커스터마이징 예: 이전 페이지 또는 다음 페이지로 가는 링크 넣기

페이지 번호를 세네 개로 늘어놓은 페이지네이션 외에도 이전 페이지 또는 다음 페이지로 가는 링크를 걸어놓은 웹사이트도 많습니다. 모바일 화면에서는 크기가 작은 링크를 터치하기 어려우니 양옆에 나란히 링크가 있는 편이 더 사용하기 편합니다.

<a> 태그를 옆으로 나란히 두기만 하면 되어 복잡한 코드는 아닙니다. 다음 예에서는 Font Awesome으로 화살표 아이콘을 표시하고(❶) 가장자리만 둥근 모서리를 적용해 장식했습니다(❷).

▶ 데모 파일 chapter3/06-demo2

← 이전 페이지로 │ 다음 페이지로 →

페이지네이션보다 링크를 클릭할 수 있는 범위가 넓어져 모바일에서 활용하기 좋다.

```html
<div class="pagination">
    <a class="prev" href="#">이전 페이지로</a>
    <a class="next" href="#">다음 페이지로</a>
</div>
```

좌우 꾸미기가 다르게 들어가 각각 prev, next로 클래스를 나눈다.

```css
.pagination {
    display: flex;
    justify-content: center;
}
.prev,
.next {
    display: inline-block;
    background: #0bd;
    color: #fff;
    margin: 0 1px;
}
.prev:hover,
.next:hover {
    background: #0090aa;
}
.prev {
    border-radius: 2rem 0 0 2rem;        ──②
    padding: 1rem 1rem 1rem 2rem;
}
.next {
    border-radius: 0 2rem 2rem 0;        ──②
    padding: 1rem 2rem 1rem 1rem;
    text-align: right;
}

/* 화살표 아이콘 */
.prev::before,
.next::after {                            ❶
    font-family: "Font Awesome 5 Pro";
    font-weight: 900;
}
.prev::before {
    content: "\f060";                    ──❶
    margin-right: .5rem;
}
.next::after {
    content: "\f061";                    ──❶
    margin-left: .5rem;
}
```

가상 요소로 화살표 아이콘을 표시했다.

다른 웹사이트 살펴보기

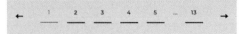

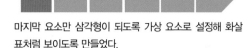

현재 위치만 색을 바꾸는 점이 로고와 잘 조합되어 유연하게 디자인되었다.

https://www.google.co.kr/

마지막 요소만 삼각형이 되도록 가상 요소로 설정해 화살표처럼 보이도록 만들었다.

https://themify.me/

밑줄을 그은 심플한 스타일로 깔끔하게 마무리했다.

https://paradigm-shift.co.jp/

■ 테두리 꾸미기

테두리는 콘텐츠를 하나로 모아서 보여주고 싶을 때 자주 사용합니다. 디자인할 때 테두리 선과 문장 사이에 여백이 없으면 매우 읽기 어렵고 디자인적으로도 아름답지 않아 주의해야 합니다. 꾸밀 때 특히 중요한 것이 바로 충분한 공간을 유지하는 것입니다.

데모 사이트는 사이드바에 콘텐츠를 구분하는 곳을 이중선과 발바닥 아이콘으로 꾸몄습니다. 일반적으로 border로 지정된 선은 요소의 바로 바깥쪽에 표시되지만 outline을 사용하면 바깥쪽에 테두리로 된 선을 추가할 수 있습니다. 바깥쪽 선에는 2px의 각진 선을, 안쪽 선은 border-radius로 1px의 둥근 모서리를 가진 선을 표현했습니다. outline-offset 속성으로 선에서 지정된 거리만큼 떨어뜨려 표시했고, 발바닥 모양 아이콘은 가상 요소로 Font Awesome을 사용해 그렸습니다. position으로 아이콘에 선을 덧씌우고 상단 중앙에 표시되도록 위치를 조정했고 아이콘 배경색은 흰색으로 해 아이콘에 선이 겹치지 않도록 설정했습니다.

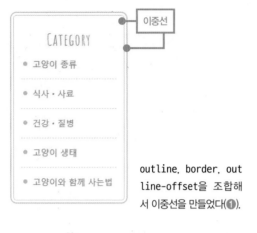

이중선

outline, border, out
line-offset을 조합해
서 이중선을 만들었다(❶).

발바닥 모양
아이콘

.side-box 앞에 가상 요
소를 붙여 Font Awesome
으로 발바닥 모양 아이콘
을 표시했다(❷).

중앙에 표시

부모 요소인 .side-box에
position: relative;
로 표시하는 위치 기준을 설
정하고(❸) 아이콘이 있는
가상 요소에 position:
absolute;로 어디에 표
시할지 지정했다(❹). left
0; right 0; margin:
auto;로 요소 중앙에 표시
했다(❺).

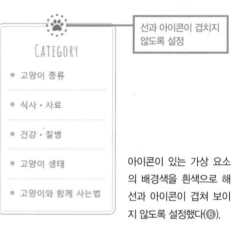

선과 아이콘이 겹치지
않도록 설정

아이콘이 있는 가상 요소
의 배경색을 흰색으로 해
선과 아이콘이 겹쳐 보이
지 않도록 설정했다(❻).

chapter3/Demo-Blog/index.html

```
<div class="side-box">
    <h3>Category</h3>
    <ul>
        <li><a href="#">고양이 종류</a></li>
        <li><a href="#">식사·사료</a></li>
        <li><a href="#">건강·질병</a></li>
        <li><a href="#">고양이 생태</a></li>
        <li><a href="#">고양이와 함께 사는법</a></li>
    </ul>
</div>
```

전체를 side-box 클래스로 감싸기

```css
.side-box {
    margin-bottom: 4rem;
    border: 1px solid #ccc;
    outline: 2px solid #ccc;
    outline-offset: 4px;                                    ❶
    border-radius: 6px;
    padding: .875rem;
    position: relative;                                     ❸
}
.side-box::before {
    display: block;
    width: 2rem;
    height: 2rem;
    text-align: center;
    background: #fff;                                       ❻
    position: absolute;                                     ❹
    top: -1rem;
    left: 0;
    right: 0;                                               ❺
    margin: auto;
/* Font Awesome */
    font-family: 'Font Awesome 5 Pro';
    font-weight: 900;
    color: #949087;                                         ❷
    font-size: 1.5rem;
    content: '\f1b0';
}
```

선과 아이콘이 겹치지 않도록 설정

커스터마이징 예: 손으로 그린 것처럼 비뚤비뚤한 선으로 둘러싸기   ▶ 데모   chapter3/06-demo3

이미지에 적용했던 타원 반지름을 사용해 손으로 그린 것 같은 비뚤비뚤한 선을 표현할 수 있습니다. border-radius로 타원 원호 모양의 둥근 모서리를 그리고 border 속성으로 선의 너비, 색깔, 스타일을 설정합니다.

> 사람이 먹는 음식이 아닌 꼭 고양이용 건식, 습식 사료를 준비해야 합니다. 종합영양식이라고 쓰여 있는 것으로 준비해주세요. 건식 사료와 습식 사료는 함께 급여해도 됩니다.

비뚤비뚤한 선, 배경색, 스타일 등을 바꿔 이미지 모양과 조합할 수 있다.

```
<p>
    사람이 먹는 음식이 아닌 꼭 고양이용 건식, 습식 사료를 준비해야 합니다.
    종합영양식이라고 쓰여있는 것으로 준비해주세요.
    건식 사료와 습식 사료는 함께 급여해도 됩니다.
</p>
```

```
p {
    background: #efefef;
    padding: 1.5rem;
    max-width: 400px;
    margin: 2rem auto;
    border-radius: 15rem 1rem 8rem 1rem / 1rem 12rem 1rem 12rem;
    border: 2px dashed #999;
}
```

> 타원 반지름을 지정해 비틀어진 모양으로 만든다.

타원 설정 방법은 3.4절의 '이미지 꾸미기'를 참고해주세요.

다른 웹사이트 살펴보기

고르지 않은 지그재그한 모양과 원 포인트로 놓인 이미지로 활발하고 개성 있는 느낌을 표현했다.

http://www.ohtake.ac.jp/food_beauty/

왼쪽 상단의 테두리에 튀어나온 말풍선이 원 포인트이다. 제목을 눈에 띄게 하고 글자 수가 많은 답변은 작고 깔끔하게 정리했다.

https://kids-shuzankai.com/

희미하게 보이는 배경 이미지 위에 굵은 선으로 테두리를 만들었다. 선과 텍스트 사이에 여백을 넉넉히 두어 굵은 선이 있어도 깔끔하게 보인다.

https://sakeice.jp/

3.7 요소별 꾸미기 ④(헤더, 푸터, 내비게이션, 표, 폼)

헤더, 푸터 등 어느 페이지에서나 보이는 요소는 보기 쉽고 이해하기 쉽도록 꾸미는 것이 중요합니다.

■ 헤더 꾸미기

웹사이트에서 제일 먼저 사용자의 시선이 가는 곳은 헤더를 포함한 퍼스트 뷰 영역입니다. 로고나 내비게이션을 두는 경우가 많습니다. 데모 사이트는 헤더에 내비게이션을 두지 않고 로고와 웹사이트 설명문만을 배치해 심플하게 장식했습니다. <body> 태그에 세로 줄무늬의 배경 이미지를, <header> 태그에는 고양이를 형상화한 이미지를 넣었습니다.

CAT BLOG

고양이 기르는 법과 반려묘에 관한 이야기를 매일 전달합니다

심플하면서도 어떤 웹사이트인지 알아보기 쉬운 헤더

<body> 태그에 세로 줄무늬 배경 이미지를 삽입

<header> 태그에 투명 배경의 고양이 머리 모양 이미지를 삽입

📄 chapter3/Demo-Blog/index.html

> header에 블로그 제목과
> 설명문을 적었다.

```html
<header>
    <h1 class="page-title">Cat Blog</h1>
    <p class="page-desc">고양이 기르는 법과 반려묘에 관한 이야기를 매일 전달합니다</p>
</header>
```

📄 chapter3/Demo-Blog/css/style.css

```css
body {
    color: #949087;
    font-family: sans-serif;
    background: #faf6ed url('../images/bg.png');
}

header {
    max-width: 1000px;
    margin: 2.5rem auto 0;
    background: url('../images/header.svg') no-repeat center top/cover;
    height: 170px;
}
```

> body에 페이지 전체에 적용할
> 세로 줄무늬 배경 이미지를 삽입

> header에 상단에만 표시되는 고양이
> 모양의 투명 배경 이미지를 삽입

커스터마이징 예: 커서를 두면 서브 메뉴 나타내기

한 메뉴 안에 여러 개의 카테고리가 있는 경우 커서를 갖다 두면 서브 메뉴가 나타나는 웹사이트를
본 적이 있을 것입니다. CSS에서만 구현할 수 있는 기능입니다.

목록 안에 목록을 정의하고 평소에는 보이지 않
도록 display: none;으로 숨깁니다(❶). 서
브 메뉴의 li 태그에 has-menu라는 클래스를 붙
이고(❷) has-menu 리스트에 커서를 갖다 두면
(=hover하면) display: block;으로 표시합
니다(❸). 서브 메뉴 위치는 position으로 지정
합니다(❹). 하나 팁을 주자면 어떤 메뉴에 서브
메뉴가 있는지 알기 쉽도록 Font Awesome을 이
용해 화살표 아이콘을 넣으면 좋습니다(❺).

▶ 데모 chapter3/07-demo1

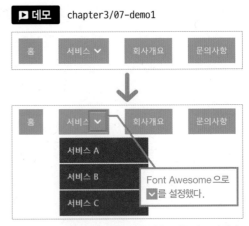

'서비스'에 커서를 갖다 두면 아래로 서브 메뉴가 표시된다.

```html
<nav>
    <ul class="main-menu">
        <li><a href="#">홈</a></li>
        <li class="has-menu">                                              ➋
            <a href="#">서비스</a>
            <ul class="sub-menu">
                <li><a href="#">서비스 A</a></li>
                <li><a href="#">서비스 B</a></li>
                <li><a href="#">서비스 C</a></li>
            </ul>
        </li>
        <li><a href="#">회사개요</a></li>
        <li><a href="#">문의사항</a></li>
    </ul>
</nav>
```

> 서브 메뉴는 <li> 태그
> 안에 <ul> 태그로 생성

```css
/* 메인 메뉴 */
.main-menu {
    display: flex;
    justify-content: center;
}
.main-menu a {
    background: #0bd;
    padding: 1rem;
    color: #fff;
    display: inline-block;
    margin: 1rem;
}
.main-menu a:hover {
    background: #0090aa;
}

/* 서브 메뉴 */
.sub-menu {
    position: absolute;
    top: 4.5rem;                                                          ➍
    left: 1rem;
}
.sub-menu a {
    margin: 1px;
    width: 180px;
    background: #666;
}
```

```
/* 서브 메뉴가 있음을 표시하는 메뉴 */
.has-menu {
    position: relative;
}
.has-menu > a::after {
    font-family: "Font Awesome 5 Pro";
    font-weight: 900;
    content: "\f078";
    margin-left: .5rem;
}

/* 평소에는 서브 메뉴를 숨김 */
.has-menu .sub-menu {
    display: none;
}
/* 커서를 갖다 두면 서브 메뉴가 보이도록 설정 */
.has-menu:hover .sub-menu {
    display: block;
}
```

⑤ (font-family ~ content 부분)

❶ (.has-menu .sub-menu / display: none 부분)

❸ (.has-menu:hover .sub-menu / display: block 부분)

다른 웹사이트 살펴보기

IME　　　NEWS　　ABOUT US　　BUSINESS　　COMPANY　　RECRUIT ⏎　　JP | EN

화면 왼쪽 상단에 로고를, 우측에는 내비게이션 메뉴를 가로로 배열한 표준 레이아웃이다. 언어를 전환하는 링크를 잘 보이는 곳에 배치했다.

https://i—ne.co.jp/

일반적으로 좌측 상단에 두는 로고를 화면 정중앙에 배치하고 좌우로 메뉴를 나누었다.

https://www.smashmallow.com/

배경 이미지를 동영상으로 해 생동감과 함께 임팩트 있는 퍼스트 뷰를 제공한다.
https://n-oyanagi.com/holostruction/

큰 배경 이미지에 캐치프레이즈를 넣은 디자인이다. 디자인에 방해되지 않도록 헤더에 로고와 메뉴 아이콘을 양 끝에 배치했다.
https://www.jaf-co.jp/craftmanship/

■ 푸터 꾸미기

페이지 최하단에 위치한 푸터는 저작권 관련 문구만 있는 심플한 디자인부터 페이지별 링크, 문의처를 배치하는 등 다양한 디자인이 있습니다.

데모 사이트는 SNS 링크와 저작권을 담은 심플한 푸터로 디자인했습니다. 메인 콘텐츠에 방해되지 않도록 배경색과 글자색을 비슷한 계열의 색상으로 통일했습니다.

HTML chapter3/Demo-Blog/index.html

```html
<footer>
    <ul class="footer-nav">
        <li><a href="https://twitter.com/">Twitter</a></li>
        <li><a href="https://facebook.com/">Facebook</a></li>
        <li><a href="https://youtube.com/">YouTube</a></li>
        <li><a href="https://instagram.com/">Instagram</a></li>
    </ul>
    <p><small>&copy; 2021 Cat Blog</small></p>
</footer>
```

저작권은 `<small>` 태그로 감싸기[3]

CSS chapter3/Demo-Blog/css/style.css

```css
footer {
    background: #949087;
    text-align: center;
    padding: 3rem;
}
footer ul {
    display: flex;
    justify-content: center;
    margin-bottom: 2rem;
}
footer li {
    margin: 0 12px;
}
footer a {
    color: #fff;
}
footer a:hover {
    color: #c7c3ba;
}
footer small {
    color: #c7c3ba;
    font-size: .875rem;
}
```

메뉴는 `flex`를 활용해 가로로 배열

---

3 이전에는 <small> 태그의 의미가 '글자를 작게 한다'는 것이었지만 HTML5에서는 면책, 저작권, 라이선스 요건 등의 주석을 다는 의미가 되었습니다.

커스터마이징 예: 푸터를 최하단에 고정시키기

콘텐츠 내용이 적어서 높이가 낮으면 푸터가 화면 중간에 나타나 푸터 아래에 의도하지 않은 공백이 생깁니다. flex로 해결할 수 있으며 HTML에 다른 요소를 추가하지 않아도 되어 쉽게 구현할 수 있습니다. 포인트는 CSS에서 푸터 위에 오는 요소(다음 예에서는 `<article>` 태그)에 `felx: 1;`을 넣어 푸터를 하단으로 내리는 것입니다. `<html>` 태그와 `<body>` 태그에 `height: 100%;`를 넣으면 인터넷 익스플로러에서도 제대로 동작합니다.

▶ 데모   chapter3/07-demo2

flex는 flex-grow의 약자로 부모 요소에 공백이 있으면 자식 요소에 늘어나는 비율을 지정합니다. 값을 입력하면 `<article>` 태그 부분이 하단까지 늘어나서 `<footer>` 부분을 최하단에 고정시킬 수 있습니다.

HTML chapter3/07-demo2/index.html

CSS chapter3/07-demo2/style.css

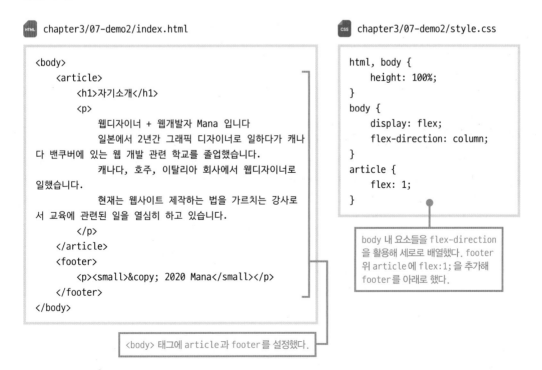

```
<body>
    <article>
        <h1>자기소개</h1>
        <p>
            웹디자이너 + 웹개발자 Mana 입니다
            일본에서 2년간 그래픽 디자이너로 일하다가 캐나
        다 밴쿠버에 있는 웹 개발 관련 학교를 졸업했습니다.
            캐나다, 호주, 이탈리아 회사에서 웹디자이너로
        일했습니다.
            현재는 웹사이트 제작하는 법을 가르치는 강사로
        서 교육에 관련된 일을 열심히 하고 있습니다.
        </p>
    </article>
    <footer>
        <p><small>&copy; 2020 Mana</small></p>
    </footer>
</body>
```

```
html, body {
    height: 100%;
}
body {
    display: flex;
    flex-direction: column;
}
article {
    flex: 1;
}
```

body 내 요소들을 flex-direction을 활용해 세로로 배열했다. footer 위 article에 flex:1;을 추가해 footer를 아래로 했다.

`<body>` 태그에 article과 footer를 설정했다.

다른 웹사이트 살펴보기

배경과 같은 계열의 색으로 큰 지도를 표시한 임팩트 있는 푸터 디자인이다.
https://www.bravedog.co.uk/

회사명을 큰 글씨로 넣고 검은색 위주로 다이내믹하게 디자인했다.
https://www.ryden.co.jp/

웹사이트에 사용한 일러스트를 배치하고 문자를 세로로 쓴 푸터 메뉴이다.
https://tachigui-ume.jp/

■ 내비게이션 꾸미기

웹 디자이너는 사용자가 원하는 콘텐츠를 빠르게 찾을 수 있도록 편리한 내비게이션 메뉴를 만들어야 합니다. 최근에는 화면 폭이 좁은 디바이스에서도 쉽게 사용할 수 있도록 메뉴 버튼을 클릭하면 내비게이션이 나오거나 전체 화면에 메뉴가 표시되도록 하는 등 내비게이션을 표현하는 폭이 넓어졌습니다.

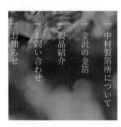

세로쓰기 내비게이션 메뉴이다. 일본식 디자인에서 자주 사용하는 표현이다.
https://nakamura-seihakusho.co.jp/

메뉴 아이콘을 클릭하면 큰 내비게이션 패널이 나온다. 상품 이미지를 첨부해 보고 싶은 페이지를 바로 찾을 수 있다.
http://timesecret.jp/

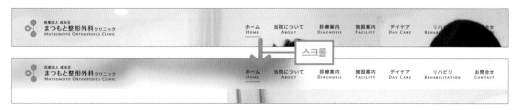

스크롤하면 배경 요소가 흐릿해지면서 문자를 쉽게 읽을 수 있도록 디자인했다.

https://matsumoto-seikeigeka.com/

메뉴 옆에 아이콘을 넣어 강조했다.

http://www.hopnet.co.jp/

■ 표 꾸미기

가격표, 회사 개요, 시간표 등에 표를 사용합니다. 정보를 보기 쉽게 정리하는 것이 표의 목적이므로 화려한 장식보다는 자연스러운 색과 깔끔한 선을 활용해 디자인합니다.

비뚤비뚤한 선으로 행을 구분해 사랑스런 콘셉트의 웹사이트 전체 디자인에 맞추면서도 읽기 쉽도록 표현했다.

https://moomin-art.jp/

표가 가로로 길기 때문에 커서를 갖다 두면 배경색이 바뀌게끔 설정해 사용자가 지금 어떤 행을 보는지 알기 쉽도록 디자인했다.

https://www.premierleague.com/

행마다 명도를 조금씩 다르게 해 각 행이 자연스럽게 구별되도록 하고 프로모션 가격은 다른 색으로 설정해 눈에 띄게끔 디자인했다.

https://www.helloscooter.jp/

■ 폼 꾸미기

폼의 목적은 사용자가 끝까지 입력하고 전송하도록 하는 것입니다. 이해하기 어려운 디자인이나 입력하기 어려운 구성이 되지 않도록 세부적으로 계획을 세워 디자인해야 합니다. 어떤 것이 필수 항목인지 표시하거나 placeholder 속성으로 입력 예시를 가이드해 사용자의 이해를 돕습니다.

대부분 폼은 사각형이지만 입력란을 밑줄로만 디자인해 멋지게 꾸몄다.
https://moremilk.ru/

화면 폭을 꽉 채우는 입력 폼에 부드러운 색으로 배치해 위압감을 없앤 반응형 웹 디자인으로 어떤 화면에서도 잘 동작하도록 구성했다.
https://www.marunouchi-infra.co.jp/

필수 항목이 눈에 쉽게 띄도록 표시했다.
http://arataunyu.co.jp/recruit/

3.8 스크롤에 맞춰 따라오기

세로로 긴 웹 페이지에서 항상 표시하고 싶은 요소가 있다면 상자를 스크롤에 맞춰 따라오게 해 사용자를 유도할 수 있습니다.

블로그, 뉴스 등 글이 많은 페이지에서는 사이드바 또는 제목을 항상 표시하고 싶을 수 있습니다. 데모 사이트에서는 사이드바의 인기 기사에 position: sticky;를 설정했습니다. 페이지를 스크롤해 표시 영역이 인기 기사 위치까지 도달하면 인기 기사를 고정시키고 스크롤에 맞춰 따라오도록 합니다.

인기 기사는 사이드 바의 최하단에 정의됐다.

표시 영역에 인기 기사 블록이 닿으면...

스크롤에 맞춰 따라온다.

따라오도록 하고 싶은 요소를 하나의 블록으로 묶습니다. popular-posts라는 클래스를 붙였습니다.

```html
<div class="side-box popular-posts">
    <h3>Popular Posts</h3>
    <ul>
        <li><a href="#">처음 고양이를 병원에 데려갈 때의 마음가짐</a></li>
        <li><a href="#">고양이 발바닥 젤리로 알아보는 반려묘 성격?</a></li>
        <li><a href="#">움직이는 고양이 사진 찍는 팁</a></li>
        <li><a href="#">추천하는 고양이 사료는?</a></li>
        <li><a href="#">고양이에게 목걸이를 채워도 괜찮을까? 조심해야 할 5가지</a></li>
    </ul>
</div>
```

> popular-posts 라는 클래스가 붙은 <div> 태그

모바일 버전에서는 따라오도록 할 필요가 없어 미디어 쿼리의 괄호 안 **popular-posts** 클래스에 **position: sticky;**를 설정합니다. 이렇게 하면 표시 영역이 해당 위치까지 도달했을 때 스크롤에 맞춰 따라가게 됩니다. 고정하는 위치도 정해야 하는데 **top left right bottom** 중 하나만 골라서 지정해보겠습니다. 여기에서는 **top: 1rem;**을 입력해 표시 영역 상단에서부터 1rem인 위치에 인기 기사 블록을 고정했습니다.

🗎 chapter3/Demo-Blog/css/style.css

```css
/*
DESKTOP SIZE
========================================= */
@media (min-width: 600px) {

…생략…

    /* 인기 기사 */
    .popular-posts {
        position: sticky;
        top: 1rem;
    }
}
```

> 미디어 쿼리 안에 스크롤을 따라 오게 하는 스타일 정의

■ 커스터마이징 예: 제목 따라오기

문장이 많은 페이지에서 제목이 따라오도록 만들어보겠습니다. **position: sticky;**를 넣은 요소의 부모 요소가 끝나는 부분에 다다르면 제목이 고정되었던 것이 풀립니다.

> **나는 고양이로소이다**
>
> 나는 고양이다. 이름은 아직 없다. 어디서 태어났는지도 전혀 모른다. 어둠침침하고 눅눅한 곳에서 야옹야옹 울고 있었던 것만 기억한다. 나는 그곳에서 처음 인간이란 것을 보았다. 나중에 듣자 하니 그 인간이 서생이라는 세상에서 가장 영악한 종족이라고 한다. 이 서생이란 자가 때로 우리를 붙잡아 삶아 먹는다고 한다. 하지만 당시에는 별다른 생각이 없었기 때문에 무섭지도 않았다. 다만 그가 나를 손으로 획 들어 올렸을 때, 두둥실 때 있는 느낌이 들었을 뿐이다. 그 손바닥에서 잠시 서생의 얼굴을 본 것이 이른바 인간이라는 것과의 첫 만남이었다. 그때 참 묘한 존재라고 생각했는데, 그 느낌이 지금도 남아있다. 우선 털로 소복해야 할 얼굴이 주전자처럼 매끈거렸다. 그 후 많은 고양이를 만났지만 이렇게 이상한 녀석은 한 번도 본적이 없다. 뿐만 아니라 얼굴 한가운데가 너무 툭 튀어나와 있다.
>
> **동트기 전**
>
> 키소지는 모두 산 속에 있다. 어떤 곳은 벼랑을 따라가는 절벽길이고, 어떤 곳은 수십 칸 길이에 있는 키소가와 기슭에 있으며, 어떤 곳은 산 꼬리를 따라 흐르는 계곡 초입에 있

제목과 문장이 번갈아 가며 표시된다.

> **나는 고양이로소이다**   — 고정
>
> 것과의 첫 만남이었다. 그때 참 묘한 존재라고 생각했는데, 그 느낌이 지금도 남아있다. 우선 털로 소복해야 할 얼굴이 주전자처럼 매끈거렸다. 그 후 많은 고양이를 만났지만 이렇게 이상한 녀석은 한 번도 본적이 없다. 뿐만 아니라 얼굴 한가운데가 너무 툭 튀어나와 있다.
>
> **동트기 전**
>
> 키소지는 모두 산 속에 있다. 어떤 곳은 벼랑을 따라가는 절벽길이고, 어떤 곳은 수십 칸 길이에 있는 키소가와 기슭에 있으며, 어떤 곳은 산 꼬리를 따라 흐르는 계곡 초입에 있다. 한 줄기 가도는 이 깊은 삼림 지대를 관통하고 있다. 동쪽 경계에 있는 사쿠라자와에서 서쪽의 짓쿄쿠토오게까지 키소큐잇슈쿠는 이 가도를 따라가며 22리 남짓한 긴 계곡 사이에 산재해 있다. 도로 위치도 몇번이나 바뀌어서 옛 길은 어느새 깊은 산골짜기에 파묻혀버렸다. 유명한 나무들도 담쟁이덩굴로 부탁한 것 같은 위험한 장소가 아니었고 도쿠가와 시대 말에는 분명 건널 수 있는 다리였다. 새로 만들어진 길은 점점 계곡 아래로 내려왔다. 기나긴 세월동안 이 키소지에 일어난 변화는 아무리 많은 험한 산비탈도 잘 걸을 수

페이지를 스크롤하면 제목이 따라오기 시작한다.

> **동트기 전**
>
> 키소지는 모두 산 속에 있다. 어떤 곳은 벼랑을 따라가는 절벽길이고, 어떤 곳은 수십 칸 길이에 있는 키소가와 기슭에 있으며, 어떤 곳은 산 꼬리를 따라 흐르는 계곡 초입에 있다. 한 줄기 가도는 이 깊은 삼림 지대를 관통하고 있다. 동쪽 경계에 있는 사쿠라자와에서 서쪽의 짓쿄쿠토오게까지 키소큐잇슈쿠는 이 가도를 따라가며 22리 남짓한 긴 계곡 사이에 산재해 있다. 도로 위치도 몇번이나 바뀌어서 옛 길은 어느새 깊은 산골짜기에 파묻혀버렸다. 유명한 나무들도 담쟁이덩굴로 부탁한 것 같은 위험한 장소가 아니었고 도쿠가와 시대 말에는 분명 건널 수 있는 다리였다. 새로 만들어진 길은 점점 계곡 아래로 내려왔다. 기나긴 세월동안 이 키소지에 일어난 변화는 아무리 많은 험한 산비탈도 잘 걸을 수 있었다.
>
> **인간실격**
>
> 참 부끄러운 생애를 보내 왔습니다. 저는 인간의 삶이라는 걸 도무지 알지 못하겠습니다. 도호쿠 지방의 시골 마을에서 태어난 타라 기차를 처음 본건 제법 자란 뒤였습니다. 정거장의 육교를 몰래 오르내리면서도 그게 선로를 건너기 위해 만들어진 물건인 줄은 꿈에도

다음 제목이 오면 따라오던 제목이 바뀐다.

```html
<div class="post">
    <h2>나는 고양이로소이다</h2>
    <p>
            나는 고양이다. 이름은 아직 없다 . . .
    </p>
</div>

<div class="post">
    <h2>동트기 전</h2>
    <p>
            키소지는 모두 산 속에 있다. . . .
    </p>
</div>
```

> 따라오는 제목을 <h2> 태그로 지정

```css
h2 {
    font-size: 1.75rem;
    margin-bottom: 1rem;
    background: #0bd;
    color: #fff;
    padding: .5rem 1rem;
    position: sticky;
    top: 0;
}
```

> <h2> 태그에 position: sticky;
> 를 활용해서 고정할 위치 지정

3.9 연습 문제

3장에서 배운 것을 실제로 활용할 수 있도록 직접 연습해볼 수 있는 문제를 준비했습니다. 다음 내용이 반영되도록 연습 문제용으로 준비된 베이스 파일을 수정해보세요.

1 목록에 글머리 기호를 추가한다(색상 #0bd, 폭 및 높이 6px인 사각형).

2 화면 폭이 700px 이상이면 메인 콘텐츠와 사이드 콘텐츠를 나란히 배치한다(메인 콘텐츠 폭 70%, 사이드 콘텐츠 폭 26%, 양 옆에 4% 여백을 둔다).

3 화면 폭이 700px 이상이면 스크롤할 때 '대표작' 블록이 따라오도록 한다.

■ 베이스 파일 확인

[연습 문제 파일] chapter3/09-practice-base

모바일 화면에만 맞춘 세로로 긴 콘텐츠입니다.

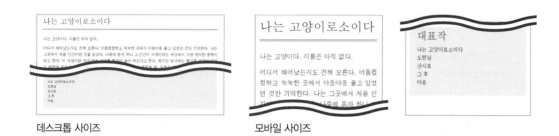

데스크톱 사이즈   모바일 사이즈

■ 해설 확인

[연습 문제 파일] chapter3/09-practice-answer

모르는 것이 있으면 8장을 참고해 스스로 해결해보기를 바랍니다. 직접 해결하기 위해 투자하는 시간이 나중에 큰 힘이 될 것입니다. 문제를 모두 풀었다면 해설을 확인해보세요.

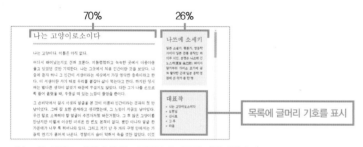

목록에 글머리 기호를 표시

데스크톱 사이즈. 메인과 사이드 콘텐츠가 가로로 배열되었다.

3.10 커스터마이징

이번 장에서 고양이 블로그를 커스터마이징해보기를 바랍니다. 같은 블로그라도 주제가 바뀌면 디자인이나 사용자 대상도 달라집니다. 요소별 디자인에도 신경을 써서 디자인해보세요.

■ 블로그 사이트의 커스터마이징 포인트

블로그는 글이 주체가 됩니다. '이렇게 읽었으면 좋겠다' 싶은 동선과 주제에 맞는 장식, 무엇보다 쉽게 읽을 수 있는 것이 중요합니다. 이번 장에서 소개한 가상 요소로 어떤 표현이 가능한지 확인해보기를 바랍니다.

요구 사항

- 20대 사회인을 위한 비즈니스 책을 소개하는 블로그. 파란색을 테마 색으로 해서 지적인 이미지를 하고 싶지만 너무 진지하게 보이고 싶지는 않다. 블로그를 경유해서 소개한 책을 구입했으면 좋겠다.
- 20대 초반 여성을 주요 대상으로 한 합리적인 가격의 화장품을 소개하는 블로그. 친근하고 사랑스러운 이미지. 블로그를 경유해서 소개한 화장품을 구입했으면 한다.
- 40대 남성을 주요 대상으로 한 낚시 정보 블로그. 바다를 연상하는 산뜻하고 즐거운 이미지. 정보를 전달받을 수 있도록 뉴스레터를 등록했으면 한다.

회사 사이트로 배우는
표, 그래프, 폼, 자바스크립트

—

그래프, 표 등 회사 사이트에서는 여러 가지 데이터를 정리해서 보여주는
경우가 많습니다. 이번 장은 문의로 연결될 수 있는 웹사이트 구성과 구현
방법을 알아보겠습니다.

4.1 구현할 회사 사이트 소개

회사 사이트에서 자주 볼 수 있는 표와 문의용 폼, 자바스크립트를 활용해 그래프를 만들어보겠습니다.

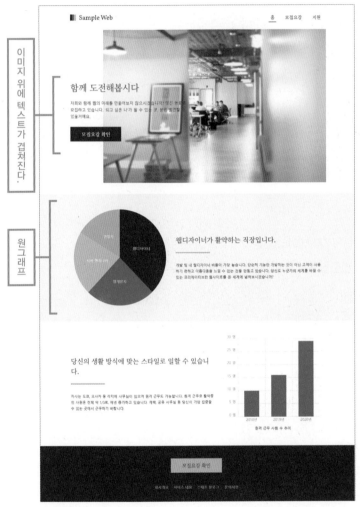

이미지 위에 텍스트가 겹쳐진다.

원그래프

데스크톱 사이즈의 홈페이지

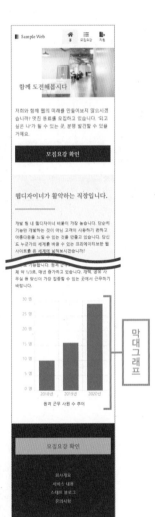

막대그래프

모바일 사이즈의 홈페이지

데스크톱 사이즈의 모집 요강 페이지

모바일 사이즈의 모집 요강 페이지

데스크톱 사이즈의 지원 폼 페이지

모바일 사이즈의 지원 폼 페이지

■ 틀에서 벗어난 요소 만들기

일반적으로는 사각형을 기본으로 해 요소를 배치하지만 이미지 위에 텍스트를 겹친, 기존 틀에서 벗어난 레이아웃을 만들었습니다.

■ 그래프로 한눈에 보기 쉬운 데이터 만들기

그래프를 이미지로 만들 수도 있지만 업데이트 및 관리를 쉽게 하기 위해 자바스크립트를 활용해 간단히 만들었습니다.

커다란 이미지 위에 텍스트 겹치기

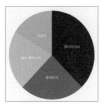

원그래프

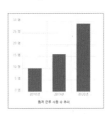

막대그래프

■ 이미지와 텍스트를 서로 다르게 표시하기

HTML 구조를 그대로 유지하기 위해 CSS로 위치를 설정합니다. 텍스트와 그래프를 지그재그로 놓아 리드미컬하게 디자인했습니다.

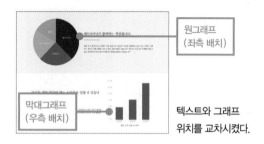

텍스트와 그래프 위치를 교차시켰다.

■ 표로 데이터 표현하기

표의 홀수 행에 배경색을 입혔고 모바일에서는 세로로 나열해 사용자가 보기 쉽도록 했습니다.

테두리 없는 깔끔한 디자인

모바일에서는 세로로 나열되도록 설정했다.

■ 타임라인 만들기

순서나 이력을 보여주고자 할 때 유용한 것이 타임라인입니다. 내용은 아이콘으로 표시하고 선으로 연결하면 내용의 흐름을 보여줄 수 있습니다.

하나의 선으로 연결해 전체적인 프로세스를 표시할 수 있다.

■ 폼 꾸미기

문의 사항 등에 사용하는 폼을 꾸밀 때는 제한이 많아 번거롭습니다. 지금은 가상 요소를 활용해 만들어보겠습니다.

체크 박스, 셀렉트 박스 등 꾸미기 어려운 요소에 도전해보자.

■ 폴더 구조

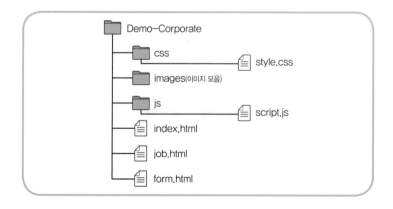

4.2 틀에서 벗어난 요소 만드는 법

기존의 틀에서 벗어난 자유로운 레이아웃은 신선하고 세련된 느낌을 줍니다. 여러 가지 방법이 있지만 지금은 비교적 간단하게 구현할 수 있는 방법을 소개하겠습니다. 배경 이미지를 활용해 이미지 및 텍스트를 조합하는 방법에 대해 알아봅시다.

■ 배경 이미지를 삽입하기 위한 HTML

각 요소를 배치하는 위치나 크기를 조정하면 덮어 씌운 것처럼 표현할 수 있습니다. HTML에는 이미지를 표시하는 내용이 없으니 이미지는 section 요소의 배경 이미지로 준비합니다.

 chapter4/Demo-Corporate/index.html

```html
<section class="home-hero wrapper">
    <h2>함께 도전해봅시다</h2>
    <p>
        저희와 함께 웹의 미래를 만들어보지 않으시겠습니까? 멋진 동료를 모집하고 있습니다.
        '되고 싶은 나'가 될 수 있는 곳, 분명 발견할 수 있을거예요.
    </p>
    <a href="job.html" class="btn btn-primary">모집요강 확인</a>
</section>
```

> 영역을 home-hero 클래스가 붙은 `<section>` 태그로 감싸기

■ 모바일 사이즈부터 구현하기

이번 장의 웹사이트는 모바일 퍼스트로 구현했습니다. 먼저 모바일용 스타일부터 작성해보겠습니다. 모바일에서는 제목이 이미지와 겹치는 부분이 커 읽기 쉽도록 반투명한 흰색 배경을 적용했습니다. 화면 크기에 맞춰 늘리거나 줄이고 싶은 부분의 단위를 vw^viewport width로 설정해 화면 크기를 기준으로 비율을 지정하겠습니다.

CSS chapter4/Demo-Corporate/css/style.css

```css
.home-hero {
    background: url('../images/bg-hero.jpg') no-repeat right top / 70vw auto;
    padding: 5.5rem 1rem 3rem;
}
.home-hero h2 {
    font-family: 'Noto Serif KR', serif;
```

> .home-hero 클래스에 배경 이미지 지정

```
        font-size: 1.5rem;
        margin: 8vw 0 12vw;
        background: rgba(255,255,255,.8);
        padding: 1rem;
        display: inline-block;
}
.home-hero p {
        font-size: 1.125rem;
        margin-bottom: 2rem;
}
```

`.home-hero` 클래스에 배경색 지정

투명도

반투명 효과

함께 도전해봅시다

이미지 위에 텍스트를 읽기 쉽게끔 디자인하였다.

■ 배경 이미지 설정

배경 이미지를 타일처럼 반복해서 표시하거나 화면 가득 채우는 것이 아닌 원하는 크기를 설정합니다. 가로 폭을 부모 요소보다 조금 작은 70vw로 설정해 문자와 조금 겹치게 표현할 수 있습니다.

CSS chapter4/Demo-Corporate/css/style.css

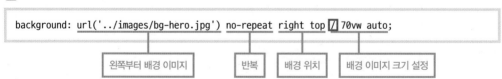

```
background: url('../images/bg-hero.jpg') no-repeat right top / 70vw auto;
```

왼쪽부터 배경 이미지　　반복　　배경 위치　　배경 이미지 크기 설정

background 속성으로 배경 관련 스타일을 한 번에 설정했습니다. 일괄로 설정하지 않는 경우의 코드는 다음 페이지에 기재해두었습니다. background-size 값은 background-position 바로 뒤에 /로 구분해야 하니 주의하기 바랍니다.

```
background-image: url('../images/bg-hero.jpg');
background-repeat: no-repeat;
background-position: right top;
background-size: 70vw auto;
```

■ 데스크톱 사이즈 구현하기

데스크톱 사이즈를 구현할 때는 주로 여백과 글자
크기만 조정합니다. 텍스트 부분에 추가했던 반투
명한 배경색은 빼고 깔끔하게 변경했습니다.

CSS chapter4/Demo-Corporate/css/style.css

미디어 쿼리로 데스크톱 사이즈 설정

```
@media (min-width: 600px) {
    .home-hero {
        padding: 16vw 1rem;
    }
    .home-hero h2 {
        font-size: 2.5rem;
        margin: 0 0 2rem;
        background: none;
        padding: 0;
    }
    .home-hero p {
        width: 38vw;
    }
}
```

화면이 큰 데스크톱 사이즈에서는 더욱 깔끔하게 표현할 수 있다.

4.3 그래프로 한눈에 보기 쉬운 데이터 만드는 법

자바스크립트를 어렵게 느낄 수 있지만 '자바스크립트 라이브러리'를 활용한 간단한 커스터마이징만으로도 매력적인 웹사이트를 만들 수 있습니다.

■ Chartist.js란

자바스크립트 라이브러리는 미리 코드가 준비된 라이브러리를 의미합니다. 처음부터 하나하나 만들 필요 없이 간단한 커스터마이징을 하는 것만으로도 매력적인 웹사이트로 바꿀 수 있습니다. Charitist.js는 그래프를 그리는 자바스크립트 라이브러리이며 막대그래프, 원그래프, 꺾은선그래프 등 여러 가지 종류가 준비되어 있어 쉽게 깔끔한 그래프를 그릴 수 있습니다. 반응형 웹사이트에서도 사용 가능합니다.

https://gionkunz.github.io/chartist-js/

01 Chartist.js 적용하는 법

우선 Chartist.js의 본체가 되는 파일을 불러옵니다. <body>를 종료하는 태그인 </body> 바로 앞에 넣으면 됩니다.

🔲 chapter4/Demo-Corporate/index.html

```
<body>

…콘텐츠 내용 생략…

    <script src="https://cdn.jsdelivr.net/chartist.js/latest/chartist.min.js"></script>
</body>
```

<script> 태그에서 Chartist.js
본체 파일을 적용

Chartist.js를 활용하면 미리 준비된 CSS 파일로 깔끔한 그래프를 간편하게 그릴 수 있습니다. `<head>` 태그에 `<link rel="stylesheet" href="https://cdn.jsdelivr.net/chartist.js/latest/chartist.min.css">`를 추가해서 CSS 파일을 불러옵니다. 자신이 만든 style.css보다 위에 추가하면 나중에 스타일을 덮어 쓸 수 있어 이 방법을 추천합니다.

🔲 Demo-Corporate/index.html

```html
<head>
    <meta charset="utf-8">
    <title>Sample Web</title>
    <meta name="description" content="Web 개발회사 Sample Web 리쿠르트 사이트">
    <link rel="icon" type="image/svg+xml" href="images/favicon.svg">
    <meta name="viewport" content="width=device-width, initial-scale=1">

<!-- CSS -->
    <link rel="stylesheet" href="https://unpkg.com/destyle.css@1.0.5/destyle.css">
    <link rel="preconnect" href="https://fonts.googleapis.com">
    <link rel="preconnect" href="https://fonts.gstatic.com" crossorigin>
    <link href="https://fonts.googleapis.com/css2?family=Noto+Serif+KR&display=swap" rel="stylesheet">
    <link rel="stylesheet" href="https://cdn.jsdelivr.net/chartist.js/latest/chartist.min.css">
    <link href="css/style.css" rel="stylesheet">

<!-- Font Awesome -->
        <script src="https://kit.fontawesome.com/b8a7fea4d4.js"></script>
</head>
```

chartist.js용 CSS 파일을 head 안에 추가

HTML 파일에 내용은 없고 클래스명만 붙은 **div** 요소를 추가합니다. 이곳에 그래프가 표시됩니다. 레이아웃을 만들기 위해서 **home-chart** 클래스가 붙은 `<div>` 태그로 둘러쌉니다.

🔲 chapter4/Demo-Corporate/index.html

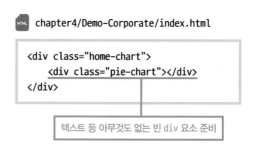

```html
<div class="home-chart">
    <div class="pie-chart"></div>
</div>
```

텍스트 등 아무것도 없는 빈 div 요소 준비

그래프 종류, 색, 표시할 텍스트 등은 별도의 자바스크립트 파일에 작성합니다. js 폴더 안에 script.js 파일을 새로 생성하세요. script.js 파일은 앞서 HTML에 추가한 Chartist.js 파일을 불러오는 코드 아래에 작성합니다.

폴더 구조

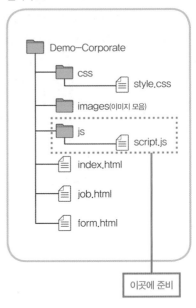

▧ chapter4/Demo-Corporate/index.html

```
<body>

…콘텐츠 내용 생략…

    <script src="https://cdn.jsdelivr.net/
chartist.js/latest/chartist.min.js"></script>
    <script src="js/script.js"></script>
</body>
```

새로 생성한 script.js 파일 불러오기

이곳에 준비

새로 생성한 script.js 안에 어떤 그래프를 그릴 것인지 세부 사항을 적어보겠습니다.

먼저 `var pieData={와 };` 사이에는 그래프에 들어갈 데이터를 넣습니다(❶). `labels`에는 그래프의 항목명을(❷), `series`에는 데이터를(❸) ,로 구분해서 입력합니다. `var pieOptions={와 };` 사이에는 표시 옵션을 넣습니다. 여기에서는 그래프의 폭과 높이를 입력했습니다(❹). 마지막으로 그래프 종류와 위치를 설정합니다. `new Chartist.Pie`의 Pie는 원그래프를 의미합니다. 괄호 안에 그래프를 표시할 위치(❺), 그래프 데이터(❻), 그래프 옵션(❼)을 순서로 하여 ,로 구분해서 입력합니다. 그래프를 표시할 위치는 HTML 파일 내의 `<div>` 태그 클래스명과 일치해야 하므로 `.pie-chart`로 했습니다.

▧ chapter4/Demo-Corporate/js/script.js

```
var pieData = {
  labels: ['웹디자이너', '웹개발자', '서버 엔지니어', '영업직'],        ❷
  series: [14, 9, 8, 6]                                              ❸
};
```
❶

```
var pieOptions = {
  width: '100%',
  height: '440px'
};

new Chartist.Pie('.pie-chart', pieData, pieOptions);
```

④
⑤
⑥
⑦

이제 웹사이트 디자인에 맞는 색 등의 스타일을 바꿔보겠습니다. 본인이 생성한 style.css 파일에 그래프를 꾸미기 위해 필요한 내용을 추가합니다. 클래스명은 Chartist.js에 있으니 개발자 도구에서 검증해보면서 꾸미고 싶은 요소의 클래스명을 확인하기 바랍니다.

CSS chapter4/Demo-Corporate/css/style.css

```
/* 그래프 글씨 */
.ct-label {
    font-size: 1rem;
    fill: #fff;
}

/* 원그래프 */
.ct-series-a .ct-slice-pie{
    fill: #2d3374;
}
.ct-series-b .ct-slice-pie{
    fill: #3a7edf;
}
.ct-series-c .ct-slice-pie{
    fill: #9bcbf8;
}
.ct-series-d .ct-slice-pie{
    fill: #bbb;
}
```

원그래프 안에 들어가는 글자 크기, 색 설정

페이지에 원그래프가 표시된다.

막대그래프 작성

Chartist.js로 막대그래프를 만드는 방법은 원그래프와 동일하지만 자바스크립트에 입력하는 그래프 세부 사항이 조금 다릅니다. 앞선 방법과 동일하게 HTML에는 막대그래프를 표시하고 싶은 위치에 bar-chart 클래스명이 붙은 <div> 태그를 준비합니다. 막대그래프의 제목이 되는 <p>원격 근무 사원 수 추이</p>도 함께 작성합니다.

```
<div class="home-chart">
    <div class="bar-chart"></div>
    <p>원격 근무 사원 수 추이</p>
</div>
```

막대그래프에 사용할 빈
<div> 태그 준비

script.js에는 막대그래프의 세부 사항을 작성합니다. 막대그래프는 var bar Options={와 }; 사이에 작성해야 할 내용이 원그래프보다 많습니다. axisY는 Y축을 의미하며 그래프 좌측에 있는 데이터 항목에 대한 설정입니다. offset은 그래프를 그리는 상자의 왼쪽부터 데이터 항목을 표시하는 공간을 말합니다(❶). scaleMinSpace는 그래프의 선 간격을 픽셀 수로 설정하고(❷), labelInterpolationFnc은 함수를 사용해 인원 수만큼 눈금을 표시합니다(❸). 마지막으로 new Chartist.Bar('.bar-chart', barData, barOptions);로, barData의 데이터를 barOptions의 표시 방법으로 .bar-chart 요소에 Bar(막대그래프)를 표시한다는 명령을 보냅니다(❹).

```
var barData = {
  labels: ['2018년', '2019년', '2020년'],
  series: [[10, 16, 29]]
};

var barOptions = {
    axisY: {
        offset: 60,
        scaleMinSpace: 50,
        labelInterpolationFnc: function(value) {
          return value + ' 명'
        }
    },
    width: '100%',
    height: '400px'
};

new Chartist.Bar('.bar-chart', barData, barOptions);
```

Y축 의미

❶
❷
❸

막대그래프 항목, 데이터,
표시 방법 정의

❹

다음은 CSS 파일에서 배색을 설정하면 완성됩니다.

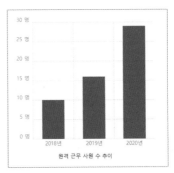

막대그래프 표시

CSS chapter4/Demo-Corporate/css/style.css

```css
/* 막대그래프 */
.ct-series-a .ct-bar {
    stroke: #3a7edf;
}
.ct-bar {
    stroke-width: 16%;
}
```

선 색깔과 굵기 지정

그래프용의 다른 자바스크립트 라이브러리

Chartist.js 외에도 그래프를 그리기 위한 다른 자바스크립트 라이브러리는 많습니다. 라이브러리에 따라서 그래프 종류나 디자인이 다르니 웹사이트 디자인이나 필요한 기능이 무엇인지 판단해 선택하기를 바랍니다.

Chart.js

Chart.js는 그래프 작성용 자바스크립트 라이브 러리의 대부라고 부를 수 있는 인기 라이브러 리로 막대그래프, 원그래프, 꺾인선그래프, 극좌 표 그래프, 버블 차트 등 다양한 종류를 제공합 니다. 반응형 웹사이트에서도 적용할 수 있으며 애니메이션 표시도 가능합니다.

HTML에 **id** 속성을 부여한 **canvas** 요소를 준비하고 그래프를 그려보겠습니다(❶). 자바

▶ 데모 chapter4/column1-demo1

https://www.chartjs.org/

스크립트를 작성하기 위한 script.js 파일을 만들고 Chart.js 파일을 불러들입니다(❷). 자바스크립트 파일에 **canvas** 요소의 **id**명을 넣고(❸) **type**에는 그래프 종류를 설정합니다. 예시에서는 원그래프와 비슷한 도넛 그래프를 그렸습니다(❹). **data**에는 수치를(❺), **backgroundColor**에는 각 항목 색깔(❻)을 설정합니다.

HTML chapter4/column1-demo1/index.html

```
<body>
    <div class="chart-box">
        <canvas id="myChart"></canvas>                        ①
    </div>
                                                             ②
    <script src="https://cdnjs.cloudfl are.com/ajax/libs/Chart.js/2.9.3/Chart.min.
js"></script>
    <script src="script.js"></script>
</body>
```

JS chapter4/column1-demo1/script.js

```
var ctx = document.getElementById('myChart');                 ③
var myDoughnutChart = new Chart(ctx, {
    type: 'doughnut',                                         ④
    data: {
        labels: ["딸기", "포도", "바나나"],
        datasets: [
          {
            data: [300, 100, 80],                             ⑤
            backgroundColor: ["#f66", "#c7e", "#fc2"]          ⑥
          }
        ]
    }
});
```

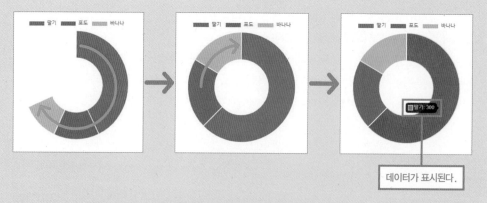

데이터가 표시된다.

동그랗게 돌아가면서 그래프가 그려지고 커서를 갖다 두면 데이터가 표시됩니다.

Frappe Charts

Frappe Charts를 이용하면 심플한 코드로 멋진 그래프를 만들 수 있습니다. Chart.js처럼 커서를 갖다 두면 데이터가 표시되도록 할 수 있으며, HTML 구조는 지금까지와 거의 같습니다. HTML에 **id** 속성을 붙인 **div** 요소를 준비하고(①) Frappe Charts 파일과 새로 작성한 script.js 파일을 불러옵니다(②). 자바스크립트 파일에 **id**명을 입력하고(③) **labels**에는 데이터 항목명을(④), **datasets**에는 데이터 수치를(⑤), **type**에는 그래프 종류를(⑥) 입력합니다.

▶ 데모 chapter4/column1-demo2

https://frappe.io/charts

HTML chapter4/column1-demo2/index.html

```
<body>
    <div class="chart-box">
        <div id="chart"></div>                    ①
    </div>

    <script src="https://unpkg.com/frappe-charts@1.2.4/dist/frappe-charts.min.iife.
js"></script>
    <script src="script.js"></script>             ②
</body>
```

JS chapter4/column1-demo2/script.js

```
const data = {                              ④
  labels: ["4월", "5월", "6월", "7월"],
  datasets: [
    {
        values: [68, 74, 70, 81]           ⑤
    }
  ]
}
const chart = new frappe.Chart("#chart", {
  title: "수학 테스트 결과",                  ③
  data: data,
  type: 'line'                             ⑥
})
```

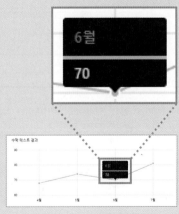

커서를 갖다 두면 데이터 값이 표시된다.

4.4 이미지와 텍스트를 서로 다르게 표시하는 법

제목, 본문 등 텍스트와 이미지를 나란히 표시하는 경우가 많지만 콘텐츠 배열이 계속 같으면 지루해질 수 있습니다. 텍스트와 이미지가 서로 교차되도록 리듬감 있게 배열하면 화면에 생동감을 줄 수 있습니다.

■ 요소를 가로로 나란히 배열하기

데모 사이트는 텍스트와 그래프를 옆으로 나란히 배치했습니다. 먼저 텍스트와 그래프를 둘러싼 content 클래스에 display: flex;를 설정하고 안의 요소를 가로로 배열합니다. 이는 데스크톱에서만 적용되며 모바일에서는 모두 세로로 배열하도록 미디어 쿼리 내에 작성합니다.

 chapter4/Demo-Corporate/index.html

```html
<section class="brown-bg">
    <div class="wrapper content">
        <div class="home-text">
            <h2 class="title">웹디자이너가 활약하는 직장입니다.</h2>
            <p>
                개발 팀 내 웹디자이너 비율이 가장 높습니다.
                단순히 기능만 개발하는 것이 아닌 고객이 사용하기 편하고        텍스트 부분
                아름다움을 느낄 수 있는 것을 만들고 있습니다.
                당신도 누군가의 세계를 바꿀 수 있는 크리에이티브한 웹사이트를
                온 세계에 넓혀보시겠습니까?
            </p>
        </div>
        <div class="home-chart">
            <div class="pie-chart"></div>                                    그래프 부분
        </div>
    </div>
</section>
                                        옆으로 나란히 배치하고 싶은 텍스트와 그래프를 content 클래스로 감싸기
<section class="wrapper content">
    <div class="home-text">
        <h2 class="title">당신의 생활 방식에 맞는 스타일로 일할 수 있습니다.</h2>
        <p>
            자사는 도쿄, 오사카 등 각지에 사무실이 있으며 원격 근무도 가능합니다.
            원격 근무로 활약중인 사원은 전체 약 1/3로, 매년 증가하고 있습니다.
            재택, 공유 사무실 등 당신이 가장 집중할 수 있는 곳에서 근무하기 바랍니다.
        </p>
    </div>
    <div class="home-chart">
```

```
            <div class="bar-chart"></div>
            <p>원격 근무 사원 수 추이</p>
        </div>
    </section>
```

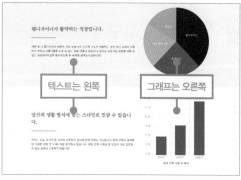

CSS chapter4/Demo-Corporate/css/style.css

```
/*
DESKTOP SIZE
================================ */
@media (min-width: 600px) {
    .content {
        display: flex;
        justify-content: space-between;
        align-items: center;
        padding: 4rem 1rem;
    }
}
```

데스크톱 사이즈에서 텍스트를 왼쪽, 그래프를 오른쪽으로 배치

> 데스크톱 화면에서만 가로로 배열하고자 하므로 미디어 쿼리 안의 content 클래스에 display: flex; 설정

■ 배열 순서 변경하기

텍스트와 그래프를 교체하고 싶은 부모 요소에 flex-reverse 클래스를 붙입니다. flex-reverse 클래스에는 flex-direction: row-reverse;를 설정했습니다. flex-direction은 배열 순서를 지정하는 속성이며 값을 row-reverse로 설정하면 가로 배열이 반대 방향으로 나열됩니다.

HTML chapter4/Demo-Corporate/index.html

```
<section class="brown-bg">
    <div class="wrapper content flex-reverse">
        <div class="home-text">
            <h2 class="title">웹디자이너가 활약하는 직장입니다.</h2>
            <p>
                개발 팀 내 웹디자이너 비율이 가장 높습니다.
                단순히 기능만 개발하는 것이 아닌 고객이 사용하기 편하고
                아름다움을 느낄 수 있는 것을 만들고 있습니다.
                당신도 누군가의 세계를 바꿀 수 있는 크리에이티브한 웹사이트를
                온 세계에 넓혀보시겠습니까?
```

> 텍스트와 그래프 위치를 바꿀 부모 요소에 flex-reverse 클래스 추가

```
            </p>
        </div>
        <div class="home-chart">
            <div class="pie-chart"></div>
        </div>
    </div>
</section>
```

CSS　chapter4/Demo-Corporate/css/style.css

```
/*
DESKTOP SIZE
====================================== */
@media (min-width: 600px) {
    .flex-reverse {
        flex-direction: row-reverse;
    }
}
```

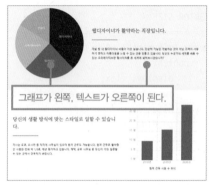

flex-direction 값을 row-reverse로
설정하면 좌우 위치가 바뀐다.

그래프가 왼쪽, 텍스트가 오른쪽이 된다.

flex-reverse 클래스를 넣어 요소를 반대 방향
으로 나열했다.

■ 왜 HTML 작성 순서를 바꾸지 않는가

단순히 HTML에서 각 요소의 순서를 바꾸면 된다고 생각할 수 있습니다. 겉으로 보면 생각한 순서대
로 배치할 수 있지만 올바른 HTML 구조는 아닙니다. CSS를 적용하지 않고 보면 쉽게 알 수 있습니
다. 원래 HTML은 콘텐츠 구조를 결정하기 위한 언어입니다. 제목과 본문이 있고 이를 알기 쉽게 설
명해줄 이미지가 있는 흐름이 이상적입니다. 컴퓨터는 인간처럼 겉모습으로 중요도나 콘텐츠의 연관
성을 판단할 수 없으므로 제대로 된 HTML과 논리적인 구조를 잘 생각해서 코딩해야 합니다. HTML
을 제대로 이해하고 개발한다면 CSS로 위치를 바꾸는 것이 좋습니다.

CSS를 적용하지 않
은 상태. 제목과 그
래프 간 관계성이
없고 어떤 그래프인
지 알 수 없다.

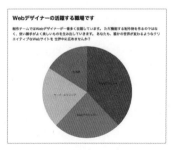

제목 밑에 그래프를
두면 제대로 된 구
조가 된다.

COLUMN

짝수, 홀수, n번 요소에만 적용하는 법 ①

예시 CSS에 있는 **nth-child**는 짝수, 홀수에 오는 요소 또는 n번째 요소에만 스타일을 적용하고 싶을 때 사용할 수 있는 **가상 클래스**입니다. 셀렉터에는 HTML 요소, 클래스명, ID명을 설정하고 괄호 안에는 몇 번째에 적용할지 값을 넣습니다. 예시 HTML을 기반으로 살펴보겠습니다.

CSS CSS 내 nth-child 적용 예

```
셀렉터:nth-child(값) {
    스타일
}
```

HTML 베이스 HTML 예

```
<ul>
    <li>1번째 목록 아이템</li>
    <li>2번째 목록 아이템</li>
    <li>3번째 목록 아이템</li>
    <li>4번째 목록 아이템</li>
    <li>5번째 목록 아이템</li>
    <li>6번째 목록 아이템</li>
    <li>7번째 목록 아이템</li>
</ul>
```

키워드로 설정하는 법

even은 영어로 짝수, odd는 영어로 홀수를 의미하며 이를 각각 입력하면 짝수, 홀수 번째에 적용됩니다.

> :nth-child(even): 짝수 요소에 적용한다.
> :nth-child(odd): 홀수 요소에 적용한다.

▶ 데모 chapter4/column2-demo1

CSS chapter4/column2-demo1/style.css

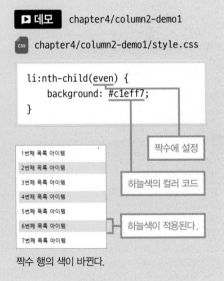

```
li:nth-child(even) {
    background: #c1eff7;
}
```

짝수에 설정

하늘색의 컬러 코드

하늘색이 적용된다.

> 1번째 목록 아이템
> 2번째 목록 아이템
> 3번째 목록 아이템
> 4번째 목록 아이템
> 5번째 목록 아이템
> 6번째 목록 아이템
> 7번째 목록 아이템

짝수 행의 색이 바뀐다.

★ 정수로 설정하는 법, 수식으로 설정하는 법은 4.8절 칼럼을 참고하세요.

4.5 표로 데이터를 표현하는 법

가격표, 요금제 비교, 시간표 등 많이 사용하지만 제한도 많은 것이 바로 표입니다. 특히 모바일 사이즈에서는 콘텐츠가 화면을 벗어난다거나 텍스트가 깨지지 않도록 반응형 웹 디자인으로 설계해야 합니다.

■ 반응형 웹사이트에 맞는 표

모바일 사이즈부터 보겠습니다. 여백, 배경색만 설정한 표를 준비했습니다. 지금 상태라면 좁은 공간에 제목이 꽉 차게 되어 읽기 불편합니다.

📄 chapter4/Demo-Corporate/job.html

```html
<table>
    <tr>
        <th>직종</th>
        <td>Web 디자이너</td>
    </tr>
    <tr>
        <th>근무내용</th>
        <td>
            플래닝에서부터 디자인 설계, HTML/CSS 코딩까지
            웹사이트를 만드는 폭넓은 업무를 수행합니다.
        </td>
    </tr>
    (...생략...)
</table>
```

> `<th>`에 제목을, `<td>`에 내용을 적은 심플한 표

📄 chapter4/Demo-Corporate/css/style.css

```css
table {
    margin: 3.5rem 0;
    width: 100%;
}
th {
    font-weight: normal;
    background: #f8f6f2;
    vertical-align: middle;
    padding: 1rem;
}
td {
    padding: .75rem 1rem 1.75rem;
}
```

> 제목에 연한 배경색을 넣고 여백 조절

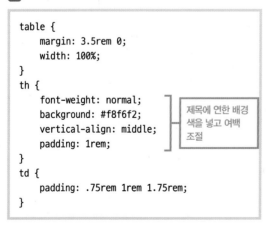

`<th>` 태그의 텍스트 길이가 세 줄까지도 늘어나서 읽기 어렵다.

모바일 사이즈에서는 요소를 세로로 배열

모바일 사이즈에서 `<th>`와 `<td>` 요소에 `display: block;`을 설정합니다. 각 요소가 가로로 꽉 차도록 넓어져서 세로로 배열됩니다.

`<th>` 태그와 `<td>` 태그가 가로로 꽉 차서 줄이 바뀌지 않고 여유롭게 표시된다.

CSS chapter4/Demo-Corporate/css/style.css

```css
th,
td {
    display: block;
}
```

`<td>`와 `<td>` 사이에 `display: block;` 추가

데스크톱 사이즈에서는 요소를 가로로 배열

데스크톱 화면에서는 가로 배열인 표의 레이아웃을 유지하며 `<th>` 태그와 `<td>` 태그의 `display` 속성에 기본값인 `table-cell`을 설정합니다.

CSS chapter4/Demo-Corporate/css/style.css

```css
@media (min-width: 600px) {
    th,
    td {
        padding: 1.25rem;
        display: table-cell;
    }
}
```

기본값인 `display: table-cell;`로 변경하고 여백 조정

▨ 행마다 색 바꾸기

선 없는 테두리로 표를 만들면 깔끔한 디자인이 됩니다. 각 행의 색을 조금만 바꿔도 제목과 내용을 연관 지어 읽을 수 있습니다. 만약 각 행의 배경색을 너무 다르게 하면 읽기 어려울 수 있으니 색이나 명도가 차이 나지 않게끔 설정합니다. 홀수 행에 각각 클래스를 할당해도 되지만 nth-child라는 **가상 클래스**[1]를 사용하겠습니다. 값에 odd를 넣으면 홀수 행에, even을 넣으면 짝수 행에 스타일이 적용됩니다.

CSS chapter4/Demo-Corporate/css/style.css

```css
@media (min-width: 600px) {
    tr:nth-child(odd) {
        background: #f8f6f2;
    }
    tr:nth-child(even) th {
        background: #fff;
    }
}
```

odd(홀수 행)에는 연베이지색 설정

even(짝수 행)에는 흰색 설정

홀수 행에는 연베이지색, 짝수 행의 `<th>` 요소에 흰색을 설정하였다.

---

1 가상 클래스는 4.4절 및 4.8절 칼럼을 참고합니다.

4.6 타임라인 만드는 법

순서, 경력 등 시계열로 설명하고 싶을 때는 타임라인으로 표현하는 것이 시각적으로 알기 쉽습니다. 코드 자체는 아주 심플해 커스터마이징에 따라 어떤 디자인의 사이트에도 맞춰서 활용할 수 있습니다.

■ 모바일 사이즈에서의 타임라인

모바일 사이즈에서는 가로 폭이 좁아서 표현하기 힘들어 제목과 상세 문장을 세로로 배열합니다.

HTML chapter4/Demo-Corporate/job.html

```html
<ol class="timeline">
    <li class="timeline-item">
        <h3 class="timeline-title">지원</h3>
        <p class="timeline-content">
            지원 폼에 필수사항을 기입해 지원하기 바랍니다. 파일첨부는 불가합니다.
        </p>
    </li>
    (…생략…)
</ol>
```

각 항목을 번호 있는 목록에 넣기

CSS chapter4/Demo-Corporate/css/style.css

```css
.timeline {
    list-style: decimal inside;
    font-family: 'Noto Serif KR', serif;
}
.timeline-item {
    margin-bottom: 2rem;
}
.timeline-title {
    font-size: 1.375rem;
    display: inline-block;
    margin-bottom: 1rem;
}
.timeline-content {
    font-family: sans-serif;
}
```

제목에만 명조체를 적용하고 글자 크기에 강약을 준다.

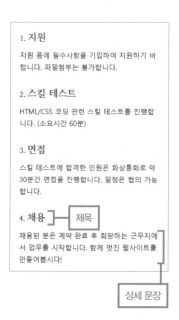

1. 지원

지원 폼에 필수사항을 기입하여 지원하기 바랍니다. 파일첨부는 불가합니다.

2. 스킬 테스트

HTML/CSS 코딩 관련 스킬 테스트를 진행합니다. (소요시간 60분)

3. 면접

스킬 테스트에 합격한 인원은 화상통화로 약 30분간 면접을 진행합니다. 일정은 협의 가능합니다.

4. 채용 — 제목

채용된 분은 계약 완료 후 희망하는 근무지에서 업무를 시작합니다. 함께 멋진 웹사이트를 만들어봅시다!

상세 문장

■ 데스크톱 사이즈에서의 타임라인

제목 및 문장을 가로로 배열

데스크톱 화면에서는 제목과 문장을 display: flex;로 가로 배치합니다(❶). 시계열이라는 것을
알 수 있도록 세로선을 그렸습니다(❷).

css chapter4/Demo-Corporate/css/style.css

```
@media (min-width: 600px) {
    .timeline-item {                                                    ❶
        display: flex;
        margin-bottom: 0;          제목과 문장을 감싸는 .timeline-item에
    }                              display: flex;를 설정해서 가로 배열
    .timeline-title {
        width: 24%;
        padding: 2rem 2.5rem 2rem 0;
        text-align: right;
    }
    .timeline-content {
        border-left: 5px solid #f8f6f2;                                 ❷
        width: 76%;
        padding: 1.5rem 0 1.5rem 2.5rem;
    }
}
```

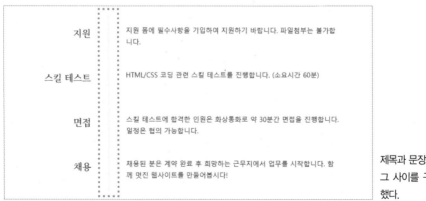

지원	지원 폼에 필수사항을 기입하여 지원하기 바랍니다. 파일첨부는 불가합니다.
스킬 테스트	HTML/CSS 코딩 관련 스킬 테스트를 진행합니다. (소요시간 60분)
면접	스킬 테스트에 합격한 인원은 화상통화로 약 30분간 면접을 진행합니다. 일정은 협의 가능합니다.
채용	채용된 분은 계약 완료 후 희망하는 근무지에서 업무를 시작합니다. 함께 멋진 웹사이트를 만들어봅시다!

제목과 문장을 가로로 배열하고
그 사이를 구분하는 선을 표시
했다.

아이콘 배치

각 항목에 아이콘을 설정해보겠습니다. 우선 가상 요소를 활용해 아이콘의 기반이 되는 사각형을 만
듭니다(❶). position 속성으로 선이 겹쳐지도록 위치를 조정합니다(❷).

chapter4/Demo-Corporate/css/style.css

```css
@media (min-width: 600px) {
    .timeline-content {
        border-left: 5px solid #f8f6f2;
        width: 76%;
        padding: 1.5rem 0 1.5rem 2.5rem;
        position: relative; /*←추가*/                    ❷
    }
    .timeline-content::before {
        display: block;
        width: 2.25rem;
        height: 2.25rem;
        background: #d0bea2;
        text-align: center;                              ❶
        padding: .1rem;
        position: absolute;
        top: 1.5rem;
        left: -1.5rem;
    }
}
```

아직 content 속성이 없어 아무것도
표시되지 않는다.

각 아이콘에는 <p> 태그에 icon-file, icon-code, icon-chat, icon-hands 클래스를 붙이고
content 속성으로 아이콘 종류를 정의합니다.

chapter4/Demo-Corporate/job.html

```html
<ol class="timeline">
    <li class="timeline-item">
        <h3 class="timeline-title">지원</h3>
        <p class="timeline-content icon-file">
            지원 폼에 필수사항을 기입해 지원하기 바랍니다. 파일첨부는 불가합니다.
        </p>
    </li>
    <li class="timeline-item">
        <h3 class="timeline-title">스킬 테스트</h3>
        <p class="timeline-content icon-code">
            HTML/CSS 코딩 관련 스킬 테스트를 진행합니다. (소요시간 60분)
        </p>
    </li>
 (…생략…)
</ol>
```

서로 다른 아이콘을 붙이기
위해 서로 다른 클래스 설정

```css
@media (min-width: 600px) {
    .timeline-content::before {
        display: block;
        width: 2.25rem;
        height: 2.25rem;
        background: #d0bea2;
        text-align: center;
        padding: .1rem;
        position: absolute;
        top: 1.5rem;
        left: -1.5rem;
    /* ↓ Font Awesome ↓ */
        font-family: 'Font Awesome 5 Pro';
        font-weight: 900;
        color: #fff;
        font-size: 1.25rem;
    }
    .icon-file::before{
        content: '\f56e';
    }
    .icon-code::before{
        content: '\f121';
    }
    .icon-chat::before{
        content: '\f086';
    }
    .icon-hands::before{
        content: '\f2b5';
    }
}
```

Font Awesome으로
각 아이콘 설정

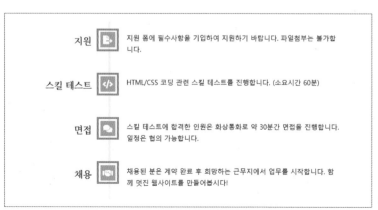

각 항목 우측에 아이콘 배치

4.7 폼 꾸미는 법

이전부터 폼을 꾸밀 때는 CSS나 자바스크립트를 사용하였는데 방법이 상당히 어려웠습니다. 이번 절에서는 각 요소를 꾸밀 수 있는 간단한 방법을 알아보겠습니다.

■ 플레이스 홀더란

텍스트 입력란에 미리 텍스트를 표시하는 것을 **플레이스 홀더**placeholder라고 합니다. 텍스트를 입력하면 미리 입력한 내용은 사라집니다. placeholder 속성으로 설정할 수 있으며 글자색 등을 꾸밀 때는 CSS에 각 태그 및 클래스명에 이어서 ::placeholder를 셀렉터로 추가하면 됩니다.

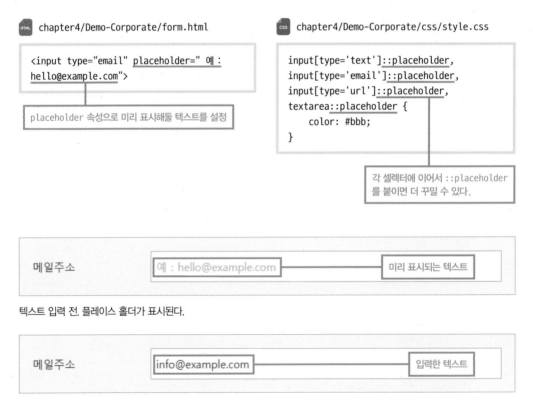

텍스트 입력 전. 플레이스 홀더가 표시된다.

텍스트를 입력하면 플레이스 홀더가 사라진다.

■ 체크 박스 꾸미기

체크 박스를 꾸미는 것은 조금 복잡합니다. 순서대로 설명하겠습니다.

<label> 태그로 체크 박스를 둘러싸면 for 속성이나 id 속성을 설정하지 않아도 <label> 태그 내 텍스트가 클릭할 수 있는 범위가 되어 편리합니다. 텍스트는 <span> 태그로 둘러싸여 있는데, span에 CSS로 체크 박스를 표시하도록 설정해보겠습니다.

HTML chapter4/Demo-Corporate/form.html

```
<label>
    <input type="checkbox">
    <span>도쿄</span>
</label>
```

체크 박스와 텍스트를 <label> 태그로 감싸기

□도쿄　　□오사카　　□원격 근무

기본값. 텍스트를 클릭해도 체크 박스에 체크된다.

기본 체크 박스는 CSS로 장식할 수 없으니 일단 숨깁니다. opacity:0;을 추가해 투명으로 만들고 appearance: none;으로 기본 스타일을 삭제하고 position: absolute;로 레이아웃과 상관하지 않도록 설정합니다. 사파리 브라우저에서도 동작할 수 있도록 appearance 속성 앞에 -webkit-를 추가합니다.

CSS chapter4/Demo-Corporate/css/style.css

```
/* 기본 체크 박스 표시하지 않음 */
input[type='checkbox'] {
    opacity:0;
    -webkit-appearance: none;
    appearance: none;
    position: absolute;
}
```

도쿄　　오사카　　원격 근무

체크 박스를 숨기고 텍스트만 표시하였다.

체크 박스는 <span> 태그에 가상 요소로 표시합니다. + 기호는 **인접 형제 셀렉터**라고 하며 같은 계층에 있는 요소를 설정할 수 있습니다(1.4절의 '셀렉터 정의 방법' 참고). input[type='checkbox'] + span::before로 설정하면 체크 박스 바로 옆 <span> 태그의 가상 요소로 꾸밀 수 있습니다. 여기에서는 **텍스트 왼쪽 옆**을 의미합니다. 크기, 선, 여백 등을 조절해서 사각형을 만들겠습니다.

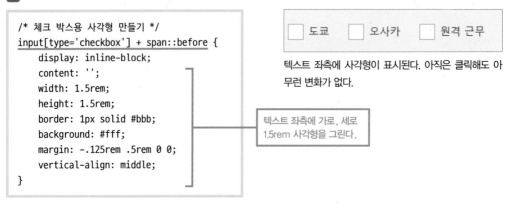

```css
/* 체크 박스용 사각형 만들기 */
input[type='checkbox'] + span::before {
    display: inline-block;
    content: '';
    width: 1.5rem;
    height: 1.5rem;
    border: 1px solid #bbb;
    background: #fff;
    margin: -.125rem .5rem 0 0;
    vertical-align: middle;
}
```

chapter4/Demo-Corporate/css/style.css

텍스트 좌측에 사각형이 표시된다. 아직은 클릭해도 아무런 변화가 없다.

텍스트 좌측에 가로, 세로 1.5rem 사각형을 그린다.

04 클릭하면 아이콘 표시하기

클릭하면 체크 표시가 나타나도록 구현해봅시다. 기본 체크 박스는 숨겼지만 클릭 여부는 확인할 수 있습니다. 먼저 가상 요소에 Font Awesome을 불러오고(❶) 체크 박스에 :checked를 추가하면 체크했을 때 효과를 더할 수 있습니다(❷). 여기에 아이콘을 설정하면 클릭했을 때 체크 아이콘이 표시됩니다(❸).

chapter4/Demo-Corporate/css/style.css

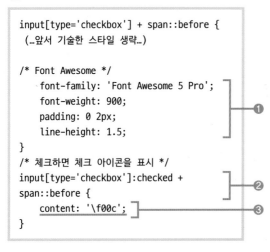

```css
input[type='checkbox'] + span::before {
  (…앞서 기술한 스타일 생략…)

/* Font Awesome */
    font-family: 'Font Awesome 5 Pro';
    font-weight: 900;
    padding: 0 2px;
    line-height: 1.5;
}
/* 체크하면 체크 아이콘을 표시 */
input[type='checkbox']:checked +
span::before {
    content: '\f00c';
}
```

클릭하면 Font Awesome으로 설정한 아이콘이 표시된다.

■ 셀렉트 박스 꾸미기

셀렉트 박스와 동일하게 Font Awesome을 활용해서 아래 방향의 화살표 아이콘을 표시합니다. 직접 `<select>`에 배경 이미지 등을 설정하지 않아도 됩니다. `<select>` 태그를 `<div>` 태그로 둘러싸고 `<div>` 태그에 가상 요소를 사용해 아이콘을 표시합니다. 표시할 위치는 `position` 속성으로 설정합니다.

HTML chapter4/Demo-Corporate/form.html

```html
<div class="select-box">
    <select name="current-position">
        <option value="재직중">재직중</option>
        <option value="프리랜서">프리랜서</option>
        <option value="학생">학생</option>
        <option value="휴직중">휴직중</option>
    </select>
</div>
```

> 셀렉트 박스를 select-box 클래스에서 활용한 `<div>` 태그로 감싸기

CSS chapter4/Demo-Corporate/css/style.css

```css
.select-box {
    position: relative;
}
.select-box::after {
    display: inline-block;
    position: absolute;
    top: .625rem;
    right: 1rem;
/* Font Awesome */
    font-family: 'Font Awesome 5 Pro';
    font-weight: 900;
    content: '\f078';
    color: #bbb;
}
```

> `.select-box`에 `position: relative;`로 기준 위치를 잡기

> 화살표 아이콘용 가상 요소에 `position: absolute;`로 위치를 설정하기

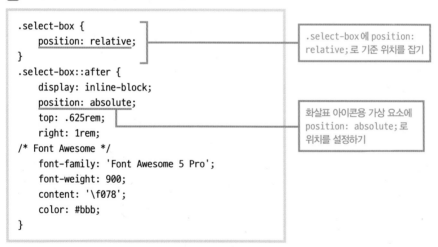

셀렉트 박스에 아래 방향 화살표를 넣는다.

클릭하면 선택 항목이 표시된다.

4.8 속성 셀렉터

CSS에서는 클래스명을 설정하고 꾸미는 경우가 많으며 HTML 속성명 및 속성 값을 설정해서 요소를 특정할 수 있습니다. 여기에서는 속성 셀렉터를 자세히 알아보겠습니다.

■ 속성 셀렉터 지정하는 법

HTML은 태그에 따라 다양한 속성을 설정할 수 있습니다. 예를 들어 링크를 지정할 때는 `<a>` 태그에 `href` 속성으로 링크 파일명이나 URL을 설정합니다. 폼을 만들 때는 `<input>` 태그의 `type` 속성으로 폼의 종류를 설정할 수 있습니다. 이런 요소에 추가된 속성과 그 값을 CSS 셀렉터로 설정할 수 있는 것이 **속성 셀렉터**입니다.

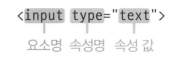

요소명[속성명]: 지정한 속성을 가진 요소

지정한 속성명이 있는 요소에 스타일을 적용합니다. 속성명만 일치하면 되어 속성 값에는 영향을 주지 않습니다. 다음 예에서는 `required` 속성이 있는 텍스트 입력란만 배경색이 분홍색으로 적용되었습니다.

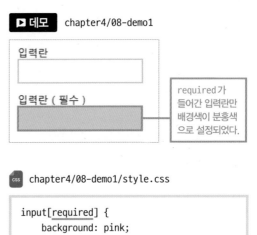

▶ 데모   chapter4/08-demo1

> required가 들어간 입력란만 배경색이 분홍색으로 설정되었다.

chapter4/08-demo1/index.html

```html
<p>입력란</p>
<input type="text">

<p>입력란 (필수) </p>
<input type="text" required>
```

chapter4/08-demo1/style.css

```css
input[required] {
    background: pink;
}
```

요소명[속성명="속성 값"]: 설정한 속성 값을 가진 요소

속성명과 속성 값을 =(등호)로 연결해 설정하면 해당 속성 값을 가진 요소에 스타일을 적용합니다. 다음 예에서는 속성명이 type, 속성 값이 email인 입력란만 배경색이 분홍색으로 설정되었습니다.

▶ 데모 chapter4/08-demo2

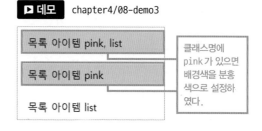

텍스트 입력란

이메일 입력란

속성 값이 email인 입력란만 배경색이 분홍색으로 설정되었다.

전송

🔲 chapter4/08-demo2/index.html

```html
<p>텍스트 입력란</p>
<input type="text">

<p>이메일 입력란</p>
<input type="email">

<input type="submit" value="전송">
```

🔲 chapter4/08-demo2/style.css

```css
input[type="email"] {
    background: pink;
}
```

요소명[속성명~="속성 값"]: 여러 속성 값 중 설정한 속성 값을 가진 요소

= 앞에 ~(물결표)를 붙이면 HTML에서 설정한 여러 속성 값 중 특정 속성 값을 포함한 요소에 스타일을 적용합니다. 예를 들어 class 속성에 여러 클래스명을 공백으로 구분해서 설정하는 경우가 있습니다. 그중 하나라도 설정한 클래스명(속성 값)이 있다면 스타일이 적용됩니다.

▶ 데모 chapter4/08-demo3

목록 아이템 pink, list

목록 아이템 pink

클래스명에 pink가 있으면 배경색을 분홍색으로 설정하였다.

목록 아이템 list

🔲 chapter4/08-demo3/index.html

```html
<ul>
    <li class="pink list">목록 아이템 pink, list</li>
    <li class="pink">목록 아이템 pink</li>
    <li class="list">목록 아이템 list</li>
</ul>
```

🔲 chapter4/08-demo3/style.css

```css
li[class~="pink"] {
    background: pink;
}
```

~가 없는 **요소명[속성명="속성 값"]**으로 구현했다면 li class="pink" 요소에만 스타일이 적용됩니다. 여러 속성 값이 있을 때는 ~가 필요하다는 것을 꼭 기억하세요.

요소명[속성명|="속성 값"]: 설정한 속성 값 또는 −으로 구분하기 전의 속성 값을 가진 요소

= 앞에 |(파이프 문자)를 더해서 작성하면 설정한 속성 값과 일치하거나 속성 값이 -(하이픈)으로 구분되는 경우에는 − 이전 값이 설정한 속성 값과 같으면 해당 요소에 스타일을 적용합니다.

▶ 데모　chapter4/08-demo4

목록 아이템 list

목록 아이템 list-a

목록 아이템 list-b

목록 아이템 item

> 클래스명이 list 또는 list- 로 시작하는 경우 배경색이 분홍색이 된다. 속성 값이 item인 요소만 배경색이 바뀌지 않는다.

chapter4/08-demo4/index.html

```html
<ul>
    <li class="list">목록 아이템 list</li>
    <li class="list-a">목록 아이템 list-a</li>
    <li class="list-b">목록 아이템 list-b</li>
    <li class="item">목록 아이템 item</li>
</ul>
```

chapter4/08-demo4/style.css

```css
li[class|="list"] {
    background: pink;
}
```

요소명[속성명^="속성 값"]: 설정한 속성 값으로 시작하는 요소

= 앞에 ^(캐럿)을 붙이면 설정한 값으로 시작하는 속성 값에 스타일을 적용합니다. http로 시작하는 링크는 외부 링크라는 것을 표시할 때 자주 사용합니다.

▶ 데모　chapter4/08-demo5

동일 웹사이트 내 링크

외부 링크 (http)

외부 링크 (https)

> href 속성 값이 http로 시작하지 않는 내부 링크인 경우에는 배경색이 바뀌지 않는다.

> 링크가 http로 시작하는 문자열인 경우 배경색이 분홍색으로 바뀐다.

chapter4/08-demo5/index.html

```html
<a href="index.html">동일 웹사이트 내 링크</a>
<a href="http://example.com">외부 링크 (http)</a>
<a href="https://example.com">외부 링크 (https)</a>
```

chapter4/08-demo5/style.css

```css
a[href^="http"] {
    background: pink;
}
```

요소명[속성명$="속성 값"]: 설정한 속성 값으로 끝나는 요소

= 앞에 $(달러)를 추가하면 설정한 값으로 끝나는 속성 값에 스타일을 적용합니다. 주로 파일 확장자명에 따라 다른 스타일을 적용할 때 사용합니다.

▶ 데모   chapter4/08-demo6

동일 웹사이트 내 링크

외부 링크

PDF 파일

> href 속성이 pdf 로 끝나지 않는 링크는 배경색이 바뀌지 않는다.

> 링크 끝에 pdf 가 있는 문자열인 경우 배경색이 분홍색으로 바뀐다.

HTML chapter4/08-demo6/index.html

```html
<a href="index.html">동일 웹사이트 내 링크</a>
<a href="http://example.com">외부 링크</a>
<a href="example-file.pdf">PDF 파일</a>
```

CSS chapter4/08-demo6/style.css

```css
a[href$="pdf"] {
    background: pink;
}
```

요소명[속성명*="속성 값"]: 설정한 속성 값을 하나 이상 포함하는 요소

= 앞에 *(애스터리스크)를 붙이면 설정한 값을 포함한 속성 값에 스타일을 적용합니다. 특정 URL, 클래스명이 있으면 이를 포함한 전체에 아이콘을 적용하는 등 여러 가지로 활용할 수 있습니다.

▶ 데모   chapter4/08-demo7

웹사이트

웹 크리에이터 박스의 트위터

개인용 트위터

> twitter 가 href 속성 값으로 지정되지 않은 경우에는 배경색을 바꾸지 않는다.

> 링크에 twitter 라는 문자열이 있으면 배경색을 분홍색으로 바꾼다.

HTML chapter4/08-demo7/index.html

```html
<a href="https://www.webcreatorbox.com/">웹사이트</a>
<a href="https://twitter.com/webcreatorbox/">웹 크리
에이터 박스의 트위터</a>
<a href="https://twitter.com/chibimana">개인용 트위터
</a>
```

CSS chapter4/08-demo7/style.css

```css
a[href*="twitter"] {
    background: pink;
}
```

짝수, 홀수, n번 요소에만 적용하는 법 ②

4.4절 칼럼에 이어서 **nth-child**를 사용한 가상 클래스를 사용하는 법을 알아보겠습니다.

정수로 설정하는 법

괄호 안에 정수를 입력하면 특정 행에만 스타일을 적용할 수 있습니다.

> :nth-child(3) : 위에서부터 세 번째 요소에 적용

▶ 데모   chapter4/column3-demo1

🅲🆂🆂 chapter4/column3-demo1/style.css

```
li:nth-child(3) {
    background: #c1eff7;
}
```
└ 세 번째 행으로 설정

1번째 목록 아이템
2번째 목록 아이템
3번째 목록 아이템 ─── 세 번째 행만 색 변경
4번째 목록 아이템
5번째 목록 아이템
6번째 목록 아이템
7번째 목록 아이템

위에서부터 세 번째 목록 아이템만 색이 변경됐다.

수식으로 설정하는 법

n을 사용해서 계산식을 넣는 방법으로도 스타일을 적용할 요소를 설정할 수 있습니다. n은 숫자를 의미하는 number의 약자입니다. 예를 들어 (2n)은 2의 배수(앞서 설명한 키워드로 설정하는 법의 **even**과 같음)에, (3n+1)이라 하면 1, 4, 7, 10…으로 1을 포함한 3의 배수에 1을 더한 순서의 요소에 적용합니다.

> :nth-child(2n) : 2의 배수(2, 4, 6…)번째 요소에 적용
> :nth-child(3n+1) : 1, 4, 7, 10…번째 (세 칸씩 떨어진) 요소에 적용

▶ 데모   chapter4/column3-demo2

🅲🆂🆂 chapter4/column3-demo2/style.css

```
li:nth-child(3n+1) {
    background: #c1eff7;
}
```
└ 계산식

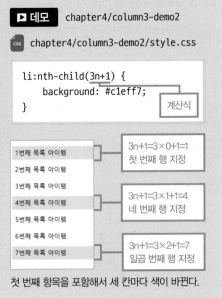

1번째 목록 아이템 ─── $3n+1=3×0+1=1$ 첫 번째 행 지정
2번째 목록 아이템
3번째 목록 아이템
4번째 목록 아이템 ─── $3n+1=3×1+1=4$ 네 번째 행 지정
5번째 목록 아이템
6번째 목록 아이템
7번째 목록 아이템 ─── $3n+1=3×2+1=7$ 일곱 번째 행 지정

첫 번째 항목을 포함해서 세 칸마다 색이 바뀐다.

* 키워드로 설정하는 법은 4.4절 칼럼을 참고하세요.

4.9 연습 문제

4장에서 배운 것을 실제로 활용할 수 있도록 직접 연습해볼 수 있는 문제를 준비했습니다. 다음 내용이 반영되도록 연습 문제용으로 준비된 베이스 파일을 수정해보세요.

> 1 표 홀수 행의 배경색이 #fee, 짝수 행의 배경색은 #ffe로 바뀌도록 style.css를 수정한다.
>
> 2 데이터를 표로 표현하고 script.js로 코드를 구현해 원그래프를 만든다.
>
> – 고양이 35%, 개 30%, 기린 20%, 그 외 15%
>
> – 원그래프 옵션에는 폭 100%, 높이 300px 로 설정

■ 베이스 파일 확인

[연습 문제 파일] chapter4/09-practice-base

그래프를 표시하기 위해 필수인 CSS, 자바스크립트 파일은 모두 반영해두었습니다. script.js를 수정해서 원그래프를 만들어보세요.

고양이	35%
개	30%
기린	20%
그 외	15%

```
/*
- 고양이 35%, 개 30%, 기린 20%, 그 외 15%
- 원 그래프 옵션에는 폭 100%, 높이 300px 로 설정
*/
```

표에 배경색 이외에는 아무것도 적용되지 않았다.

script.js는 아무것도 적혀 있지 않은 상태이다. 여기에 필요한 코드를 구현한다.

■ 해설 확인

[연습 문제 파일] chapter4/09-practice-answer

개발하면서 모르는 것이 있으면 8장을 참고해 직접 해결해보기를 바랍니다. 스스로 해결하기 위해 투자하는 그 시간이 나중에 큰 힘이 될 것입니다. 문제를 모두 풀었다면 해설을 확인해보세요.

고양이	35%
개	30%
기린	20%
그 외	15%

표

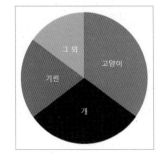

원그래프

4.10 커스터마이징

이번 장에서 만든 회사 사이트를 커스터마이징해봅시다. 회사에 따라 보여주고 싶은 콘텐츠가 다르니 필요한 항목, 데이터를 어떻게 보여줄지 고민한 후 수정하기를 바랍니다.

■ 회사 사이트의 커스터마이징 포인트

회사용 데모 사이트에서는 그래프, 표, 타임라인으로 데이터를 시각화해 이해하기 쉽게끔 표현했습니다. 그래프 종류나 배색, 표 항목 개수를 바꾸면 어떻게 되는지, 그리고 폼의 체크 박스, 셀렉트 박스를 어떻게 꾸미면 좋을지 여러 가지로 조합해봅시다.

요구 사항

- 스마트폰 게임 개발사의 웹사이트. 최근 2년간 실적이 급성장한 점을 어필하고 주주의 문의로 이어지게끔 하고 싶다. 중고등학생을 타깃으로 한 게임이 많으며 밝고 재미있는 이미지를 가졌다.
- 아동복 판매 회사의 채용 사이트. 육아 중인 여성도 일할 수 있다는 점을 어필하고 싶다. 세련되고 산뜻한 이미지를 가졌다.
- 주거 브랜드의 신입 공채 사이트. 좋은 복리후생과 직원 만족도가 높은 점을 소개하고 싶다. 초록색, 베이지색을 메인 컬러로 한 자연 친화적인 이미지를 가졌다.

이벤트 사이트로 배우는
특정 페이지 만드는 법과 애니메이션

—

많은 사람이 참여하는 이벤트 사이트는 얼마나 많은 사용자의 마음을 움직일 수 있는지가 중요한 포인트입니다. 모양, 색 등을 변경하거나 적당한 애니메이션을 사용하면 인상적인 분위기를 만들 수 있습니다.

CHAPTER

05

HTML & CSS & WEB DESIGN

5.1 구현할 이벤트 사이트 소개

기간 한정 이벤트, 서비스 등에는 **LP(랜딩 페이지)**라고 불리는 특별 사이트를 둔 경우가 많습니다. 다양한 색상과 애니메이션을 넣어 웹사이트를 만드는 방법을 알아보겠습니다.

데스크톱 사이즈

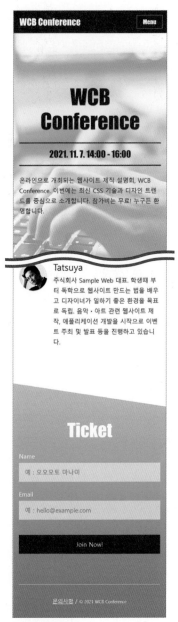

모바일 사이즈

■ CSS만으로 페이지 내 링크 걸기

랜딩 페이지는 세로로 긴 싱글 페이지로 구성되어 있어 사용자가 원하는 정보를 보려면 꽤 길게 스크롤해야 합니다. 불편함을 해소하고자 메뉴를 클릭하면 원하는 영역으로 빠르게 건너뛸 수 있는 **페이지 내 링크**를 설정했습니다. 헤더는 고정하고 콘텐츠만 움직여 영역 간 이동이 편리합니다.

영역을 이동한 후에도 헤더는 페이지 상단에 고정되었다.

■ 블렌드 모드로 이미지 색 바꾸기

이미지에 색을 덧입혀서 독특한 효과를 주는 **블렌드 모드**를 해보겠습니다. 이미지를 직접 편집하지 않더라도 간단하게 커스터마이징할 수 있습니다.

배경으로 넣은 이미지는 그대로이나 CSS로 색을 덧씌운다.

■ 커스텀 속성(변수) 사용하기

변수를 정의해두면 편리하게도 몇 번이고 계속 사용할 수 있습니다. 재사용하기 쉽도록 컬러 코드를 알기 쉽게 정리해보겠습니다.

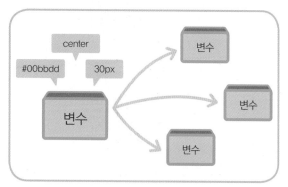

CSS에서도 자바스크립트 등 프로그래밍 언어처럼 변수를 사용할 수 있다.

■ CSS로 애니메이션 만들기

CSS로 시간이 흐르면 색이 변하는 **애니메이션**을 만들었습니다. 이외에도 커서를 갖다 두면 부드럽게 색이 바뀌는 버튼 등 세세한 부분에도 애니메이션을 추가할 수 있습니다.

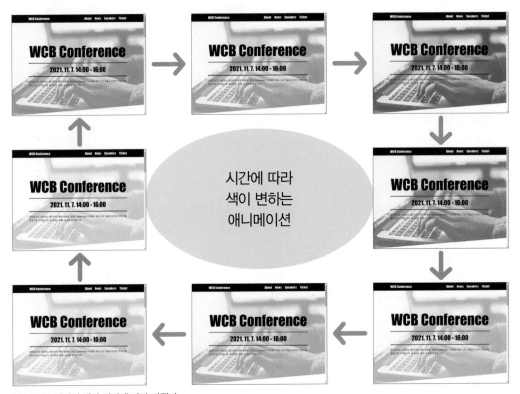

퍼스트 뷰 이미지 색이 시간에 따라 바뀐다.

■ 사선 모양 디자인 만들기

일반적으로 레이아웃을 CSS로 만들면 수평 박스로 나란히 배치하지만 여기에서는 선을 조금 비스듬하게 해 생동감 있는 디자인을 만들었습니다.

모양이 조금 변한 것만으로도 인상이 크게 바뀐다.

■ 그러데이션 넣기

단색으로만 채워서 밋밋하다고 느껴질 때 활용하는 기능이 그러데이션입니다. 간단히 색을 설정하는 것만으로 표현할 수 있습니다.

위부터 아래 방향으로 노란색이 초록색으로 바뀌는 아름다운 그러데이션

■ 슬라이드 메뉴 넣기

모바일 사이즈의 내비게이션은 옆에서 자연스럽게 나오는 슬라이드 메뉴를 적용했습니다. 짧은 자바스크립트 코드로 간단하게 구현할 수 있습니다.

메뉴 버튼을 탭하면 오른쪽에서 내비게이션 메뉴가 등장한다.

■ 폴더 구조

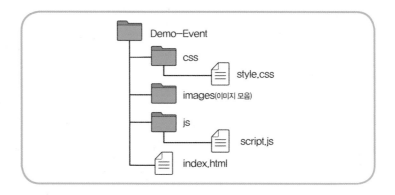

5.2 CSS로 페이지 안에서 부드럽게 움직이는 법

페이지 내 링크를 클릭하면 링크가 걸린 곳으로 부드럽게 움직이는 것을 본 적이 있을 것입니다. 이를 **스무드 스크롤**smooth scroll이라고 합니다. 지금까지는 자바스크립트가 필요했지만 이제는 CSS만으로 구현할 수 있습니다.

▓ 페이지 내 링크 설정

링크를 클릭하면 같은 페이지 내 지정한 곳으로 이동할 수 있도록 구현해보겠습니다. 각 영역에는 서로 다른 ID명을 붙입니다(❶). 헤더의 내비게이션 메뉴 링크에는 # 뒤 각 영역의 ID명을 붙입니다(❷). 메뉴를 클릭했을 때 각 영역으로 이동하게 됩니다.

chapter5/Demo-Event/index.html

```
<header>
    <div class="wrapper">
        <a class="logo" href="#hero">WCB Conference</a>
        <nav>
            <button class="btn-menu">Menu</button>
            <ul class="main-nav">
                <li><a href="#about">About</a></li>
                <li><a href="#news">News</a></li>
                <li><a href="#speakers">Speakers</a></li>
                <li><a href="#ticket">Ticket</a></li>
            </ul>
        </nav>
    </div>
</header>
```

내비게이션 메뉴의 링크와 각 영역의 ID명이 일치하도록 구현

```
<section id="hero">
    <div class="wrapper">
        <h1>WCB Conference</h1>
        (…생략 …)
    </div>
</section>

<section id="about" class="wrapper">
    <h2>About</h2>
    (…생략…)
</section>

<section id="news">
```

```
    <h2>News</h2>
    (…생략…)
</section>

<section id="speakers" class="wrapper">
    <h2>Speakers</h2>
    (…생략…)
</section>

<section id="ticket">
    <h2>Ticket</h2>
    (…생략…)
</section>
```

부드럽게 움직이는 효과 추가

페이지 내 링크를 클릭할 때마다 갑자기 화면이 뜨면 같은 페이지 안에서 이동한다는 느낌이 들지 않습니다. 시각적인 효과를 위해 애니메이션을 추가해보겠습니다. 전혀 어렵지 않고 매우 간단합니다. CSS로 html 요소에 scroll-behavior: smooth;라는 단 한 줄만 추가하면 끝입니다.

[css] chapter5/Demo-Event/css/style.css

```
html {
    scroll-behavior: smooth;
}
```

html 요소에 한 줄만 추가

■ 헤더 고정

헤더는 페이지 상단에 고정시켜서 페이지 내 이동을 할 때도 항상 보이도록 합니다. 이렇게 설정해야 페이지 상단으로 돌아가거나 또 다른 페이지로 이동하는 것이 쉽습니다.

배경색 및 여백을 지정한 header 요소에 position: fixed;를 추가하는 것만으로 상단에 고정시킬 수 있습니다(❶). 다만 안에 있는 콘텐츠가 들어갈 수 있는 정도의 폭밖에 없어 가로 폭을 100%로 설정해 화면에

[css] chapter5/Demo-Event/css/style.css

```
header {
    background: #333;
    padding: 1rem 0;
    /* ↓ 고정하기 위한 코드 ↓ */
    position: fixed;     ❶
    width: 100%;         ❷
    z-index: 1;          ❸
}
```

헤더가 상단에 고정된다.

꽉 차도록 넓혀보겠습니다(❷). z-index가 중첩되도록 하는 속성으로 값이 클수록 전면에 표시됩니다(❸). z-index가 없으면 헤더 아래에 정의된 `<section id="hero">` 전면에 나와 헤더가 가려져서 볼 수 없게 됩니다.

페이지 톱에 배치

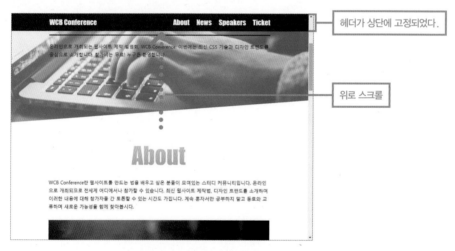

헤더가 상단에 고정되었다.

위로 스크롤

헤더가 계속 고정된다.

헤더는 고정된 상태에서 다른 영역으로 부드럽게 이동한다.

모바일 사이즈의 메뉴 예시 ①

모바일 화면에서는 표시할 수 있는 범위가 좁아 어떻게 메뉴를 표시할지 고민해야 합니다. 대부분 웹사이트가 처음에는 메뉴를 숨기고 메뉴 버튼을 클릭하면 표시되는 방법을 택합니다. 다른 웹사이트는 메뉴를 어떻게 구현했는지 살펴보겠습니다.

CORONE CORNE

http://coronecorne.com/

CORONE CORNE은 화면 전체를 색칠하고 중앙에 메뉴를 표시했습니다. 메뉴 수가 적은 경우에 적합합니다.

Yukon 1000

https://www.yukon1000.org/

Yukon 1000은 오른쪽에서 메뉴가 슬라이드됩니다. 서브 메뉴는 아래 방향의 화살표 아이콘을 터치하면 나타납니다.

5.3 블렌드 모드로 이미지 색 바꾸는 법

포토샵 등 그래픽 툴에 탑재된 기능 중 **블렌드 모드(믹싱 모드)**가 있습니다. 이미지 및 색을 여러 가지 방법으로 겹쳐서 독특한 효과를 낼 수 있으며 CSS만 구현할 수 있습니다.

■ 색과 이미지 중첩하기

이벤트 데모 사이트에서는 페이지 상단에 `<section id="hero">`에 블렌드 모드를 적용했습니다 (❶). 기본적인 구현 방법은 background-color로 배경색을(❷), background-image로 배경 이미지를 설정(❸)하고 이어서 background-blend-mode 속성에 블렌드 모드명을 적습니다(❹).

chapter5/Demo-Event/index.html

```html
<section id="hero">
    <div class="wrapper">
        <h1>WCB Conference</h1>
        <p class="hero-date">2021. 11. 7. 14:00 - 16:00</p>
        <p>
            온라인으로 개최되는 웹사이트 제작 설명회, WCB Conference.
            이번에는 최신 CSS 기술과 디자인 트렌드를 중심으로 소개합니다.
            참가비는 무료! 누구든 환영합니다.
        </p>
    </div>
</section>
```

❶ 퍼스트 뷰로 표시되는 영역에 hero ID를 붙인다.

chapter5/Demo-Event/css/style.css

```css
#hero {
    background-color: #4db1ec;
    background-image: url('../images/hero.jpg');
    background-repeat: no-repeat;
    background-position: center;
    background-size: cover;
    background-blend-mode: screen;
    height: 100vh;
    display: flex;
    align-items: center;
}
```

❷
❸
❹

배경색과 배경 이미지를 설정하고 background-blend-mode로 겹친다.

블렌드 모드를 적용하지 않은 상태   이미지에 파란색 배경색을 겹친 상태

블렌드 모드를 사용하면 웹사이트에서 표현할 수 있는 폭이 넓어집니다. 이벤트 데모 사이트에서는 screen이라는 블렌드 모드를 적용했습니다.

다음 페이지에서는 CSS로 설정할 수 있는 블렌드 모드에 어떤 것이 있는지 설명하겠습니다. 어떤 표현이 가능하며 어떻게 코드를 짜야 할지 비교해봅시다.

background 속성으로 구현할 때 주의할 점

배경과 관련된 스타일을 전체적으로 설정할 수 있는 CSS의 background 속성을 한 번에 모아서 사용하면 브라우저에 따라 제대로 동작하지 않기도 합니다. 코드가 조금 길어지더라도 하나하나 따로 작성하는 것이 좋습니다.

```
#hero {
    background: #4db1ec url('../images/hero.jpg') no-repeat center / cover;
    background-blend-mode: screen;
    height: 100vh;
    display: flex;
    align-items: center;
}
```

예시 코드처럼 작성하면 브라우저에 따라 이미지가 표시되지 않습니다.

■ 블렌드 모드 적용 예

원본 이미지

CSS **공통 CSS**

```css
body {
    background-color: #4db1ec;
    background-image: url('images/hero.jpg');
    background-repeat: no-repeat;
    background-position: center;
    background-size: cover;
    background-blend-mode: 블렌드 모드 종류;
    height: 100vh;
}
```

multiply(곱하기) ▶데모 chapter5/03-demo1

```css
background-blend-mode: multiply;
```

screen(스크린) ▶데모 chapter5/03-demo2

```css
background-blend-mode: screen;
```

overlay(오버레이) ▶데모 chapter5/03-demo3

```css
background-blend-mode: overlay;
```

darken(어둡게 하기) ▶데모 chapter5/03-demo4

```css
background-blend-mode: darken;
```

lighten(밝게 하기) 데모 chapter5/03-demo5

```
background-blend-mode: lighten;
```

color-dodge(색상 닷지) 데모 chapter5/03-demo6

```
background-blend-mode: color-dodge;
```

color-burn(색상 번) 데모 chapter5/03-demo7

```
background-blend-mode: color-burn;
```

hard-light(하드 라이트) 데모 chapter5/03-demo8

```
background-blend-mode: hard-light;
```

soft-light(소프트 라이트) 데모 chapter5/03-demo9

```
background-blend-mode: soft-light;
```

difference(차이) 데모 chapter5/03-demo10

```
background-blend-mode: difference;
```

exclusion(제외)

▶ 데모   chapter5/ 03-demo11

```
background-blend-mode: exclusion;
```

hue(색조)

▶ 데모   chapter5/ 03-demo12

```
background-blend-mode: hue;
```

saturation(채도)

▶ 데모   chapter5/ 03-demo13

```
background-blend-mode: saturation;
```

color(색상)

▶ 데모   chapter5/ 03-demo14

```
background-blend-mode: color;
```

luminosity(광도)

▶ 데모   chapter5/ 03-demo13

```
background-blend-mode: luminosity;
```

모바일 사이즈의 메뉴 예시 ②

Built by Eli

https://www.builtbyeli.com.au/

Built by Eli는 위에서 시작해 전체를 덮는 배경색이 내려오고 그 후에 메뉴가 부드럽게 표시됩니다. 이미지와 함께 시각적으로 메뉴가 다가옵니다.

Ex Partners

www.ex-partners.co.jp/

Ex Partners는 배경이 바뀐 후 위부터 순서대로 메뉴가 나타납니다. 여백 사용이 뛰어난 디자인입니다.

Quantile

https://www.quantile.com/

Quantile은 콘텐츠 부분이 좌측 하단으로 단숨에 축소되며 메뉴가 나타나는 특이한 타입의 움직임을 가진 디자인입니다.

■ 이미지와 이미지를 중첩하기 ▶데모 chapter5/03-demo16

색과 이미지뿐만 아니라 여러 장의 이미지를 겹치게 할 수도 있습니다. 이미지가 어떻게 구성되느냐에 따라 겹치면 보기 힘들어질 수도 있으니 신중하게 이미지를 선택합니다. 이미지를 합칠 때는 background-image 속성으로 여러 장의 이미지를 콤마로 구분해 설정합니다.

🅲🆂🆂 chapter5/03-demo16/style.css

```css
body {
    background-color: #4db1ec;
    background-image: url('images/hero.jpg'), url('images/water.jpg');
    background-repeat: no-repeat;
    background-position: center;
    background-size: cover;
    background-blend-mode: hard-light;
    height: 100vh;
}
```

컴퓨터를 사용하는 이미지와 수면이 반짝이는 이미지를 합쳤다.

■ 이미지와 텍스트 중첩하기 ▶ 데모 chapter5/03-demo17

블렌드 모드는 이미지나 색을 조합하는 데 그치지 않고 배경 이미지 위에 텍스트를 겹쳐서 멋진 표현을 할 수도 있습니다. 요소에 블렌드 모드를 추가할 때는 background-blend-mode가 아닌 mix-blend-mode 속성을 추가합니다.

HTML chapter5/03-demo17/index.html

```
<h1>Small Changes, <br>Big Results</h1>
```

CSS chapter5/03-demo17/style.css

```
body {
    background-image: url('images/hero.jpg');
    background-repeat: no-repeat;
    background-position: center;
    background-size: cover;
    height: 100vh;
    font-family: sans-serif;
    line-height: 1.4;
}
h1 {
    font-size: 6rem;
    text-align: center;
    font-weight: bold;
    padding-top: 16rem;
    mix-blend-mode: overlay;
}
```

글자색과 블렌드 모드 종류에 따라 다르게 보인다.

5.4 커스텀 속성(변수) 사용하는 법

한번 정의한 커스텀 속성은 몇 번이고 반복해서 사용할 수 있습니다. 자바스크립트와 같은 프로그래밍 언어에서 변수를 익숙하게 사용하는 것처럼 CSS도 사용할 수 있을 것입니다.

■ 커스텀 속성이란

커스텀 속성은 문자열이나 값을 넣는 상자와 같은 것이며 **CSS 변수, 캐스케이드 변수**라고도 불립니다. 매우 긴 CSS 코드 안에서 몇 번이나 반복해서 사용하는 값이 있을 것입니다. 컬러 코드가 가장 좋은 예입니다. 메인으로 사용하는 색을 다른 색으로 변경하려면 CSS 파일에서 해당 컬러 코드를 검색해서 모두 변경해야 합니다.

만약 커스텀 속성을 사용한다면 자주 사용하는 컬러 코드를 한곳에 저장하고 여러 곳에서 쓸 수 있습니다. 색을 바꿀 때는 처음 정의한 부분만 바꾸면 다른 곳도 모두 새로운 컬러 코드로 바꿀 수 있습니다. #4db1ec라는 영문 및 숫자가 나열된 코드보다는 main-color와 같은 이름을 붙이는 것이 나중에 식별하기 쉽습니다. 이처럼 커스텀 속성을 사용하면 쉽게 유지보수할 수 있고 오류가 발생할 확률도 줄어듭니다.

지금은 컬러 코드를 한 가지 예로 들었지만 값이나 문자열에도 사용할 수 있습니다. 처음에는 익숙하지 않겠지만 사용하다 보면 굉장히 편하다는 것을 느낄 수 있을 것입니다.

```
a {
    color: #4db1ec;
}
.btn {
    background-color: #4db1ec;
}
.border {
    border: 1px solid #4db1ec;
}
.title {
    color: #4db1ec;
}
```

모두 바꿔야 한다.

메인 색을 변경하려면 모든 컬러 코드를 바꿔야 한다.

```
:root {
    --main-color: #4db1ec;
}
a {
    color: var(--main-color);
}
.btn {
    background-color: var(--main-color);
}
.border {
    border: 1px solid var(--main-color);
}
.title {
        color: var(--main-color);
}
```

한 곳만 변경하면 된다.

커스텀 속성을 사용하면 하나만 변경해도 해당 변수가 적용된 모든 곳에 반영된다.

■ 커스텀 속성의 사용법

01 커스텀 속성 정의하기

먼저 커스텀 속성을 정의합니다. '이 상자에는 이 값이 들어가 있어요!'라고 선언하는 것입니다. CSS
의 각 셀렉터에 정의할 수도 있지만 :root에 정의하면 어디에서든 참고할 수 있습니다. 커스텀 속성
을 선언할 때는 -- 뒤에 원하는 이름으로 커스텀 속성명을 적고 :으로 구분해서 커스텀 속성 값을 적
습니다.

```
--grey : #333 ;
```
커스텀 속성명   값

--로 시작한다는 것을 제외하면 일반적인 스타일 정의하는 법과
동일하다.

CSS 커스텀 속성 정의 예시

```
:root {
    --grey: #333;
}
```
:root에 정의한다.

02 정의한 커스텀 속성 불러오기

실제 적용하고 싶은 곳에 var(--커스텀 속성명)을 적으면 정의한 값이 적용됩니다.

```
color: var(--grey);
```
커스텀 속성명

--커스텀 속성명만 적으면 안 되고 반드시 var() 안에 들어가
야 한다.

CSS 커스텀 속성을 호출한 예시

```
body {
    color: var(--grey);
    font-family: sans-serif;
}
```
body에 color: #333이 적용된다.

■ 커스텀 속성을 사용할 때 주의할 점

커스텀 속성을 사용할 때의 규칙을 잘 기억해두기를 바랍니다. 다음에 설명하는 예시는 적용되지 않
으니 반드시 주의하세요.

대문자와 소문자의 구분　▶데모　chapter5/04-demo1

커스텀 속성명은 대문자와 소문자를 구분합니다. 예를 들어 –bg와 –BG는 서로 다른 커스텀 속성으로 인지해 다음 예시의 var(--bg);는 분홍색이 var(--BG);는 주황색이 적용됩니다.

CSS chapter5/04-demo1/style.css

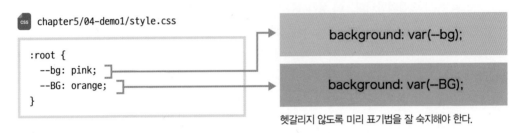

```
:root {
  --bg: pink;
  --BG: orange;
}
```

background: var(--bg);

background: var(--BG);

헷갈리지 않도록 미리 표기법을 잘 숙지해야 한다.

커스텀 속성에 속성명을 넣을 수 없다　▶데모　chapter5/04-demo2

커스텀 속성에는 값만 넣을 수 있으며 속성명을 넣을 수는 없습니다. 다음 예시처럼 작성하면 background-color: pink;가 되는 것이 아니라 적용되지 않습니다.

CSS 잘못된 예　✖

```
p {
  --bg: background-color;
  var(--bg): pink;
}
```
값이 있어야 할 곳에 속성명이 있다.

CSS 올바른 예　○

```
p {
  --bg: pink;
  background-color: var(--bg);
}
```

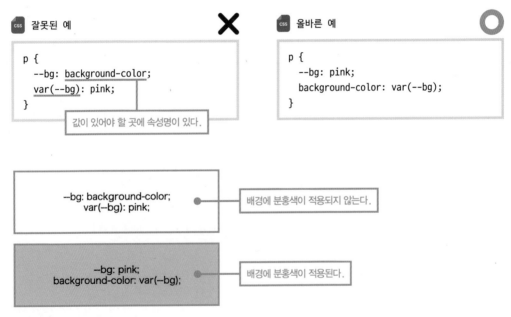

--bg: background-color;
var(--bg): pink;

배경에 분홍색이 적용되지 않는다.

--bg: pink;
background-color: var(--bg);

배경에 분홍색이 적용된다.

잘못된 예에는 배경색이 적용되지 않는다.

커스텀 속성을 호출한 뒤 단위를 덧붙이면 적용되지 않는다　▶ 데모　chapter5/04-demo3

커스텀 속성에 값을 정의하고 var(--커스텀 속성명)으로 호출한 뒤 px과 %, rem 등 단위를 덧붙이면 해당 코드는 무효화됩니다. 다음 예는 padding: 2rem으로 인식되지 않습니다. 커스텀 속성에 --main-padding: 2rem;이라고 단위를 반드시 포함해서 정의해야 합니다.

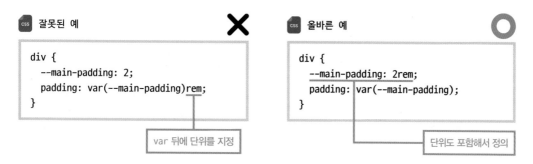

calc 함수를 사용하면서 단위를 포함해 정의할 수도 있습니다. 1rem처럼 1을 곱해서 단위를 적용하는 방법입니다. calc 함수는 7.2절에서 더 자세히 설명하겠습니다.

CSS calc 함수 적용 예

```
div {
  --main-padding: 2;
  padding: calc(var(--main-padding) * 1rem);
}
```

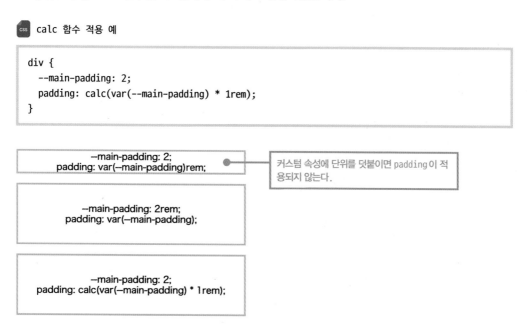

■ 여러 가지 상황에서 커스텀 속성 사용하기

앞서 설명한 것처럼 커스텀 속성은 '한번 정의하면 원하는 곳 어디에서나 호출해서 사용'하는 심플한 속성입니다. 이것만으로는 부족하니 편리한 방법을 더 소개합니다.

커스텀 속성 안에 커스텀 속성 사용하기 ▶데모 chapter5/04-demo4

커스텀 속성에 색을 정의하고 그 색을 이용한 커스텀 속성을 또 정의할 수 있습니다. 다음 예시에서는 우선 --main-color와 --sub-color라는 두 가지 색을 정의한 후(❶) --bg-gradation인 그러데이션을 위한 값을 만들고 그 안에 --main-color와 --sub-color를 넣습니다(❷).

css chapter5/04-demo4/style.css

```
:root {
    --main-color: pink;
    --sub-color: orange;                                              ❶
    --bg-gradation: linear-gradient(var(--main-color), var(--sub-color)) fixed;
}                                                                     ❷

body {                                          ┌─────────────────────┐
    background: var(--bg-gradation);            │ 커스텀 속성 안에 커스텀 속성을 │
}                                               │ 사용한 코드           │
                                                └─────────────────────┘
```

불러오는 코드가 background: var(--bg-gradation);으로 아주 간단해진다.

미디어 쿼리와 커스텀 속성 ▶데모 chapter5/04-demo5

미디어 쿼리 안에 커스텀 속성을 정의하면 설정한 범위 안에서 커스텀 속성 값이 적용됩니다. 다음 예에서는 --bg: pink;를 정의한 다음(❶) 미디어 쿼리에 min-width: 600px로 범위를 정했습니다. 즉 600px 이상인 화면에서는 --bg 값을 orange로 다시 정의합니다(❷). 불러올 때는 background: var(--bg);로, 600px보다 폭이 좁으면 배경색이 분홍색으로, 600px보다 폭이 넓으면 주황색으로 바꿉니다(❸).

```css
:root {
    --bg: pink;                                          ①
}
@media (min-width: 600px) {
    :root {
        --bg: orange;                                    ②
    }
}

body {
    background: var(--bg);                               ③
}
```

← 폭 600px 미만 →

모바일 사이즈에서는 핑크색으로, 데스크톱 사이즈에서
는 오렌지색으로.

← 폭 600px 이상 →

모바일 사이즈에서는 핑크색으로, 데스크톱 사이즈에서는 오렌지색으로.

폭 600px 미만이면 분홍색이 된다.

폭 600px 이상이면 주황색이 된다.

5.5 CSS로 애니메이션 만드는 법 ①

CSS 애니메이션에는 간단한 트랜지션과 복잡한 움직임까지도 설정할 수 있는 키 프레임 애니메이션이 있습니다. 우선 트랜지션 사용법부터 배워보겠습니다.

■ 트랜지션이란

이전에는 웹사이트에 애니메이션을 삽입하려면 자바스크립트가 있어야 했지만 이제는 CSS로 다양한 애니메이션 효과를 적용할 수 있습니다. 정해진 시간 동안 속성을 변화시키는 것이 트랜지션이며 transition 속성으로 구현합니다.

트랜지션은 시작 지점과 종료 지점을 꾸민 것의 변화를 표현할 수 있어 단순한 움직임을 구현하는 데 적합합니다. 여기에서 '단순함'이란 시작 지점 및 종료 지점 사이의 움직임만 정의할 수 있으며 중간에 다른 동작을 추가하거나 반복되게끔 할 수는 없습니다. 애니메이션을 자동으로 재생할 수 없고 :hover(마우스 커서를 요소 위에 올려둠) 등 무엇인가 움직임을 촉발할 수 있는 매개체가 필요합니다.

간단한 예를 살펴봅시다. `<div>` 태그 배경색에 파란색을, :hover하면 초록색이 되는 CSS를 작성합니다. 커서를 갖다 두면 배경색이 초록색으로 바뀝니다.

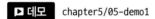 **데모** chapter5/05-demo1

HTML chapter5/05-demo1/index.html

```
<div>애니메이션 없음</div>
<div class="transition-1s">애니메이션 있음</div>
```

CSS chapter5/05-demo1/style.css

```
div {
    background: #0bd;              ┐ 배경색을 파란색으로
    padding: 1rem;
    margin: 1rem;
    width: 200px;
    height: 200px;
}
div:hover {
    background: #9d6;             ┐ hover하면 초록색
}
```

여기에 transition: background 1s;를 추가합니다. background가 변하는 속성, 즉 배경색입니다. 1s는 1second(1초)를 의미하며 1초 동안 시작 지점인 div의 배경색과 div:hover의 배경색이 변화합니다. 1초 이하를 적용하고자 한다면 0.5s(또는 .5s), 500ms^{millisecond} 등으로 설정할 수 있습니다.

CSS 추가 코드

```
.transition-1s {
    transition: background 1s;   ┐ 1초 동안 변한다.
}
```

| transition을 사용하지 않는 경우 |

마우스 커서를 올리는 순간 배경색이 바뀐다.

| transition을 사용하는 경우 |

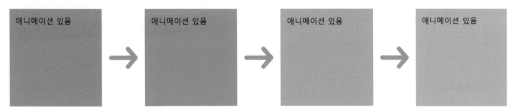

마우스 커서를 올리면 1초 동안 배경색이 서서히 바뀐다.

데모 사이트 확인

데모 사이트는 버튼과 내비게이션 메뉴에 transition을 사용했습니다. 버튼 및 내비게이션 메뉴에 마우스를 갖다 두면 색이 순식간에 파란색으로 바뀝니다. 효과 구현을 위해 미디어 쿼리 @media (min-width: 600px)에 데스크톱 사이즈에서만 동작하도록 a:hover를 넣었습니다. 모바일은 커서를 갖다 둔다는 개념이 없고 터치로 바로 동작하기에 데스크톱 사이즈에만 구현했습니다.

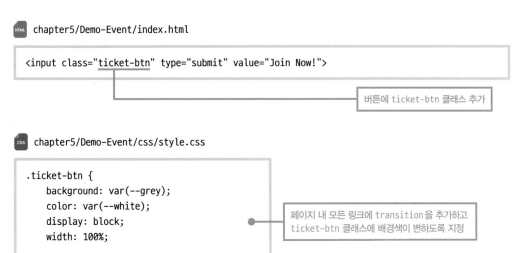

`HTML` chapter5/Demo-Event/index.html

```
<input class="ticket-btn" type="submit" value="Join Now!">
```

버튼에 ticket-btn 클래스 추가

`CSS` chapter5/Demo-Event/css/style.css

```
.ticket-btn {
    background: var(--grey);
    color: var(--white);
    display: block;
    width: 100%;
```

페이지 내 모든 링크에 transition을 추가하고
ticket-btn 클래스에 배경색이 변하도록 지정

```
        padding: 1rem;
        margin-top: 1rem;
    }
    /*
    DESKTOP SIZE
    ================================= */
    @media (min-width: 600px) {
        a:hover,
        .ticket-btn:hover {
            transition: .3s;
        }
        .ticket-btn:hover {
            background: var(--blue);
        }
    }
```

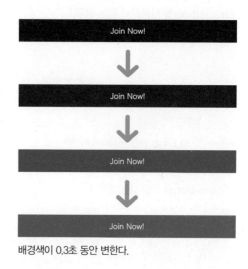

배경색이 0.3초 동안 변한다.

이벤트 데모 사이트는 색을 설정하는 커스텀 속성을 사용합니다. var(--grey)는 #333, var(--white)는 #fff, var(--blue)는 #1665cc입니다.

■ transition 관련 속성

자주 사용하는 속성은 변화할 속성을 설정하는 transition-property, 변하는 시간을 설정하는 transition-duration입니다. 좀 더 제대로 알기 위해서라도 트랜지션에서 사용할 수 있는 속성을 확인해보겠습니다.

속성명	의미	지정할 수 있는 값
transition-property	애니메이션을 적용하는 속성	• all(기본값): 모든 속성에 적용 • 속성명: CSS 속성명 설정 • none: 적용하지 않는다.
transition-duration	애니메이션이 실행되는 데 걸리는 시간	• 숫자s: 초 • 숫자ms: 밀리초
transition-timing-function	애니메이션 속도 및 타이밍	• ease(기본값): 시작과 종료 시 부드럽게 변화 • linear: 일정한 속도로 변화 • ease-in: 처음에는 느리게, 점점 빠르게 변화 • ease-out: 처음에는 빠르게, 점점 느리게 변화 • ease-in-out: 처음과 끝이 꽤 부드럽게 변화 • steps(): 단계별로 변화 • cubic-bezier(): 3차 베지에 곡선으로 변하는 정도 설정
transition-delay	애니메이션이 시작하기까지 기다리는 시간	• 숫자s: 초 • 숫자ms: 밀리초

속성을 한 줄로 정의하기

이벤트 데모 사이트에서는 앞서 설명한 표의 속성이 아닌 **transition** 속성을 활용하여 하나로 모아서 정의했습니다. 각 속성 값을 공백으로 구분해서 지정할 수 있어 간단하게 구현할 수 있습니다. 항목은 생략할 수 있지만 **transition-duration**은 생략하면 실행되지 않습니다.

속성을 한 줄로 모아서 정의할 때는 다음 순서로 구현합니다.

1. transition-property
2. transition-duration
3. transition-timing-function
4. transition-delay

 예시

```
transition: background-color 1s ease-out 200ms;
```

■ 커스터마이징 예 : 여러 속성을 변화시키기 ▶데모 chapter5/05-demo2

모든 속성에 변화를 적용하고 싶을 때는 **transition property**를 설정하면 됩니다. 처음에 기본값은 **all**로 적용되는데 애니메이션을 추가하고 싶은 속성과 추가하고 싶지 않은 속성이 섞여 있을 때는 속성별로 적용해야 합니다.

다음 예에서는 커서를 갖다 둔 전후에 따라 배경색, 폭, 글자색이 변합니다. 글자색이 검정색에서 흰색으로 바뀌는 과정에서 중간에 회색이 나오면 보기가 힘들 수 있으니 글자색을 제외하고 애니메이션을 적용했습니다. 속성별로 쉼표를 사용해서 구분해 설정하며 속성에 따라 애니메이션 속도나 시간에 변화를 주고 싶을 때도 사용할 수 있습니다.

 chapter5/05-demo2/index.html

```
<h1>여러 속성을 변화시키기</h1>
```

```css
h1 {
    background: #0bd;
    width: 300px;
    color: #333;
    padding: 1rem;
    margin: 1rem;
}
h1:hover {
    background: #9d6;
    width: 100%;
    color: #fff;
    transition: background 1s, width 2s ease-in-out;
}
```

배경색은 1초에 걸쳐, 폭은 2초에 걸쳐 애니메이션과 함께 변화한다. 문자 색에는 애니메이션이 부여되지 않고 커서를 두는 순간에 변한다.

5.6 CSS로 애니메이션 만드는 법 ②(키 프레임)

트랜지션보다 세세하게 움직임을 조정해 애니메이션을 구현할 수 있는 것에 키 프레임이 있습니다. 애니메이션의 경과 지점, 타이밍, 무한루프 유무 등을 CSS만으로 설정할 수 있습니다.

■ 키 프레임이란

키 프레임 애니메이션은 시간의 경과에 따라 속성을 설정할 수 있습니다. 트랜지션과 달리 시작과 종료 사이에 경과 지점을 추가하는 것은 물론 각각 다르게 꾸밀 수도 있습니다. 해당 경과 지점을 **키 프레임**이라고 하며 @keyframes라는 @ 규칙으로 어떻게 변화할지 정의합니다. 애니메이션은 자동으로 재생할 수 있어 :hover처럼 재생하기 위한 별도 액션은 필요하지 않습니다.

키 프레임 기본 사용법

키 프레임명은 @keyframes 임의의 키 프레임명으로 선언합니다(①). 키 프레임 정보는 0~100%로 적고(②) 0%는 애니메이션 시작 시점, 100%는 종료 시점을 의미합니다.

CSS 키 프레임 예

```
@keyframes 임의의 키 프레임명 {
    0% {                                    ①
        속성: 값;
    },
    50% {
        속성: 값;                            ②
    },
    100% {
        속성: 값;
    }
}
```

시작과 종료 지점만 있다면 0%를 from(③), 100%를 to로 바꿔서 정의할 수도 있습니다(④).

CSS from과 to를 사용한 예

```
@keyframes 임의의 키 프레임명 {
    from {
        속성: 값;
    },                                      ③
    to {
        속성: 값;
    }                                       ④
}
```

애니메이션과 키 프레임이 동작하기 위해 키 프레임명과 요소에 설정한 animation-name명이 일치하도록 설정해야 합니다.

CSS 예시

```
셀렉터 {
    animation-name: 키 프레임명;
}
```

일치시키기

간단한 예 확인

먼저 간단한 예를 살펴보겠습니다. box-size 키 프레임에 키 프레임 애니메이션을 정의했습니다
(❶). 0%(시작 지점)의 배경색은 하늘색으로, 50%(중간 지점)는 보라색으로, 100%(종료 지점)
는 분홍색이 되도록 설정했습니다(❷). 실제 적용하고자 하는 요소, 즉 이번 예시에서는 <div> 태
그에 animation-name: box-size;로 호출했습니다(❸). 애니메이션 재생하는 시간을 나타내는
animation-duration도 필수 속성이기에 반드시 정의해야 합니다. 여기에서는 6s로 지정해 6초 동
안 애니메이션이 재생되도록 설정했습니다(❹).

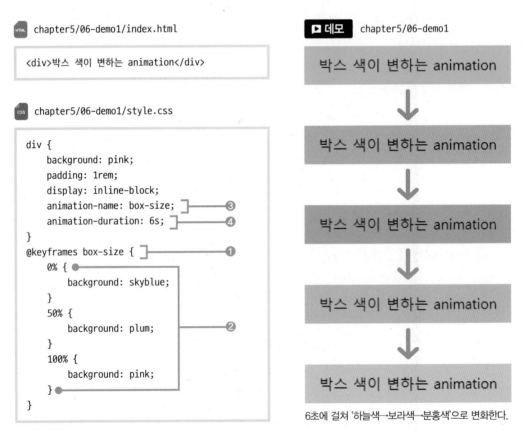

HTML chapter5/06-demo1/index.html

```html
<div>박스 색이 변하는 animation</div>
```

CSS chapter5/06-demo1/style.css

```css
div {
    background: pink;
    padding: 1rem;
    display: inline-block;
    animation-name: box-size;        ❸
    animation-duration: 6s;          ❹
}
@keyframes box-size {                ❶
    0% {
        background: skyblue;
    }
    50% {
        background: plum;            ❷
    }
    100% {
        background: pink;
    }
}
```

데모 chapter5/06-demo1

6초에 걸쳐 '하늘색→보라색→분홍색'으로 변화한다.

데모 사이트 확인

이벤트 데모 사이트 페이지 상단의 퍼스트 뷰 영역에 키 프레임 애니메이션을 사용했습니다. 천천히
시간이 지나면서 배경 이미지 색이 여덟 가지로 바뀝니다. 0%, 12.5%, 25%, 37.5%, 50%, 62.5%,
75%, 87.5%, 100%로 매우 세밀하게 구분해 각각 background-color로 다른 배경색을 지정했
습니다. 애니메이션을 사용하는 요소인 <section id="hero">에는 animation: bg-color 24s

infinite;로 설정하고 애니메이션을 호출했습니다. animation은 생략형으로 작성해 '키 프레임 bg-color를 24초 동안 무한 루프로 표시하세요'라고 설정했습니다.

- var(--light-blue): #4db1ec;
- var(--blue): #1665cc;
- var(--purple): #b473bf;
- var(--pink): #ffb2c1;
- var(--orange): #ff9f67;
- var(--yellow): #ffd673;
- var(--light-green): #a2e29b;
- var(--green): #00a2af;

* 이벤트 데모 사이트는 커스텀 속성으로 색을 지정했습니다. 커스텀 속성은 5.4절을 참고하세요.

HTML chapter5/Demo-Event/index.html

```html
<section id="hero">
    <div class="wrapper">
        <h1>WCB Conference</h1>
        <p class="hero-date">2021. 11. 7. 14:00 - 16:00</p>
        <p>
            온라인으로 개최되는 웹사이트 제작 설명회, WCB Conference.
            이번에는 최신 CSS 기술과 디자인 트렌드를 중심으로 소개합니다.
            참가비는 무료! 누구든 환영합니다.
        </p>
    </div>
</section>
```

퍼스트 뷰 영역을 hero라는 ID로 감싸기

CSS chapter5/Demo-Event/css/style.css

```css
#hero {
    background-color: var(--light-blue);
    background-image: url('../images/hero.jpg');
    background-repeat: no-repeat;
    background-position: center;
    background-size: cover;
    background-blend-mode: screen;
    animation: bg-color 24s infinite; /* ← 키 프레임명 bg-color을 지정 */
    height: 100vh;
    display: flex;
    align-items: center;
    -webkit-clip-path: polygon(0 0, 100% 0, 100% 90%, 0 100%);
    clip-path: polygon(0 0, 100% 0, 100% 90%, 0 100%);
```

hero라는 ID 부분에 animation 속성으로 키 프레임명과 경과 시간, 반복 유무 설정

```
}
@keyframes bg-color {
    0% { background-color: var(--light-blue); }
    12.5% { background-color: var(--blue); }
    25% { background-color: var(--purple); }
    37.5% { background-color: var(--pink); }
    50% { background-color: var(--orange); }
    62.5% { background-color: var(--yellow); }
    75% { background-color: var(--light-green); }
    87.5% { background-color: var(--green); }
    100% { background-color: var(--light-blue); }
}
```

bg-color라는 키 프레임을 준비해 배경색이 어떻게 변화할지 설정

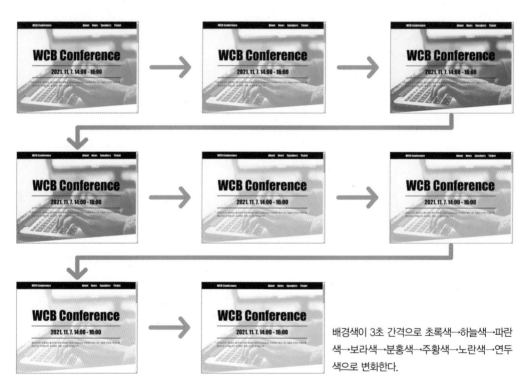

배경색이 3초 간격으로 초록색→하늘색→파란색→보라색→분홍색→주황색→노란색→연두색으로 변화한다.

■ animation 관련 속성

animation은 트랜지션보다 복잡한 움직임을 구현할 수 있는 속성이 많습니다. 키 프레임 애니메이션으로 사용할 수 있는 각 속성을 확인해보겠습니다.

속성명	의미	지정할 수 있는 값
animation-name	@keyfromes으로 정의한 키 프레임명	대쉬 또는 영문자로 시작하는 키워드
animation-duration	애니메이션이 한 번 실행되는 데 걸리는 소요 시간	• 숫자s: 초 • 숫자ms: 밀리초
animation-timing-function	애니메이션 속도 및 타이밍	• ease(기본값): 시작과 종료 시 부드럽게 변화 • linear: 일정한 속도로 변화 • ease-in: 처음에는 느리게, 점점 빠르게 변화 • ease-out: 처음에는 빠르게, 점점 느리게 변화 • ease-in-out: 처음과 끝이 꽤 부드럽게 변화
animation-delay	애니메이션이 시작하기까지 기다리는 시간	• 숫자s: 초 • 숫자ms: 밀리초
animation-iteration-count	애니메이션을 반복하는 횟수	• 숫자: 반복 횟수 • infinite: 무한 루프
animation-direction	애니메이션 재생 방향	• normal(기본값): 정방향으로 재생 • alternate: 홀수 번째는 정방향으로, 짝수 번째는 반대 방향으로 재생(왔다 갔다 함) • reverse: 반대 방향으로 재생 • alternate-reverse: alternate의 역방향으로 재생
animation-fill-mode	애니메이션 재생 전후 상태	• none(기본값): 없음 • forwards: 재생 후 마지막 키 프레임 상태 유지 • backwards: 재생 전 처음 키 프레임 상태 적용 • both: forwards와 backwards 모두 적용
animation-play-state	애니메이션 재생과 일시 정지	• running(기본값): 재생 중 • paused: 일시 정지

속성을 한 줄로 정의하기

키 프레임 애니메이션도 트랜지션처럼 하나로 모아 한 줄로 정의할 수 있습니다. 이 경우 animation 속성으로 각 속성 값을 공백으로 구분해 설정합니다. 항목은 생략할 수 있지만 animation-name과 animation-duration은 누락하면 실행되지 않습니다. 속성을 한 줄로 정의할 때는 다음 순서로 구현합니다.

css 예시

```
animation: nice-name 5s ease-in 1s infinite forwards;
```

이는 다음과 같은 의미입니다.

css 예시

```
animation-name: nice-name;
animation-duration: 5s;
animation-timing-function: ease-in;
animation-delay: 1s;
animation-iteration-count: infinite;
animation-fill-mode: forwards;
```

■ 커스터마이징 예: 세 번 위아래로 움직이는 텍스트

'최신 정보!', '추천 상품!' 등 좀 더 눈에 띄게 하고 싶은 텍스트를 키 프레임 애니메이션으로 움직여 봅시다. 단 계속 움직이면 정신없을 수 있으니 세 번만 움직이게 하겠습니다. 0%, 25%, 50%, 75%, 100%로 top 위치를 바꾸고 위아래로 움직이도록 하고 0%, 50%, 100%일 때는 같은 스타일을 적용 하기 위해서 ,로 구분해 설정했습니다.

HTML chapter5/06-demo2/index.html   ▶ 데모   chapter5/06-demo2

```
<p class="recommend">\ 추천 상품 /</p>
```

css chapter5/06-demo2/style.css

```
.recommend {
    color: tomato;
    display: inline-block;
    position: relative;
```

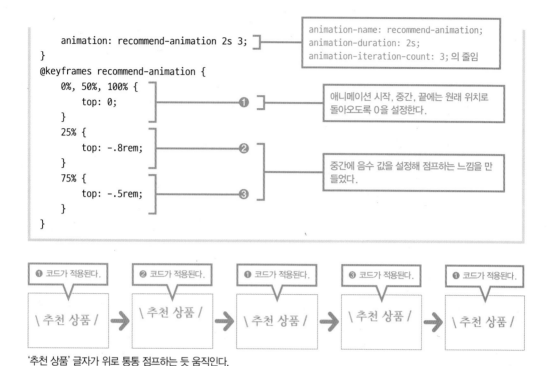

```
    animation: recommend-animation 2s 3;
}
@keyframes recommend-animation {
    0%, 50%, 100% {
        top: 0;
    }
    25% {
        top: -.8rem;
    }
    75% {
        top: -.5rem;
    }
}
```

animation-name: recommend-animation;
animation-duration: 2s;
animation-iteration-count: 3; 의 줄임

❶ 애니메이션 시작, 중간, 끝에는 원래 위치로
돌아오도록 0을 설정한다.

❷❸ 중간에 음수 값을 설정해 점프하는 느낌을 만
들었다.

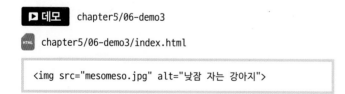

'추천 상품' 글자가 위로 통통 점프하는 듯 움직인다.

■ 커스터마이징 예: 마우스 커서를 갖다 두면 반짝하고 빛나는 이미지

지금까지는 페이지가 로딩되면 자동으로 재생되는 애니메이션을 소개했습니다. 이번에는 :hover로
마우스 커서를 갖다 두면 애니메이션이 시작하는 커스터마이징을 해보겠습니다. 0%일 때, 즉 이미지
에 커서를 갖다 두는 순간 opacity: 2;가 적용되도록 이미지 불투명도를 0.2로 설정합니다(❶). 그
후 2초 동안 opacity를 1로 설정해 불투명도가 없는 원래 이미지로 돌아가도록 합니다(❷).

▶ 데모   chapter5/06-demo3

chapter5/06-demo3/index.html

```
<img src="mesomeso.jpg" alt="낮잠 자는 강아지">
```

```css
img:hover {
    animation: hover-flash 1s;
}
@keyframes hover-flash {
    0% {
        opacity: .2;                    ①
    }
    100% {
        opacity: 1;                     ②
    }
}
```

①과 ②로 반짝 빛나면서 서서히 빛이
사라지는 것처럼 표현하였다.

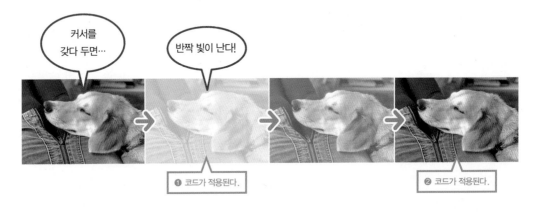

커서를
갖다 두면…

반짝 빛이 난다!

❶ 코드가 적용된다.

❷ 코드가 적용된다.

COLUMN

Animate.css로 애니메이션 구현하기

키 프레임 애니메이션은 자유도가 높고 풍부
하게 표현할 수 있는 기능이지만 혼자서 이
를 적용하기는 꽤 어렵습니다. 이때 사용할
수 있는 것이 바로 Animate.css 사이트입니
다. 100여 가지에 달하는 움직임이 있고 CSS
파일만 불러와서 간단히 필요한 클래스만 활
용할 수 있습니다.

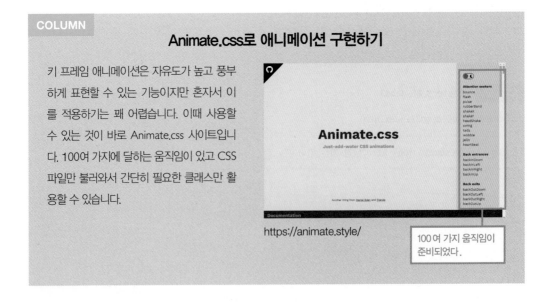

https://animate.style/

100여 가지 움직임이
준비되었다.

1 CSS 파일 불러오기

`<head>` 안에 animate.css를 불러옵니다.

🔲 HTML chapter5/column1-demo1/index.html   ▶ 데모   chapter5/column1-demo1

```
<!DOCTYPE html>
<html lang="ko">
    <head>
        <meta charset="utf-8">
        <title>animate.css 데모</title>
        <link rel="stylesheet" href="https://cdnjs.cloudflare.com/ajax/libs/animate.
css/4.0.0/animate.min.css">
    </head>

        <body>

        </body>
</html>
```

> HTML에 animate.css를 불러온다.

2 HTML 요소에 클래스 추가하기

애니메이션을 추가하고 싶은 요소에 클래스를 붙입니다. 다음의 두 종류는 반드시 필요한 클래스입니다.

1. animate__animated   2. 애니메이션 종류

animate__animated는 'animate.css로 애니메이션을 추가'하는 클래스입니다. 추가하지 않으면 실행되지 않습니다.

애니메이션 종류를 나타내는 클래스명은 전부 다릅니다. animate.css 사이트 우측 목록을 보면 애니메이션 종류가 있고 클릭하면 화면 중앙의 animate.css 글자가 움직입니다. 우측 작은 사각형 아이콘을 클릭하면 해당 애니메이션 클래스명을 복사할 수 있습니다. 예를 들어 목록 맨 위에 있는 **bounce**를 적용하고 싶다면 다음 클래스명을 적용합니다.

 bounce 클래스명

```
<p class="animate__animated animate__bounce">bounce</p>
```

작은 사각형 아이콘을 클릭하면
클래스명을 복사할 수 있다.

작은 사각형 아이콘은 마우스 커서를 갖
다 두는 동안에만 나타난다.

애니메이션 실행 늦추기

요소를 불러온 후 바로 애니메이션을 실행하지 않고 시간을 두
어 실행할 수도 있습니다. 여기에서는 **animate__animated**와
애니메이션 종류의 클래스명 외에는 몇 초간 실행을 늦출 것인
지에 따라 표의 클래스명을 추가합니다.

rubberBand가 1초 늦게 움직이도록 하려면 다음처럼 코드를
작성합니다.

클래스명	지연 시간
animate__delay-1s	1초
animate__delay-2s	2초
animate__delay-3s	3초
animate__delay-4s	4초
animate__delay-5s	5초

HTML 1초 늦게 움직이도록 구현

```
<p class="animate__animated animate__rubberBand animate__delay-1s">rubberBand</p>
```

애니메이션 반복 실행

일반적으로 한 번만 애니메이션을 실행하고 종료하지만 반복해
서 실행하려면 표의 클래스명을 추가합니다.

fadeInUp을 세 번 반복하려면 다음과 같이 코드를 작성합니다.

클래스명	지연 시간
animate__repeat-1	1번
animate__repeat-2	2번
animate__repeat-3	3번
animate__infinite	무한 루프

HTML 움직임을 세 번 반복하는 코드

```
<p class="animate__animated animate__rubberBand animate__delay-1s">rubberBand</p>
```

5.7 사선 모양 디자인 만드는 법

인쇄물은 다양한 형상으로 여러 디자인을 표현합니다. 이에 반해 웹 페이지는 보통 수직 평행인 상자를 나열해 구성합니다. 여기에 요소의 형태를 약간 바꾸어 좀 더 창의적인 디자인을 해보겠습니다.

■ clip-path 사용하는 법

사선 모양을 구현하는 방법에는 여러 가지가 있지만 지금은 **clip-path** 속성을 활용하는 방법을 배워보겠습니다. 요소 자체를 비스듬하게 배치하는 것이 아니라 꼭짓점 위치를 X축, Y축 값으로 설정하고 형태대로 잘라내는 방법입니다. 설정한 범위가 표시되고 그 외 부분은 숨겨져 보이지 않게 됩니다. 다각형으로 잘라낼 때는 **polygon()**의 괄호 안에 ,로 구분해서 각 꼭짓점 좌표를 X축 위치, Y축 위치 순서로 설정합니다.

> **css** clip-path 예

```
clip-path: polygon(꼭짓점A의X축위치 꼭짓점A의Y축위치, 꼭짓점B의X축위치 꼭짓점B의Y축위치…);
```

좌표 설정하는 법

마름모를 예로 들어보겠습니다. X축은 왼쪽이 0, 오른쪽이 100%입니다. Y축은 맨 위가 0, 가장 아래가 100%입니다. 시계 방향으로 꼭짓점이 그려지니 우측의 그림을 참고해 CSS를 구현하면 다음의 코드가 됩니다. 사파리 등 다른 브라우저에서도 동작하도록 **-webkit-**로 벤더 프리픽스vender prefix[1]가 붙은 코드를 준비했습니다.

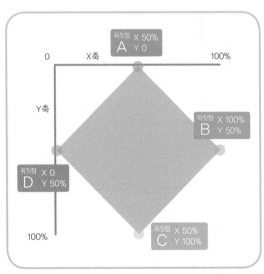

그림으로 그려보면 어떻게 코드를 구현할지 상상하기 쉽다.

---

1 벤더 프리픽스란 각 브라우저가 CSS의 새로운 기능을 선행해 구현할 때 필요한 접두사를 의미합니다.

```css
div {
    background: #0bd;
    height: 100vh;
    -webkit-clip-path: polygon(50% 0, 100% 50%, 50% 100%, 0 50%);
    clip-path: polygon(50% 0, 100% 50%, 50% 100%, 0 50%);
}
```

벤더 프리픽스 꼭짓점 A 꼭짓점 B 꼭짓점 C 꼭짓점 D

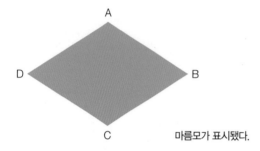

마름모가 표시됐다.

요소 하부를 비스듬하게 만들기

clip-path의 기본 사용 방법을 이해했다면 이벤트 데모 사이트를 확인해봅시다.

HTML chapter5/Demo-Event/index.html

```html
<section id="news">
    <h2>News</h2>
    <div class="wrapper">
        <table class="news-table">
            <tr>
                <td class="news-date">2020년10월16일</td>
                <td class="news-content">참가 신청을 시작합니다</td>
            </tr>
              (…생략…)
        </table>
    </div>
</section>
```

사선 모양을 적용할 곳에 news라는 ID명을 붙인다.

CSS chapter5/Demo-Event/css/style.css

우측 위와 아래 꼭짓점 위치를 10%씩 낮춘다.

```css
#news {
    background-image: linear-gradient(var(--light-green), var(--green));
    padding: 7rem 0;
    -webkit-clip-path: polygon(0 0, 100% 10%, 100% 90%, 0 100%);
    clip-path: polygon(0 0, 100% 10%, 100% 90%, 0 100%);
}
```

우측 위 및 아래 꼭짓점이 원래 사각형보다 10% 밀리면서 사선 모양이 완성됐다.

■ 커스터마이징 예: 제목을 화살표 모양으로 만들기

사각형의 꼭짓점은 기본적으로 네 개이지만 만들고 싶은 형태에 맞춰 얼마든지 추가할 수 있습니다. 오른쪽 방향 화살표 모양을 만들기 위해서는 꼭짓점이 다섯 개 필요합니다. 좌측 상단부터 시계 방향으로 좌표를 적습니다. 제목의 폭을 500px로 했으니 화살표 부분은 30px씩 안쪽으로 옮기고 X 좌표를 470px로, 좌표는 polygon()으로 설정합니다.

CSS chapter5/07-demo2/style.css　▶ 데모　chapter5/07-demo2

```css
h1 {
    background: #0bd;
    padding: 1rem 2rem;
    font-size: 1.3rem;
    width: 500px;
    color: #fff;
    -webkit-clip-path: polygon(0 0, 470px 0, 100% 50%, 470px 100%, 0 100%);
    clip-path: polygon(0 0, 470px 0, 100% 50%, 470px 100%, 0 100%);
}
```

우측 상단 및 하단의 꼭짓점을 30px 정도 왼쪽으로 옮긴다.

clip-path : 제목을 화살표 모양으로 만들기

단위 지정은 %뿐만 아니라 px, rem도 사용할 수 있다.

■ 커스터마이징 예: 요소 하단을 원형으로 만들기

타원을 그릴 때는 ellipse()를 사용합니다. 원형은 꼭짓점이 없으니 가로, 세로 반경과 중심의 위치를 설정합니다. 원의 크기는 지름이 아니라 반지름 값으로 결정된다는 점을 주의합니다.

`CSS` ellipse 예

```
ellipse(가로반경 세로반경 at 중심의X축위치 중심의Y축위치);
```

요소 하단만 동그랗게 하려면 반지름 값을 각각 50%보다 더 크게 설정해 부모 요소에서 원이 나온 것처럼 표현합니다. 이벤트 데모 사이트에서는 중심의 Y축 위치가 0으로 가장 위에 있어 세로 반지름을 100%로 하면 요소 맨 아래에 원호가 그려집니다.

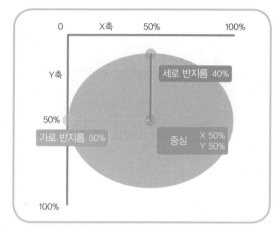

반지름 값은 좌표가 아닌 중심으로부터의 거리이다.

`CSS` chapter5/07-demo3/style.css　　　　▶데모　chapter5/07-demo3

```
div {
    background: #0bd;
    height: 100vh;
    -webkit-clip-path: ellipse(80% 100% at 50% 0);
    clip-path: ellipse(80% 100% at 50% 0);
}
```

타원 중심이 화면 가장 위, 정중앙에 위치하도록 설정해 타원이 화면에 삐져나온 듯 표현했다.

경계선에 원형을 사용하면 사선과는 또 다른 부드러운 느낌을 줄 수 있다.

■ 커스터마이징 예: 페이지 구석에 원 일부를 표시하기

원을 그릴 때는 circle()로 반지름, 중심 위치를 설정합니다. 타원을 그릴 때와 비슷하지만 원은 가로 및 세로 반지름이 동일해 사용법이 더 간단합니다.

css circle() 예

```
circle(반지름 at 중심X축위치 중심Y축위치);
```

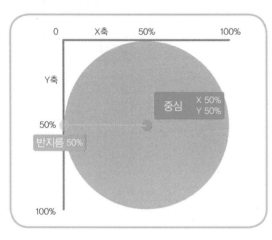

반지름 값이 작으면 원이 작아지고 값이 크면 요소에서 삐져나온다.

css chapter5/07-demo4/style.css   ▶ 데모   chapter5/07-demo4

```
div {
    background: #0bd;
    height: 100vh;
    -webkit-clip-path: circle(50% at 0 0);
    clip-path: circle(50% at 0 0);
}
```

원은 가로와 세로가 같다.

중심을 '0 0'으로 지정하면 화면 좌측 상단을 중심으로 원이 그려진다.

clip-path 좌표를 쉽게 따는 법

clip-path를 사용하면 다양한 모양을 만들어낼 수 있어 매우 편리하지만 좌표를 설정하는 것이 번거롭습니다. 그럴 때 도움 되는 것이 바로 클리피Clippy라는 사이트입니다. 사다리꼴이나 육각형, 말풍선, 원, 화살표, 별 모양, X 모양 등 다양한 형태가 있습니다. 클릭하면 화면 중앙에 베이스가 되는 모양이 나오고 각 꼭짓점이나 중심을 드래그해서 원하는 형태로 만들 수 있습니다. 페이지 하단에 좌표와 함께 코드가 표시돼 복사/붙여넣기하면 쉽게 구현할 수 있습니다.

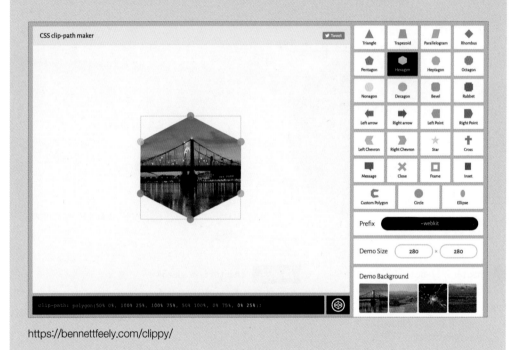

https://bennettfeely.com/clippy/

5.8 그러데이션 만드는 법

화면을 전부 단색으로만 칠하면 단조롭게 느껴지기도 합니다. 이때 그러데이션을 넣어 색의 진하기를 다르게 하거나 서로 다른 색을 조합하면 다른 분위기를 연출할 수 있으며, 그러데이션은 코딩 단한 줄로 간단하게 구현 가능합니다.

■ 세로 방향 그러데이션

그러데이션은 background-image 속성을 사용합니다. linear-gradient()에 ,로 구분해서 여러 색을 지정해 구현합니다.

css 그러데이션 예

```
background-image: linear-gradient(색1, 색2);
```

이벤트 데모 사이트에서는 두 가지 배경에 그러데이션을 적용했습니다. 페이지 제일 하단의 ticket 영역은 분홍색에서 보라색으로 변하는 세로 방향 그러데이션으로 구현했습니다.

HTML chapter5/Demo-Event/index.html

```
<section id="ticket">
    <h2>Ticket</h2>
    (…생략…)
</section>
```

영역 전체를 ID 명이 ticket인 section 태그로 감싸기

- var(--pink): #ffb2c1;
- var(--purple): #b473bf;

이벤트 데모 사이트에서는 커스텀 속성으로 색을 설정하였으며 각 색은 다음과 같습니다. 커스텀 속성은 5.4절을 참고하세요.

css chapter5/Demo-Event/css/style.css

```
#ticket {
    background-image: linear-gradient(var(--pink), var(--purple));
    padding: 6rem 1rem 2rem;
    -webkit-clip-path: polygon(0 0, 100% 10%, 100% 100%, 0 100%);
    clip-path: polygon(0 0, 100% 10%, 100% 100%, 0 100%);
}
```

첫 번째 색은 변수 pink로, 두 번째 색은 변수 purple 로 설정

상단은 빛이 들어온 듯한 효과가 나도록 색에 변화를 줘 표현했다.

■ 그러데이션 텍스트 만들기

이벤트 데모 사이트 중 제목에 그러데이션을 적용한 곳도 있습니다. 그러데이션 설정(❶) 외에도 background-clip: text;를 활용해 배경색을 문자 형태로 잘라서 설정했습니다(❷). text-fill-color: transparent;로 텍스트를 투명하게 하지 않으면 문자색이 그대로 나타나니 반드시 함께 적용해야 합니다(❸). background-clip과 text-fill-color는 크롬과 사파리 등 브라우저에 따라 제대로 적용되지 않을 수 있으니 벤더 프리픽스인 -webkit-를 앞에 적용합시다.

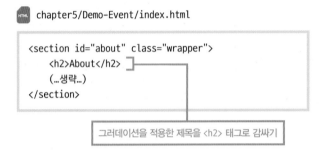

🅷 chapter5/Demo-Event/index.html

```html
<section id="about" class="wrapper">
    <h2>About</h2>
    (…생략…)
</section>
```

그러데이션을 적용한 제목을 <h2> 태그로 감싸기

- var(--yellow): #ffd673;
- var(--orange): #ff9f67;

이벤트 데모 사이트에서는 커스텀 속성으로 색을 설정하였으며 각 색은 다음과 같습니다. 커스텀 속성은 5.4절을 참고하세요.

🅲 chapter5/Demo-Event/css/style.css

```css
#about h2 {
    background: linear-gradient(var(--yellow), var(--orange));    ❶
    -webkit-background-clip: text;
    background-clip: text;                                        ❷
    -webkit-text-fill-color: transparent;
    text-fill-color: transparent;                                ❸
}
```

About

벤더 프리픽스인 -webkit-를 붙이지 않고 크롬에서 확인하면 그림처럼 표현된다.

About

벤더 프리픽스인 -webkit-를 붙이면 글자에 그러데이션이 표현된다.

■ 커스터마이징 예 : 그러데이션 각도 변경   ▶ 데모 chapter5/08-demo1

그러데이션의 기본값은 세로 방향이지만 각도를 바꿔서 가로 방향이나 대각선으로 그러데이션을 구현할 수도 있습니다. 값에 각도의 단위인 deg^degree를 붙여 괄호 제일 앞에 작성한 뒤 ,로 구분합니다. 각도는 −(마이너스)를 붙여서 음수로 설정할 수도 있습니다.

chapter5/08-demo1/index.html

```html
<div class="horizontal">
    가로 방향 그러데이션
</div>

<div class="angled">
    대각선 방향 그러데이션
</div>
```

chapter5/08-demo1/style.css

```css
.horizontal {
    background: linear-gradient(90deg, #4db1ec, #a2e29b);
}
.angled {
    background: linear-gradient(125deg, #ffd673, #ffb2c1);
}
```

90° 회전

125° 회전

가로 방향 그러데이션

가로 방향 그러데이션

대각선 방향 그러데이션

대각선 방향 그러데이션

■ 커스터마이징 예: 원형 그러데이션   ▶ 데모   chapter5/08-demo2

직선으로 뻗은 그러데이션 외에 원형 그러데이션을 구현할 때는 linear-gradient 대신 radial-gradient를 사용합니다. 색 설정 방법은 앞서 설명한 것처럼 ,로 구분해 설정합니다.

css chapter5/08-demo2/style.css

```css
div {
    background: radial-gradient(#a2e29b, #00a2af);
}
```

연두색   하늘색

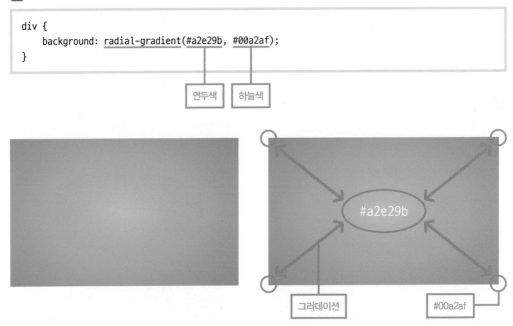

그러데이션   #00a2af

앞에 설정한 색이 중앙에, 뒤에 설정한 색이 바깥에 적용된다.

■ 그러데이션 배색 아이디어

그러데이션을 적용할 때 서로 너무 다른 두 가지 색을 선택하면 중간은 탁한 색이 나옵니다. 색 하나를 결정했다면 이를 기준으로 명도와 채도를 조금씩 변화시키는 것이 좋습니다. 이것만으로도 깔끔한 그러데이션을 만들 수 있습니다. 익숙해졌다면 천천히 두 가지 색을 변화를 줘봅시다.

제가 괜찮다고 생각하는 그러데이션 패턴을 몇 가지 소개하겠습니다.

| #238CCC → #C5E5EE

#238CCC에서 #C5E5EE로 변하는 그러데이션. 시원하고 청량감 있는 이미지이며 전체적으로 깔끔하게 표현하고자 할 때 사용한다.

| #E6551E → #F5BC2D

#E6551E에서 #F5BC2D로 변하는 그러데이션. 건강하고 활동적인 분위기를 주며 힘 있고 굵은 글꼴과 잘 어울린다.

| #99C66A → #67C0D7

#99C66A에서 #67C0D7로 변하는 그러데이션. 깨끗하고 현대적인 느낌으로 회사 사이트와 잘 어울리는 배색이다.

| #E62434 → #93291D

#E62434에서 #93291D로 변하는 그러데이션. 빨간색과 검은색의 조화로 시크한 이미지의 멋진 분위기를 나타낸다.

| #FFE5AE → #FFFFFF

#FFE5AE에서 #FFFFFF로 변하는 그러데이션. 부드러운 느낌의 색 조합으로 밝으면서도 고급스러운 느낌을 함께 준다.

| #9E549C → #392152

#9E549C에서 #392152로 변하는 그러데이션. 신비하면서 고급스러운 느낌의 그러데이션으로 기품이 넘치는 어른스러운 배색이다.

| #F0CBA5 → #ED6B82

#F0CBA5에서 #ED6B82로 변하는 그러데이션. 복숭아를 연상시키는 달콤하고 귀여운 인상의 그러데이션이다.

| #CA654B → #543221

#CA654B에서 #543221로 변하는 그러데이션. 차분함과 어른스러운 느낌을 낼 수 있으며 흰색 등 밝은 색과 맞춰 밸런스를 맞추면 더욱 좋다.

| #64B44C → #FFEB7F

#64B44C에서 #FFEB7F로 변하는 그러데이션. 신선한 어린 잎을 연상시키며 산뜻한 인상을 주는 조합이다.

| #E83E43 → #F7B187

#E83E43에서 #F7B187로 변하는 그러데이션. 부드러운 빨간색 그러데이션은 어두운 색상과 함께 사용하면 멋있는 이미지로, 밝은 색상과 함께 사용하면 사랑스러운 이미지를 준다.

| #CBD5EE → #EEEEEE

#CBD5EE에서 #EEEEEE로 변하는 그러데이션. 차가우면서도 신비로운 느낌으로 명조체 글꼴과 조합하면 깔끔한 분위기가 된다.

| #67BFD5 → #F7CD39

#67BFD5에서 #F7CD39로 변하는 그러데이션. 여름 바다와 같은 산뜻함과 활동적인 인상을 주는 색 조합이다.

| #EB5D7E → #7C539D

#EB5D7E에서 #7C539D로 변하는 그러데이션. 밝은 분홍색을 보라색과 조합하면 귀여움뿐만 아니라 화려한 분위기가 연출되기도 한다.

| #C49E54 → #FEEFEA

#C49E54에서 #FEEFEA로 변하는 그러데이션. 전체 포인트를 주고 싶을 때 호화로운 이미지인 골드를 사용하면 좋다.

| #20AAD8 → #402C86

#20AAD8에서 #402C86으로 변하는 그러데이션. 밝은 하늘색에서 진한 파란색으로 변하는 그러데이션은 지적이면서 신뢰감을 준다.

| #D9A7C7 → #FEFADE

#D9A7C7에서 #FEFADE로 변하는 그러데이션. 연한 보라색과 연한 노란색을 조합하면 여성스러운 느낌을 준다.

5.9 슬라이드 메뉴 넣는 법

모바일용 사이트나 스마트폰 애플리케이션에서도 자주 볼 수 있는 것이 **슬라이드 메뉴**입니다. 간단한 자바스크립트로 구현할 수 있으며 커스터마이징은 CSS를 활용합니다.

> **01** 메뉴를 펼친 상태 구현

HTML과 CSS로 Menu를 만듭니다. 버튼을 클릭해서 메뉴를 펼친 상태를 생각하면 됩니다. 메뉴와 버튼은 position: absolute;로 위치를, 그 외의 코드로는 색, 선 및 여백을 설정했고 그 외에 특별한 요소를 넣지는 않았습니다.

📄 HTML Demo-Event/index.html

```html
<nav>
    <button class="btn-menu">Menu</button>
    <ul class="main-nav">
        <li><a href="#about">About</a></li>
        <li><a href="#news">News</a></li>
        <li><a href="#speakers">Speakers</a></li>
        <li><a href="#ticket">Ticket</a></li>
    </ul>
</nav>
```

> Menu 버튼과 메뉴 목록을 <nav> 태그로 감싸기

📄 CSS Demo-Event/css/style.css

```css
.btn-menu {
    position: absolute;
    top: 12px;
    right: 12px;
    border: 1px solid rgba(255,255,255,.5);
    color: var(--white);
    padding: .5rem 1rem;
}
.main-nav {
    background: var(--grey);
    width: 100%;
    position: absolute;
    z-index: 2;
    top: 50px;
    right: 0;
    overflow: hidden;
```

> position: absolute;로 표시할 위치 설정

```
    }
    .main-nav li {
        text-align: center;
        margin: 2rem 0;
    }
    .main-nav a {
        display: block;
    }
```

아직 버튼을 눌러도 아무 반응이 없는 상태

02 자바스크립트로 버튼을 클릭했을 때 클래스 추가

자바스크립트를 살펴보겠습니다. js 폴더를 새로 만들고 그 안에 script.js인 자바스크립트 파일을 만들어봅시다. 새로 만든 script.js를 HTML 파일의 **</body>** 태그 바로 전에 불러옵니다.

HTML Demo-Event/index.html

```
(…생략…)

    <!-- JavaScript -->
        <script src="js/script.js"></script>
        </body>
</html>
```

</body> 태그 바로 전에 script.js 파일을 불러온다.

script.js 파일을 열어 코드를 작성합니다. 각 행을 간단하게 설명하면 다음과 같습니다.

❶ btn-menu 클래스를 붙인 버튼을 btn 상자에 넣는다.
❷ main-nav 클래스를 붙인 메뉴를 nav 상자에 넣는다.
❸ 버튼을 클릭하면
❹ 메뉴에 open-menu 클래스를 붙였다가 뗐다 한다.

JS 자바스크립트 예

```
const btn = document.querySelector('.btn-menu');          ❶
const nav = document.querySelector('.main-nav');          ❷
btn.addEventListener('click', () => {                     ❸
  nav.classList.toggle('open-menu');                      ❹
});
```

어떻게 적용되는지 이벤트 데모 사이트를 개발자 도구로 확인해볼 수 있습니다. 버튼을 클릭할 때마다 메뉴에 open-menu 클래스가 붙거나 빠집니다. open-menu 클래스에 메뉴가 열렸을 때 장식을 추가해 버튼을 클릭하면 메뉴가 열렸다 닫혔다 할 수 있도록 동작을 구현했습니다.

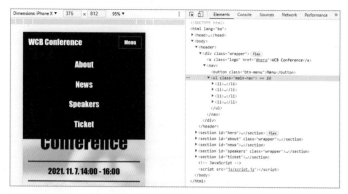

페이지를 열었을 때. 클래스는 붙어 있지 않다.

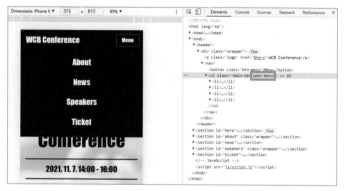

버튼을 클릭했을 때 main-nav 클래스가 붙은 요소에 새로운 open-menu 클래스가 붙는다.

03 메뉴 폭 변경

앞서 설명한 01 에서는 메뉴가 열렸지만 기본적으로 숨기고 싶다면 메뉴 폭을 0으로 합니다. 그러면 폭이 없어 보이지 않습니다.

css chapter5/Demo-Event/css/style.css

```css
.main-nav {
    background: var(--grey);
    width: 0; /* ← 100%에서 0으로 변경 */
    position: absolute;
    z-index: 2;
    top: 50px;
    right: 0;
    overflow: hidden;
}
```

main-nav 폭을 0으로 변경하면 보이지 않는다.

다음 코드를 추가해 버튼을 누르면, 즉 open-menu 클래스가 붙으면 폭이 100%가 되면서 전면에 나타납니다.

css chapter5/Demo-Event/css/style.css

```css
.main-nav.open-menu {
    width: 100%;
}
```

main-nav 클래스가 있는 요소에 open-menu 클래스가 붙으면 너비가 100%로 변화한다.

페이지를 불러올 때는 메뉴 내비게이션이 보이지 않는다.

Menu 버튼을 클릭하면 메뉴가 표시되었다가 사라졌다가 한다.

04 애니메이션 추가

여기까지만 하면 슬라이드 메뉴가 아니므로 CSS로 애니메이션을 추가해보겠습니다. .main-nav에 transition 속성을 한 줄만 추가하면 구현할 수 있습니다. .5s는 0.5초를 의미하며 속도는 취향에 따라 바꾸면 됩니다.

css chapter5/Demo-Event/css/style.css

```css
.main-nav {
    background: var(--grey);
    width: 0;
    position: absolute;
    z-index: 2;
    top: 50px;
    right: 0;
    overflow: hidden;
    transition: .5s; /* ← 추가 */
}
```

transition을 추가하면 움직임이 추가된다.

오른쪽에서 왼쪽으로 흐르는 것처럼 메뉴가 열리고 닫힌다.

05 버튼 텍스트 변경

지금까지 기본적인 구현 방법이었습니다. 마지막으로 메뉴를 닫을 때 버튼의 텍스트를 Close가 나오도록 바꿔보겠습니다. 자바스크립트에 클릭했을 때 나올 동작을 추가합니다.

추가할 네 줄을 간단하게 설명하자면 다음과 같습니다.

① 만약 버튼에 Menu라고 적혀 있으면
② 텍스트를 Close로 바꾼다.
③ 그렇지 않다면(=Close라고 적혀 있다면)
④ 텍스트를 Menu로 바꾼다.

버튼을 클릭하면 메뉴에 **open-menu** 클래스를 추가하고 동시에 버튼에 적힌 텍스트를 확인한 후 텍스트를 바꿉니다.

`JS` chapter5/Demo-Event/js/script.js

```js
const btn = document.querySelector('.btn-menu');
const nav = document.querySelector('.main-nav');

btn.addEventListener('click', () => {
  nav.classList.toggle('open-menu');
  /* ↓ 이 부분 추가 ↓ */
  if (btn.innerHTML === 'Menu') {          ──────────────── ①
    btn.innerHTML = 'Close';               ──────────────── ②
  } else {                                 ──────────────── ③
    btn.innerHTML = 'Menu';                ──────────────── ④
  }
});
```

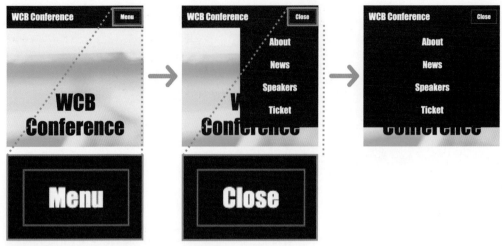

Menu가 Close가 되고 텍스트가 제대로 바뀐 것을 확인할 수 있다.

5.10 연습 문제

5장에서 배운 것을 실제로 활용할 수 있도록 직접 연습해볼 수 있는 문제를 준비했습니다. 다음 내용이 반영되도록 연습 문제용으로 준비된 베이스 파일을 수정해보세요.

1. 상단 배경색은 #9e549c, 하단은 #392152로 그러데이션을 적용한다.
2. hero 클래스의 우측 하단을 20%로 하여 사선을 만든다.
3. btn 클래스의 버튼에 커서를 갖다 두면 0.5초 동안 버튼 배경색이 #ff0으로 변하도록 설정한다.

■ 베이스 파일 확인

[연습 문제 파일] chapter5/10-practice-base

배경색은 보라색이면서 직사각형인 흔하고 심플한 구성입니다. CSS 파일을 편집해서 변화시켜봅시다.

버튼에 커서를 갖다 둬도 변하지 않는다.

■ 해설 확인

[연습 문제 파일] chapter5/10-practice-answer

모르는 것이 있으면 8장을 참고해 스스로 해결해보기를 바랍니다. 직접 해결하기 위해 투자하는 그 시간이 나중에 큰 힘이 될 것입니다. 문제를 모두 풀었다면 해설을 확인해보세요.

배경에 그러데이션이 적용되고 사선이 만들어진다.

버튼에 커서를 갖다 두면 색이 부드럽게 변한다.

그러데이션 색 조합의 아이디어를 얻을 수 있는 웹사이트

어떤 색을 조합해서 그러데이션을 만들지 고민된다면 멋진 그러데이션 색 조합을 소개하는 웹사이트를 확인해보는 것을 추천합니다. 혼자서 생각하지 못했던 아름다운 색 조합을 만날 수 있을 것입니다.

uiGradients

uiGradients는 화면 가득히 퍼지는 그러데이션 색상이 인상적입니다. 화면 양 끝의 좌우 화살표 아이콘을 클릭하면 다른 색이 나타납니다. 왼쪽 상단의 'Show all gradients'를 클릭하면 색상 목록이 나오고 오른쪽 상단의 〈 〉 아이콘을 클릭하면 Copy CSS code로 CSS 코드를 복사할 수 있습니다.

https://uigradients.com/

Gradient Hunt

Gradient Hunt는 보기만 해도 기분이 좋아지는 다양한 그러데이션 색상 목록을 확인할 수 있습니다. 화면 상단 Popular에서는 인기 있는 색상 조합을 볼 수 있으며, 섬네일에 커서를 갖다 두면 COPY GRADIENT CODE라고 나오고 이를 클릭해서 CSS 코드를 복사할 수도 있습니다.

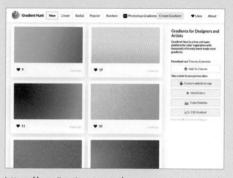

https://gradienthunt.com/

5.11 커스터마이징

이번 장에서는 임팩트 있는 이벤트 사이트를 만들 때 사용할 수 있는 방법을 알아봤습니다. 이제 이벤트 사이트를 커스터마이징해봅시다.

■ 이벤트 사이트의 커스터마이징 포인트

이벤트 데모 사이트에서는 그러데이션, 애니메이션으로 인상적인 디자인을 만들었습니다. 색 조합뿐만 아니라 사선 만드는 법, 애니메이션에 이르기까지 아이디어에 따라 보여주는 방법도 완전히 달라질 것입니다. 커스텀 속성을 활용한 코드 관리 방법도 적용해봅시다.

요구 사항

- 20대를 메인 타깃으로 한 음악 페스티벌 공지 사이트. 비비드한 색상으로 힘찬 인상을 남기고자 한다. 티켓 구입으로 이어지도록 하고 싶다.
- 20대 후반 여성을 메인 타깃으로 한 웨딩 페스티벌 공지 사이트. 하얀색과 분홍색을 메인으로 한 귀여우면서 화려한 느낌을 주고 싶다.
- 정년퇴직한 부부를 메인 타깃으로 한 교토의 여행사 이벤트 사이트. 기간 한정 투어를 공지하고자 한다. 일본풍의 분위기에 부드러운 느낌을 주고 싶다.

갤러리 사이트로 배우는
이미지와 동영상을 사용하는 방법

—

자신의 작품을 정리한 포트폴리오 사이트를 만들고 싶을 수도 있습니다. 이번 장에서는 포트폴리오 사이트로 갤러리 사이트를 구현합니다. 이미지와 동영상을 더욱 매력적으로 보여주는 방법과 자바스크립트로 애니메이션을 만드는 방법을 배워보겠습니다.

6.1 구현할 갤러리 사이트 소개

사진이나 일러스트 등 여러 이미지를 올리는 곳이 바로 갤러리 사이트입니다. 이번 장에서는 이미지, 동영상을 배치하는 방법부터 애니메이션 등을 추가해서 더욱 효과적으로 이미지를 올리는 방법을 알아봅니다.

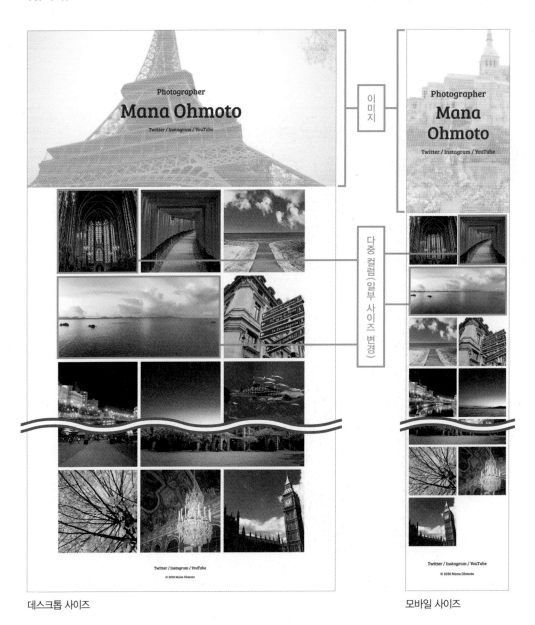

데스크톱 사이즈   모바일 사이즈

■ 배경에 동영상 넣기

퍼스트 뷰에 면적이 큰 동영상을 넣고 텍스트를 배치합니다. 텍스트를 읽기 쉽게 동영상 위에 줄무늬를 겹쳤습니다.

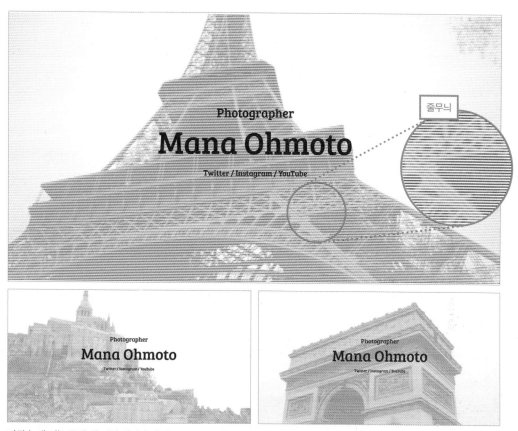

가장 눈에 띄는 곳에 세 개의 장면이 바뀌는 큰 동영상을 넣어서 '보여주는' 웹사이트이다.

■ 다중 컬럼 레이아웃

CSS 그리드로 이미지를 배치했습니다. 이미지에 따라 크기가 달라져 단순해 보일 수 있는 흑백 화면에 리듬감을 주었습니다.

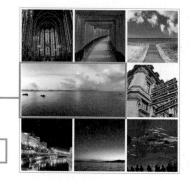

이미지를 가로로 길고 크게 표현했다.

■ 필터로 이미지 색 바꾸기

이미지에 커서를 두면 흑백 이미지
가 컬러로 바뀝니다. CSS 필터로
이미지 색을 설정해보세요.

페이지를 불러올 때는 흑백 이미지
가 표현된다.

이미지에 커서를 두면 컬러로 표현
된다.

■ 호버로 이미지를 확대하고 그림자 추가

이미지에 마우스 커서를 두면 이미
지가 떠오르는 것처럼 확대되고 그
림자가 생기면서 입체적으로 보입
니다.

이미지 뒤에 그림자를 넣어 애니메이션과 함께 부드럽게 표현했다.

■ 라이트 박스로 이미지를 크게 표시

라이트 박스LightBox란 이미지를 클
릭하면 이미지가 화면 한가득 확대
되는 자바스크립트입니다. 복잡한
코드 없이도 구현할 수 있습니다.

전체 화면을 뒤덮는 듯 이미지가 확대됐다.

배경은 어두워진다.

■ 스크롤에 따라 애니메이션 추가

자바스크립트로 스크롤에 맞춰 이미지가 순서대로 표현되는 애니메이션을 추가해보겠습니다.

스크롤하면…

밑에 있는 이미지가 순서대로 표시된다.

부드럽게 표시된다.

순서대로 나타난다.

■ 다크 모드에 대응

다크 모드로 설정된 OS에서는 웹사이트 색이 반전돼 배경색이 검정색으로, 글씨가 흰색으로 바뀝니다.

어두운 장소에서도 잘 볼 수 있도록 디자인을 연구해보자.

■ 폴더 구조

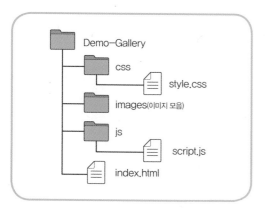

Demo-Gallery
- css
  - style.css
- images(이미지 모음)
- js
  - script.js
- index.html

6.2 배경에 동영상 넣는 법

사이트의 분위기나 구체적인 서비스 내용을 배경 동영상으로 소개하는 것은 사용자 시선을 화면에 고정시키는 데에 효과적입니다.

■ 기본 구현 방법

동영상을 넣기 위해 `<video>` 태그를 사용합니다. `src` 속성으로 동영상 파일을 설정하고 `autoplay`로 자동 재생, `loop`로 반복 재생을 설정합니다. 음소거로 설정할 때는 `muted` 속성을 사용하며 코드 내에 포함하지 않으면 브라우저에 따라 자동 재생되지 않을 수도 있으니 주의하기 바랍니다. CSS에서 설정한 크기로 표시되도록 `object-fit: cover;`를 활용해서 정해진 크기보다 큰 부분을 잘라냅니다.

* 갤러리 데모 사이트는 커스텀 속성으로 투명도를 설정했으며 var(--video-opacity)에 값을 .5로 설정했습니다. 커스텀 속성은 5.4절을 참고하세요.

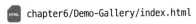 chapter6/Demo-Gallery/index.html

```html
<header>
    <video src="images/photo-movie.mp4" autoplay loop muted>
</header>
```
header에 <video> 태그로 동영상 삽입

chapter6/Demo-Gallery/css/style.css

```css
header video {
    object-fit: cover;
    object-position: center top;
    opacity: var(--video-opacity);
    width: 100vw;
    height: 90vh;
}
```
동영상을 자르기 위해 object-fit: cover; 설정

사이트 상단에 동영상이 표현됐다.

동영상에 글자 겹치기

동영상 위에 HTML을 활용해 <div class="header-text">로 감싼 텍스트를 추가합니다(❶). CSS에서는 부모 요소인 header에 position: relative;를 설정해 표준 범위를 정하고(❷) 겹쳐서 표시할 텍스트 부분을 position: absolute;로 동영상 위에 표시되도록 설정했습니다(❸).

HTML chapter6/Demo-Gallery/index.html

```html
<header>
    <div class="header-text">
        <p class="header-title">Photographer</p>
        <h1 class="header-name">Mana Ohmoto</h1>
        <p class="header-link">
            <a href="https://twitter.com/">Twitter</a> /
            <a href="https://www.instagram.com/">Instagram</a> /
            <a href="https://www.youtube.com/">YouTube</a>
        </p>
    </div>
    <video src="images/photo-movie.mp4" autoplay loop muted>
</header>
```

텍스트 부분을 header-text 클래스가 붙은 <div> 태그로 감싸기 ❶

CSS chapter6/Demo-Gallery/css/style.css

```css
header {
    position: relative;                    ❷
    margin-bottom: .5rem;
}
.header-text {
    position: absolute;                    ❸
    top: 0;
    display: flex;
    flex-direction: column;
    justify-content: center;
    align-items: center;
    text-align: center;
}
header video {
    object-fit: cover;
    object-position: center top;
    opacity: var(--video-opacity);
}
.header-text,
header video {
    width: 100vw;
    height: 90vh;
}
```

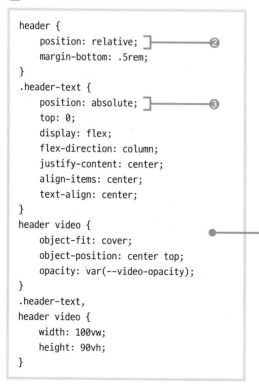

동영상을 배경으로 하여 텍스트를 표현했다.

절대위치 표준이 되는 <header> 태그에 position:relative;를 설정하고 겹쳐 보일 텍스트에 position: absolute;를 설정

화질이 떨어져도 멋진 디자인 만들기

아직 글자의 가독성은 떨어집니다. 용량을 줄이기 위해 동영상 화질 또한 떨어뜨려 깔끔해 보이지 않습니다. 화질이 떨어져도 멋진 디자인을 만들기 위해서 줄무늬를 적용해보겠습니다.

HTML에서는 동영상 위에 빈 `<div>` 태그를 준비하고(❶) CSS의 `repeating-linear-gradient`로 흰색과 투명한 색이 반복되는 줄무늬를 설정합니다(❷). 화질이 떨어져 거칠었던 이미지도 멋진 디자인으로 거듭났습니다. 지금까지 설명한 내용만 적용하면 텍스트 위에 줄무늬가 겹치니 텍스트에는 `z-index: 2;`를 추가해 위의 레이어에 표시되도록 설정합니다(❸).

* 데모 사이트에서는 커스텀 속성으로 투명도를 설정했으며 `var(--bg)`에 값이 #fff로 설정되었습니다. 커스텀 속성은 5.4절을 참고하세요.

 chapter6/Demo-Gallery/index.html

```html
<header>
    <div class="header-text">
        <p class="header-title">Photographer</p>
        <h1 class="header-name">Mana Ohmoto</h1>
        <p class="header-link">
            <a href="https://twitter.com/">Twitter</a> /
            <a href="https://www.instagram.com/">Instagram</a> /
            <a href="https://www.youtube.com/">YouTube</a>
        </p>
    </div>
    <div class="header-pattern"></div> <!-- 추가 -->
    <video src="images/photo-movie.mp4" autoplay loop muted>
</header>
```

> video 태그 위에 빈 `<div>` 태그 추가

❶

chapter6/Demo-Gallery/css/style.css

```css
.header-text {
    position: absolute;
    top: 0;
    display: flex;
    flex-direction: column;
    justify-content: center;
    align-items: center;
    z-index: 2; /* ← 추가 */
    text-align: center;
}
.header-pattern {
    position: absolute;
```

> `.header-pattern`에 그러데이션으로 줄무늬 적용. 텍스트가 위에 표시되도록 z-index 추가

❸
❷

```
    z-index: 1;
    background-size: auto auto;
    background-image: repeating-linear-gradient(0deg, transparent, transparent 2px, var(--
bg) 2px, var(--bg) 4px );
}
.header-text,
.header-pattern, /* ← 추가 */
header video {
    width: 100vw;
    height: 90vh;
}
```

줄무늬 추가

선명하지 않은 화질이 눈에 띄지 않으면서 텍스트 가독성은 높아졌다.

대체 이미지 준비

브라우저에 따라 동영상이 재생되지 않을 수도 있고 또 다른 이유로 영상이 표시되지 않을 수도 있으니 동영상 대신 표시될 정지 이미지를 준비하면 좋습니다. 대체 이미지는 `<video>` 태그에 `poster` 속성을 추가해 이미지 파일을 설정합니다. 동영상 로딩 시간에도 로딩이 완료될 때까지 대체 이미지가 표시됩니다.

chapter6/Demo-Gallery/index.html

```
<video src="images/photo-movie.mp4" poster="images/hero.jpg" autoplay loop muted>
```

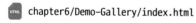

`<video>` 태그의 `poster` 속성으로 대체 이미지 추가

■ 배경에 유튜브 동영상 넣는 법

동영상 파일 대신 유튜브 영상을 배경으로 넣을 수도 있습니다. 일반적인 방법으로는 재생 버튼을 누르기 전까지 동영상이 자동으로 재생되지 않으니 src 속성으로 설정한 유튜브 URL에 속성을 추가해

야 합니다. 지금은 https://www.youtube.com/watch?v=JiJZDlpJXvc 동영상을 배경으로 설정해보겠습니다.

 유튜브 동영상 사용 예

```
<iframe src="https://www.youtube.com/embed/YouTube동영상ID?autoplay=1&controls=0&loop=
1&playlist=YouTube동영상ID&origin=동영상을올리는웹사이트URL" frameborder="0"></iframe>
```

각 속성을 자세하게 살펴봅시다.

속성	의미	값
YouTube 동영상 ID	유튜브 동영상 개별 ID	유튜브 동영상 페이지 URL 내 v= 뒤에 이어지는 랜덤한 영숫자
autoplay	자동 재생 여부	• 0: 자동 재생하지 않는다(기본값). • 1: 자동 재생
controls	동영상 플레이어 컨트롤러 표시 여부	• 0: 표시하지 않는다. • 1: 표시한다(기본값).
loop	동영상 반복 재생 여부	• 0: 반복하지 않는다(기본값). • 1: 반복 재생
playlist	설정한 동영상에 이어서 재생할 영상 ID(동일한 영상을 반복 재생하고 싶다면 loop 속성과 함께 설정)	유튜브 동영상 페이지 URL 내 v= 뒤에 이어지는 랜덤한 영숫자
origin	동영상을 올릴 웹사이트 URL. 보안이 강화되면서 필수로 입력해야 한다.	웹사이트 URL

이외의 속성은 공식 사이트(https://developers.google.com/youtube/player_parameters)를 확인하기 바랍니다. 속성에 따라서 작성한 HTML 파일은 다음과 같습니다.

 chapter6/02-demo/index.html   ▶데모   chapter6/02-demo

```
<div class="content">
    <h1>Learning.</h1>
    <iframe class="youtube" src="https://www.youtube.com/embed/JiJZDlpJXvc?autoplay=1
&controls=0&loop=1&playlist=JiJZDlpJXvc&origin=http://example.com" frameborder="0"></
iframe>
</div>
```

```css
.content {
    position: relative;
}
h1 {
    font-family: sans-serif;
    font-size: 10rem;
    font-weight: bold;
    color: #fff;
    position: absolute;
    top: 34vh;
    left: 0;
    right: 0;
    text-align: center;
    z-index: 2;
}
.youtube {
    width: 100vw;
    height: 100vh;
    position: absolute;
    top: 0;
    z-index: 1;
}
```

CSS에서 position 속성으로 요소를 겹치도록 설정했습니다.

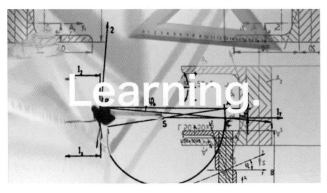

전문 동영상 편집 도구 없이도 유튜브에서 간단하게 편집할 수 있어 다루기 쉽다.

6.3 반응형 웹사이트에 맞게 이미지 넣는 법

화면이 작은 모바일에서 큰 사이즈의 이미지를 띄우려면 로딩에 시간이 걸릴 수밖에 없습니다. 이를 해결하고자 화면 사이즈에 맞춰 로딩할 이미지를 구별해보겠습니다.

■ 기본 구현 방법 ▶ 데모 chapter6/03-demo

이미지를 표시하는 `<img>` 태그에 반응형 웹사이트용 이미지 속성을 추가합니다. HTML만 수정하면 반응형 웹사이트에 적용할 이미지를 설정할 수 있습니다.

src 속성

src 속성은 이미지를 표시할 때도 기본으로 사용하는 속성입니다. 반응형 이미지를 설정할 때도 필요합니다. 반응형 이미지에 대응하지 않는 브라우저라면 src 속성으로 설정한 이미지가 대신 표시됩니다.

srcset 속성

크기가 다른 이미지를 조건에 따라 바꾸기 위한 속성입니다. 이미지 후보를 여러 개 설정하면 브라우저가 환경에 맞는 최적의 이미지 한 장만 자동으로 표시해줘 로딩 시간을 단축할 수 있습니다. 우선 이미지 파일 경로 뒤에 공백을 하나 두고 이미지 가로 폭을 설정합니다. 단위는 px이 아닌 w로 합니다. 이미지 가로 폭이 400px이라면 400w로 정의합니다. 표시하고 싶은 이미지 크기가 아니라 원래 이미지 크기라는 점을 주의하세요.

🗎 예시

```
<img src="기본 이미지 경로"
    srcset="이미지A파일경로 이미지A가로폭(w),
           이미지B파일경로 이미지B가로폭(w),
           이미지C파일경로 이미지C가로폭(w)"
    alt="데모 이미지">
```

srcset 속성 사용법

sizes 속성

sizes 속성은 이미지를 표시할 폭을 설정하며 srcset 속성이 있을 때만 사용할 수 있습니다. sizes 속성이 없어도 이미지는 표시되지만 특정한 크기를 설정하고 싶다면 반드시 추가해야 합니다. 속성 값에 미디어 쿼리를 넣어 사용하는 것도 가능합니다. 화면 폭이 800px 이상이면 이미지 폭을 800px 로, 그 외(800px 미만)인 경우에는 이미지를 화면에 가득 차게 하고 싶다면(100vw) 쉼표로 구분해 sizes="(min-width: 800px) 800px, 100vw"로 정의합니다.

```
<img src="800.png"
    srcset="400.png 400w,
            800.png 800w,
            1200.png 1200w"
    sizes="(min-width: 800px) 800px, 100vw"          ┐──── sizes 속성 사용법
    alt="데모 이미지">
```

400px

800px

1200px

400px이면 400.png를
불러온다.

800px이면 800.png를
불러온다.

1200px이면 1200.png를 불러오지만 800px로 표시된다.

■ 갤러리 데모 사이트 확인

갤러리 데모 사이트에서는 이미지 한 장을 400px과 800px의 크기로 설정했습니다. 이미지 크기는 부모 요소 크기에 따릅니다. 데모 사이트는 sizes 속성을 사용하지는 않았습니다. 단 같은 이미지에 크기만 다르다면 겉보기에는 다르지 않아 차이를 알기 어려워 개발자 도구로 확인하는 것이 좋습니다. 이후 과정은 이번 장의 데모 사이트로 확인합니다.

chapter6/Demo-Gallery/index.html

```
<img class="grid-item"
    src="images/img1-400.jpg"
    srcset="images/img1-400.jpg 400w,          ┐──── srcset 속성으로 두
            images/img1-800.jpg 800w"          ┘     가지 이미지 설정
alt="Sainte Chapelle">
```

■ 개발자 도구로 확인하는 법

갤러리 데모 사이트를 브라우저로 연 후 화면에서 크롬의 개발자 도구를 실행시켜(우측 버튼 클릭 → 검사) 현재 보이는 이미지의 파일명을 확인합니다. 개발자 도구의 자세한 사용법은 1.8절을 참고하기 바랍니다.

캐시 사용 중지

브라우저에는 처음 불러온 이미지를 기억하고 표시하는 **캐시** 기능이 있습니다. 캐시 기능 때문에 반응형 이미지를 설정해도 제대로 표시되지 않는 경우가 있습니다. 개발자 도구의 'Network' 탭의 'Disable cache'를 체크하면 개발자 도구를 연 동안에는 캐시가 비활성화됩니다. 개발자 도구를 사용할 때는 항상 이용하는 것을 추천합니다.

체크한 상태로 이미지 폭을 바꾸거나 페이지를 다시 읽어서 확인한다.

다른 웹사이트의 이미지 파일명 확인

'Disable cache'를 체크해서 캐시를 비활성화한 후 페이지를 다시 읽어서 파일명을 확인합니다. 개발자 도구의 좌측 상단에 있는 사각형과 화살표 아이콘을 클릭해서 확인하고 싶은 이미지를 클릭합니다. 그 후 'Console' 탭을 연 뒤 $0.currentSrc을 입력하고 Enter 키를 누르면 선택한 이미지의 파일명을 확인할 수 있습니다.

확인하고 싶은 이미지를 선택한 후 Elements 탭을 보면 선택한 이미지의 코드에 음영이 생기는 것을 확인할 수 있다.

Console 탭에서 코드를 입력하면 파일명을 확인할 수 있다.

COLUMN

배경에 동영상을 넣을 때 주의할 점

콘텐츠가 많은 웹사이트에는 되도록 배경에 동영상 넣지 않기

배경에 넣는 동영상은 어디까지나 배경을 위한 것이며 주요 콘텐츠가 아닙니다. 콘텐츠가 많은 웹사이트라면 동영상을 표시할 충분한 공간을 확보하기 어려워 더욱 복잡한 디자인 기술이 필요합니다.

동영상 재생 길이

동영상 재생 시간도 중요합니다. 재생 시간이 너무 길면 끝까지 보기 어려운 것은 물론 파일 용량도 너무 커집니다. 반대로 너무 짧으면 반복 재생이 많아져 사용자가 재촉받는 느낌을 받습니다. 많은 사이트의 재생 시간을 조사한 결과 20초 전후가 적당한 길이입니다.

소리는 음소거

웹사이트에서 음악을 틀 때는 사용자의 사정을 고려해야 합니다. 조용한 장소에서 원하지 않았는데 갑자기 음악이 나온다면 놀라서 사이트를 닫아버릴 것입니다. 두 번 다시 해당 사이트에 방문하지 않을 수 있습니다. 음악을 틀고 싶다면 사용자가 직접 틀 수 있도록 보기 쉬운 위치에 스피커 아이콘을 두는 방법이 있습니다.

되도록 파일 용량은 작게 줄이기

웹사이트의 로딩 시간이 길다면 콘텐츠가 모두 표시되기도 전에 사용자가 나갈 확률이 높습니다. 특히 동영상 화질이 높다면 파일 용량도 커집니다. 가급적 1MB 이하, 가장 이상적인 용량은 500KB 정도로 줄일 것을 추천합니다.

6.4 다중 컬럼 레이아웃 적용하는 법 ①

이미지를 정렬해 다중 컬럼을 만들 레이아웃을 만들어보겠습니다. **CSS 그리드**를 사용하면 짧은 코드로 이미지를 타일형으로 정렬할 수 있습니다.

■ CSS 그리드 설정

이미지를 타일형으로 배열할 부모 요소인 grid 클래스에 display: grid;를 설정해(❶) '이 부분 안에 적힌 요소를 CSS 그리드로 표시함'이라고 선언합니다. 너비를 94w로 하고(❷) 좌우 margin은 auto로 설정해 화면 좌우에 3vw씩 여백을 두고 중앙에 이미지를 표시합니다(❸). gap 속성으로 이미지와 이미지 사이의 여백을 설정하며 2vw로 설정했습니다(❹).

HTML　chapter6/Demo-Gallery/index.html

```html
<main class="grid">
    <a href="images/img1-1600.jpg" data-aos="fade-up">
        <img class="grid-item"
            src="images/img1-400.jpg"
            srcset="images/img1-400.jpg 400w,
                    images/img1-800.jpg 800w"
            alt="Sainte Chapelle">
    </a>
    <a href="images/img2-1600.jpg" data-aos="fade-up">
        <img class="grid-item"
            src="images/img2-400.jpg"
            srcset="images/img2-400.jpg 400w,
                    images/img2-800.jpg 800w"
            alt="Fushimi Inari Shrine">
    </a>
    (…생략 …)
</main>
```

> `<grid>` 클래스를 설정한 `<main>` 태그에 이미지를 넣고 감싼다.

여백은 있지만 아직 타일형이 아니다.

CSS　chapter6/Demo-Gallery/css/style.css

```css
.grid {
    display: grid;          ❶
    width: 94vw;            ❷
    margin: 0 auto 3vw;     ❸
    gap: 2vw;               ❹
}
```

> grid를 사용해 안에 있는 요소를 그리드 레이아웃으로 만든다.

자식 요소 크기를 설정해서 타일형을 만들어보겠습니다. 가로 사이즈는 **grid-template-columns**로, 세로 사이즈는 **grid-template-rows**로 설정합니다. 수치는 width, height를 설정하는 방법과 동일합니다. **px**로 구체적인 값, **%**로 비율, **auto**로 콘텐츠 폭에 맞추도록 설정할 수 있습니다. CSS 그리드에는 **fr**이라는 단위도 사용할 수 있습니다. **fr**은 fraction(비율)을 의미하며 부모 요소에서 본 자식 요소의 크기를 구체적인 값이 아닌 비율로 표현할 수 있습니다.

grid-template-columns와 **grid-template-rows** 속성 값은 공백으로 나누어 필요한 자식 요소 수만큼 모두 적어야 합니다. 다음 예시를 살펴보면 모바일 사이즈에서 가로로 두 개의 박스가 나열되었으며 **grid-template-columns: 46vw 46vw;**(❶), 세로는 8단으로 할 것이기에 **grid-template-rows: 46vw 46vw 46vw 46vw 46vw 46vw 46vw 46vw;**로 설정합니다(❷).

CSS chapter6/Demo-Gallery/css/style.css

```
.grid {
    width: 94vw;
    margin: 0 auto 3rem;                          이미지 가로 및 세로 사이즈 설정
    display: grid;
    gap: 2vw;
    grid-template-columns: 46vw 46vw;                                      ❶
    grid-template-rows: 46vw 46vw 46vw 46vw 46vw 46vw 46vw 46vw;           ❷
}
                          46vw가 여덟 개
```

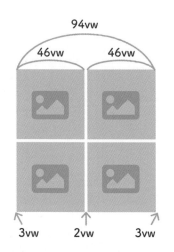

94vw

46vw   46vw

3vw   2vw   3vw

46vw는 부모 요소의 폭(94vw)에서 여백(2vw)을
뺀 수를 반으로 나눈 값. 세로도 동일하게 46vw로
설정해 정사각형으로 표시한다.

이미지 크기가 아직 바뀌
지 않아 이상하게 잘렸지
만 개발자 도구로 확인해
보면 정사각형 그리드가
제대로 설정되었다는 것
을 확인할 수 있다.

repeat 함수로 반복 값 입력

`grid-template-rows: 46vw 46vw 46vw 46vw 46vw 46vw 46vw 46vw;`처럼 같은 값을 몇 번이나 반복해서 입력하면 번거로울 때가 있습니다. 같은 값을 반복할 때는 **repeat 함수**로 repeat(반복 횟수, 값)을 입력하면 깔끔하게 정리할 수 있습니다. 예를 들어 grid-template-rows: repeat(8, 46vw);를 입력하면 46vw를 여덟 번 반복하라는 의미가 됩니다.

📄 chapter6/Demo-Gallery/css/style.css

```css
.grid {
    width: 94vw;
    margin: 0 auto 3rem;
    display: grid;
    gap: 2vw;
    grid-template-columns: repeat(2, 46vw);
    grid-template-rows: repeat(8, 46vw);
}
```

grid-template-columns와
grid-template-rows 값을
repeat 함수로 정리

내용은 같지만 이전에 비해 코드가 짧아져 가독성이 높아진다.

이미지를 정사각형으로 자르기

이미지가 그리드 안에 맞춰지도록 조절해보겠습니다. 폭과 높이는 각각 100%로 지정해 틀 안에 가득 차도록 설정합니다(❶). 이것만 적용하면 이미지 비율이 이상해지니 object-fit: cover;로 정사각형 틀에서 벗어나는 부분은 잘라냅니다(❷). object-position: center;로 이미지가 중앙에 표시되도록 설정합니다(❸).

📄 chapter6/Demo-Gallery/css/style.css

```css
.grid-item {
    width: 100%;              ❶
    height: 100%;
    object-fit: cover;        ❷
    object-position: center;  ❸
    filter: grayscale(100%);
}
```

정사각형 이미지가 깔끔하게 배치된다.

데스크톱 사이즈에 맞춰 변경

데스크톱 사이즈에서는 전체적으로 폭과 여백, 이미지가 표시되는 틀 크기가 바뀝니다. 이미지가 들어가는 틀 크기를 26vw로 변경했습니다.

데스크톱 사이즈에서는 행 하나에 이미지 세 장이 나열된다.

CSS chapter6/Demo-Gallery/css/style.css

```
/*
DESKTOP SIZE
============================================== */
@media (min-width: 600px) {
/* Grid */
    .grid {
        width: 80vw;
        gap: 1vw;
        grid-template-columns: repeat(3, 26vw); /* (80 - 2) / 3 */
        grid-template-rows: repeat(5, 26vw);
    }
}
```

데스크톱 사이즈에서는 전체 폭을 80vw로 하고 grid-template-columns에는 여백 2vw를 뺀 폭을 1열에 이미지 세 장이 표시되도록 3으로 나눈 값으로 설정

■ 커스터마이징 예: 미디어 쿼리를 사용하지 않고 반응형 웹사이트 만들기

갤러리 데모 사이트에서는 모바일은 가로 두 개씩, 데스크톱은 가로 세 개씩 정해진 숫자대로 배열하기 위해 미디어 쿼리를 사용했습니다. 만약 화면 폭에 따라 표시할 개수와 크기를 바꾸고 싶다면 minmax와 auto-fit을 함께 사용합니다. 값에 minmax를 넣으면 변경하고자 하는 요소의 폭에 최솟값과 최댓값을 minmax(최솟값, 최댓값)으로 설정할 수 있습니다. 예를 들어 그리드에 들어가는 틀 하나의 폭을 grid-template-columns로 설정하고 최솟값이 되면 틀은 더 이상 줄어들지 않습니다.

데모 사이트는 minmax(240px, 1fr)로 설정해 요소 폭이 화면 폭에 맞춰 바뀌지만 240px보다 작지는 않도록 설정했습니다(❶). 화면 폭에 따라 한 줄에 표시될 요소의 개수를 바꾸기 위해 repeat 함수로 반복 값을 설정했던 부분도 변경해야 하며(❷) 기존의 값 대신 auto-fit을 입력합니다(❸). auto-fit은 부모 요소의 여백을 채운 상태로 요소가 표시됩니다. 이제 어떤 디바이스에서 접속해도 가독성을 유지한 채 타일형으로 표시할 수 있습니다.

```html
<div class="grid">
    <img src="images/img1.jpg" alt="Sainte Chapelle">
    <img src="images/img2.jpg" alt="Fushimi Inari Shrine">
    <img src="images/img3.jpg" alt="The Ocean in Okinawa">
    <img src="images/img4.jpg" alt="Rainbow Colored Ocean">
    <img src="images/img5.jpg" alt="Île de la Cité»>
     (…생략…)
</div>
```

CSS chapter6/04-demo/style.css

```css
.grid {
    display: grid;                                                        ❷
    gap: 1rem;                                                            ❸
    grid-template-columns: repeat(auto-fit, minmax(240px, 1fr));          ❶
}
img {
    width: 100%;
    height: 240px;
    object-fit: cover;
}
```

모바일 사이즈

태블릿 사이즈

데스크톱 사이즈

사용할 만한 무료 동영상 사이트

웹사이트에 사용할 동영상을 직접 준비하는 것은 어렵습니다. 이때 무료로 배포된 동영상을 사용하면 좋습니다. 다음에 소개하는 곳들은 모두 고해상도 동영상을 무료로 배포하는 웹사이트입니다. 상용 목적으로 사용하는 것도 가능하지만 만약을 위해 사용 전 라이선스를 꼭 확인하기 바랍니다.

ISO Republic

ISO Republic은 식사 장면, 컴퓨터를 사용하는 장면 등 실생활과 관련된 동영상도 많습니다.

https://isorepublic.com/videos/

커버

커버는 테크놀로지, 음식, 사람, 동물, 하늘을 촬영한 동영상 등 여러 카테고리로 나뉘어졌습니다.

https://coverr.co/

픽사베이

픽사베이는 동영상 섬네일에 재생 시간이 함께 표기돼 원하는 시간의 동영상을 쉽게 찾을 수 있습니다.

https://pixabay.com/videos/

믹스킷

믹스킷은 주로 여유로운 대자연의 풍경 영상을 주로 배포하는 웹사이트입니다. 보기만 해도 힐링할 수 있는 동영상을 찾을 수 있습니다.

https://mixkit.co/free-stock-video/

6.5 다중 컬럼 레이아웃 적용하는 법 ②

모든 요소를 같은 크기로 정렬하지 않고 눈에 띄게 하고 싶은 요소만 크기를 변경해보겠습니다. 이미지 틀 일부만 크기를 변경해서 이미지 두 장의 가로 폭을 넓혔습니다.

■ 큰 사이즈로 표시할 요소를 지정

크기를 바꾸고 싶은 두 가지 요소, 갤러리 데모 사이트에서는 a 요소에 grid-big-top과 grid-big-bottom 클래스를 추가했습니다.

📄 chapter6/Demo-Gallery/index.html

```html
<main class="grid">
    (…생략…)
    <a class="grid-big-top" href="images/img4-1600.jpg" data-aos="fade-up">
        <img class="grid-item"
            src="images/img4-400.jpg"
            srcset="images/img4-400.jpg 400w,
                images/img4-800.jpg 800w"
            alt="Rainbow Colored Ocean">
    </a>
    (…생략…)
    <a class="grid-big-bottom" href="images/img10-1600.jpg" data-aos="fade-up">
        <img class="grid-item"
            src="images/img10-400.jpg"
            srcset="images/img10-400.jpg 400w,
                images/img10-800.jpg 800w"
            alt="Nago City Hall">
    </a>
    (…생략…)
</main>
```

> 상단에 크게 표시하고 싶은 이미지에 grid-big-top 클래스 부여

> 하단에는 grid-big-bottom 클래스 부여

큰 사이즈로 표시할 요소 범위를 설정하겠습니다. 일반적이지 않은 방법이니 그림을 함께 보면서 이해를 돕겠습니다.

왼쪽 하단 그림처럼 세로 및 가로로 늘어선 그리드 라인을 기반으로 가로 범위를 grid-column, 세로 범위를 grid-row 속성으로 설정합니다. 큰 사이즈의 첫 번째 이미지는 가로 범위를 그리드 라인의 ❶~❸번으로 설정하고자 슬래시로 구분해 '시작 라인/끝 라인'을 표기합니다. 갤러리 데모 사이트는 grid-column: 1/3;으로 정의했습니다. 세로 그리드 라인 ❷~❸번으로 정하고자 grid-row 속성을 사용해 grid-row: 2/3;으로 정의했습니다. 가운데 그림에 하늘색 부분이 설정됩니다. 큰 사이즈

로 표시할 또 다른 요소는 우측 하단 그림의 하늘색 부분에 들어갑니다. 위치 지정을 위해 가로 그리드 라인 ❶~❸번을, 세로 그리드 라인의 ❻~❼번을 설정했습니다.

CSS chapter6/Demo-Gallery/css/style.css

```css
.grid-big-top {
    grid-column: 1/3;
    grid-row: 2/3;
}
```
상단 이미지 부분 설정

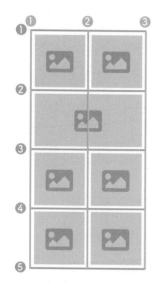

가장 위, 가장 좌측을 ❶번으로 정한다.

표시할 요소의 위치를 그리드 라인을 보면서 파악한다.

CSS chapter6/Demo-Gallery/css/style.css

```
.grid-big-bottom {
    grid-column: 1/3;
    grid-row: 6/7;
}
```

하단 이미지 부분 설정

두 가지 요소가 큰 사이즈로 표시된다.

데스크톱 사이즈에 맞춰 변경

데스크톱 사이즈에서는 큰 사이즈 이미지 중 두 번째 요소의 위치가 바뀝니다. 미디어 쿼리 안에서 같은 방법으로 grid-column과 grid-row 값을 설정하면 데스크톱에서 볼 때도 타일형 안에 표시됩니다.

CSS chapter6/Demo-Gallery/css/style.css

```
/*
DESKTOP SIZE
=============================================== */
@media (min-width: 600px) {
    .grid-big-bottom {
        grid-column: 2/4;
        grid-row: 4/5;
    }
}
```

하단 이미지를 우측 하단으로 민다.

큰 이미지가 우측에 표시된다.

CSS 그리드용 코드를 쉽게 구현할 수 있는 웹사이트

CSS 그리드로 레이아웃을 자유롭게 설계할 수 있지만 구현 전에 구성을 어떻게 할 것인지 신중히 생각해야 합니다. 레이아웃이 복잡하다면 CSS 그리드 제너레이터 CSS Grid Generator라는 웹사이트에서 편하게 코딩할 수 있습니다. 웹사이트에 접속해 우측에 입력된 칼럼과 행의 수, 여백 값을 입력하면 그에 맞춘 그리드가 자동으로 표시됩니다. 틀 하나씩 드래그해서 선택해봅시다. 레이아웃이 완성되면 'Please may I have some code'를 클릭해 CSS 코드를 확인할 수 있습니다.

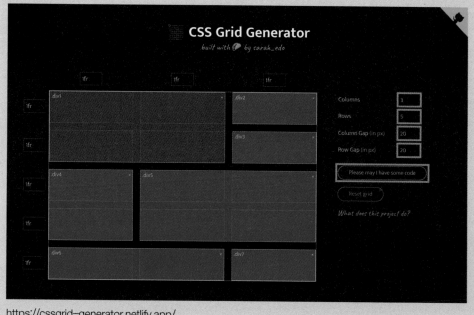

https://cssgrid-generator.netlify.app/

6.6 필터로 이미지 색 바꾸는 법

이미지 색, 명도, 채도는 대개 포토샵 등 그래픽 툴로 조정합니다. CSS 필터를 적용하면 단 한 줄을 추가하는 것만으로도 간단하게 이미지를 바꿀 수 있습니다.

■ 이미지를 흑백으로 바꾸기

갤러리 데모 사이트의 이미지 목록은 먼저 흑백으로 나타나며 커서를 갖다 두면 컬러로 변합니다. 색의 변화는 흑백 이미지와 컬러 이미지를 따로 준비한 것이 아니라 한 장의 이미지 색을 필터로 변화시킨 것입니다. 이미지를 흑백으로 바꾸기 위해서 `filter` 속성과 필터 종류, 필터 적용 강도를 설정합니다. `img` 요소에 `grid-item` 클래스를 부여해 `filter`를 설정합니다. 이미지를 흑백으로 만드는 `grayscale`을 100%로 설정하면 색이 전혀 없는 흑백 이미지가 됩니다.

CSS 예시

```css
img {
    filter: 필터종류(필터적용강도);
}
```

HTML chapter6/Demo-Gallery/index.html

```html
<img class="grid-item"
    src="images/img1-400.jpg"
    srcset="images/img1-400.jpg 400w,
            images/img1-800.jpg 800w"
    alt="Sainte Chapelle">
```

grid-item 클래스에 필터를 설정

CSS chapter6/Demo-Gallery/css/style.css

```css
.grid-item {
    width: 100%;
    height: 100%;
    object-fit: cover;
    object-position: center;
    filter: grayscale(100%);
}
```

filter 속성에 grayscale의 적용 강도를 설정

필터를 적용해 색이 전혀 없는 흑백 이미지가 됐다.

마우스 커서를 갖다 두면 컬러로 바꾸기

흑백으로 바꾼 이미지를 본래 이미지로 되돌리고 싶을 때는 `grayscale` 값을 0으로 합니다(❶). 색이 부드럽게 바뀌도록 애니메이션을 추가하기 위해 `transition: .3s;`도 추가했습니다(❷).

chapter6/Demo-Gallery/css/style.css

```
/*
DESKTOP SIZE
===========================================
======= */
@media (min-width: 600px) {
    .grid-item {
        transition: .3s;                ②
    }
    .grid-item:hover {
        filter: grayscale(0);           ①
}
```

커서를 갖다 두면 0.3초 동안 부드럽게 색이 돌아온다.

> hover에 filter: grayscale(0);을 추가해
> 커서를 갖다 두면 색이 바뀐다.

■ 필터 종류

.grayscale 외에도 여러 종류의 필터가 있으며 값을 조금만 바꿔도 훨씬 풍부하게 표현할 수 있습니다. 지금부터 소개하는 여러 가지 필터가 오른쪽 샐러드 이미지에 적용하면 어떻게 바뀌는지, CSS 코드는 어떻게 구현해야 좋은지 각 데모 파일과 함께 살펴봅시다.

필터가 적용되지 않은 원본 이미지

blur | 흐림

▶ 데모 chapter6/06-demo1

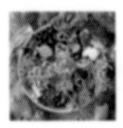

filter: blur(3px);

filter: blur(10px);

```
img {
    filter: blur(3px);
}
```

이미지를 흐릿하게 만들고 모서리는 색이 번지듯이 처리합니다. 값은 % 대신 px로 설정한다는 점을 주의하세요.

🖼️ brightness | 명도

▶ 데모 chapter6/06-demo2

filter: brightness(50%);   filter: brightness(150%);

```
img {
    filter: brightness(150%);
}
```

이미지 밝기를 조정합니다. 100%면 원본 이미지 밝기이며 값을 0으로 하면 이미지가 새까맣게, 100% 이상으로 하면 원본보다 밝게 설정됩니다.

🖼️ contrast | 대비

▶ 데모 chapter6/06-demo3

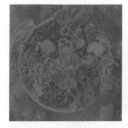 

filter: contrast(20%);   filter: contrast(200%);

```
img {
    filter: contrast(20%);
}
```

이미지 대비를 조정합니다. 명도와 동일하게 100%면 원본 이미지이고 0에 가까울수록 회색빛이 되다가 0이 되면 완전히 회색이 됩니다. 반대로 값을 100% 이상으로 하면 원본보다 선명하게 대비되는 이미지가 됩니다.

🖼️ drop-shadow | 그림자

▶ 데모 chapter6/06-demo4

filter: drop-shadow
(5px 10px 3px #856845);   filter: drop-shadow
(0 0 10px rgba(0,0,0,.6));

```
img {
    filter: drop-shadow(5px 10px 3px #856845);
}
```

이미지에 그림자를 넣습니다. 값은 '가로방향그림자위치, 세로방향그림자위치, 그림자흐림반경, 그림자색상'을 공백으로 구분합니다. 그림자 색의 기본값은 검정(#000)이므로 아무 값도 넣지 않으면 검은 그림자가 적용됩니다.

📷 grayscale | 흑백

▶ 데모 chapter6/06-demo5

filter: grayscale(60%);   filter: grayscale(100%);

```
img {
    filter: grayscale(60%);
}
```

흑백 이미지를 만듭니다. 0은 원본 이미지 상태이고 100%를 입력하면 색이 전혀 없는 흑백 이미지가 됩니다.

📷 hue-rotate | 색조

▶ 데모 chapter6/06-demo6

filter: hue-rotate(30deg);   filter: hue-rotate(180deg);

```
img {
    filter: hue-rotate(30deg);
}
```

색상환을 기반으로 이미지의 색을 회전시킵니다. 값을 넣는 단위는 각도를 나타내는 deg입니다. 0, 360deg로 설정하면 원본 이미지 색이며 180deg를 입력하면 색이 반전됩니다.

📷 invert | 반전

▶ 데모 chapter6/06-demo7

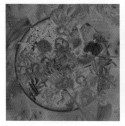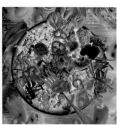

filter: invert(70%);   filter: invert(100%);

```
img {
    filter: invert(100%);
}
```

이미지 색을 반전시킵니다. 0은 원본 이미지, 100%는 네거티브로 완전히 반전된 상태를 만듭니다. 값에 50%를 입력하면 회색이 됩니다.

 opacity | 불투명도

▶ 데모 chapter6/06-demo8

```
img {
    filter: opacity(20%);
}
```

filter: opacity(20%);   filter: opacity(50%);

이미지의 불투명도를 조정합니다. 100%로 설정하면 원본 이미지이며 0으로 설정하면 완전히 투명한 이미지가 됩니다. **opacity** 속성과 효과는 같지만 브라우저에 따라 효과가 더 좋을 수도 있습니다.

 saturate | 채도

▶ 데모 chapter6/06-demo9

```
img {
    filter: saturate(30%);
}
```

filter: saturate(30%);   filter: saturate(150%);

이미지 채도를 조정합니다. 100%이면 원본 이미지와 같으며 값을 0으로 설정하면 무채색(흑백)이 됩니다. 100%를 넘는 값으로 설정하면 원본 이미지보다 선명한 색감이 됩니다.

 sepia | 세피아

▶ 데모 chapter6/06-demo10

```
img {
    filter: sepia(100%);
}
```

filter: sepia(70%);   filter: sepia(100%);

갈색이 섞인 세피아 느낌으로 바꿔서 오래된 사진처럼 만듭니다. 값에 0을 설정하면 원본 이미지, 100%는 완전한 세피아 느낌이 됩니다.

■ 여러 종류 필터를 중첩 적용하기　▶ 데모　chapter6/06-demo11

같은 이미지에 필터를 여러 개 중복해서 적용할 수도 있습니다. filter: 필터1 필터2 필터3;처럼
공백으로 구분해 설정합니다. 다만 색조를 바꾸는 필터를 중첩 적용하면 이후에 설정한 것이 적용되
니 필터의 종류나 적는 순서에 주의하기 바랍니다.

css　chapter6/03-demo11/style.css

```css
img {
    filter: grayscale(50%) drop-shadow(3px 3px 5px rgba(0,0,0,.8));
}
```

흑백과 그림자 필터를 적용한 예

filter: grayscale(50%) drop-shadow(3px 3px 5px
rgba(0,0,0,.8));
흑백과 그림자 필터를 적용했으며 여러 종류의 필터를 중첩해 사용할
수도 있다.

filter: grayscale(100%) sepia(100%);
흑백과 세피아 필터를 적용하면 나중에 설정한 세
피아가 적용된다.

6.7 커서를 갖다 두면 이미지가 확대되도록 구현하는 법

transform 속성을 사용하면 요소를 늘리거나 줄일 수 있고 이동, 회전, 기울이기 등 네 가지 변형을
적용할 수도 있습니다. 애니메이션과 함께 사용하면 화면에 움직임을 더할 때 더욱 효과적입니다.

■ scale 함수로 요소를 확대하기

transform 속성 값에 scale 함수를 사용하면 요소를 늘리거나 줄일 수 있습니다. 갤러리 데모 사이트에서는 이미지에 grid-item 클래스를 붙이고 데스크톱에서 이미지에 커서를 갖다 두면 이미지를 1.1배로 확대하는 효과를 적용했습니다. 확대 및 축소 비율은 괄호 안에 적습니다.

CSS 예시

```
셀렉터 {
    transform: scale(비율);
}
```

HTML chapter6/Demo-Gallery/index.html

```html
<img class="grid-item"
    src="images/img1-400.jpg"
    srcset="images/img1-400.jpg 400w,
            images/img1-800.jpg 800w"
    alt="Sainte Chapelle">
```

이미지의 grid-item 클래스에 설정한다.

CSS chapter6/Demo-Gallery/css/style.css

```css
/*
DESKTOP SIZE
============================================= */
@media (min-width: 600px) {
        .grid-item {
            transition: .3s;
    }
    .grid-item:hover {
        filter: grayscale(0);
        transform: scale(1.1);
    }
}
```

:hover에만 transform을 설정한다.

웹사이트 접속 시 바로 보이는 이미지에 커서를 갖다 두면 컬러로 바뀐다.

확대됐다. transition과 함께 적용돼 부드러운 움직임이 더해진다.

겹치는 부분 조정

지금까지 구현한 과정은 이미지 확대 기능에는 문제없지만 자세히 보면 확대한 이미지의 가장자리에 가려진 다른 이미지가 보입니다. 다른 이미지가 보이는 것을 해결하고자 위치를 설정하는 position: relative;와 요소를 중첩하는 z-index: 3;을 추가합니다. 이미지 페이지 상단의 동영상에 1과 2를 설정했으니 그보다 큰 숫자를 설정하고 동영상 위에 표시하기 위해 z-index 값을 3으로 설정했습니다.

CSS chapter6/Demo-Gallery/css/style.css

```css
/*
DESKTOP SIZE
================================== */
@media (min-width: 600px) {
    .grid-item {
        transition: .3s;
    }
    .grid-item:hover {
        filter: grayscale(0);
        transform: scale(1.1);
        z-index: 3;
        position: relative;
    }
}
```

hover에 position: relative와 z-index:3 추가

다른 요소에 가려지지 않고 커서를 갖다 둔 이미지가 가장 위에 표시된다.

가로 세로 비율을 바꾸는 경우　▶ 데모　chapter6/07-demo1

갤러리 데모 사이트는 가로 및 세로 모두 같은 비율로 확대했지만 각각 다른 값을 추가할 수도 있습니다. 가로 방향으로 늘리거나 줄일 때는 scaleX를, 세로 방향은 scaleY를 사용합니다. scale 함수의 괄호 안 값을 쉼표로 구분해 (가로방향비율, 세로방향비율)로 양방향 모두 값을 설정할 수도 있습니다. 데모 파일에서는 값에 따라 어떻게 변하는지 알기 쉽도록 transition과 함께 구현해 커서를 갖다 두면 이미지가 변합니다.

css chapter6/07-demo1/style.css

```
img {
    width: 300px;
    height: 300px;
    transition: transform .5s;
}

.transform1:hover {
    transform: scaleX(1.5);          ❶
}
.transform2:hover {
    transform: scaleY(.5);           ❷
}
.transform3:hover {
    transform: scale(1.5, .5);       ❸
}
```

❶ transform: scaleX(1.5);

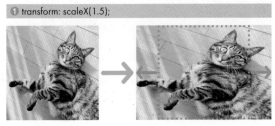

가로로 늘이기

❷ transform: scaleY(.5);

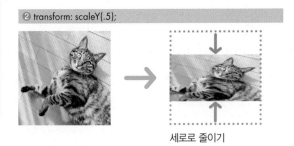

세로로 줄이기

❸ transform: scale(1.5, .5);

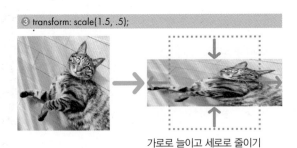

가로로 늘이고 세로로 줄이기

■ transform으로 지정할 수 있는 변형 종류

transform은 scale 함수와 방법은 같지만 다른 변형을 줄 수 있습니다. 확대 및 축소 이외에 어떤 변형이 가능한지 알아보겠습니다.

이동: translate ▶ 데모 chapter6/07-demo2

translate 함수로 요소를 다른 위치로 이동시킬 수 있습니다. 괄호 안에 값과 단위를 함께 적으며 translateX는 가로 방향으로 이동, translateY는 세로 방향으로 이동합니다. translate만 적을 때는 쉼표로 구분해 translate(가로방향위치, 세로방향위치)로 설정합니다.

css chapter6/07-demo2/style.css

```css
img {
    width: 300px;
    height: 300px;
    transition: transform .5s;
}

.transform1:hover {
    transform: translateX(150px);      ❶
}
.transform2:hover {
    transform: translateY(50px);       ❷
}
.transform3:hover {
    transform: translate(150px,
50px);                                 ❸
}
```

❶ transform: translateX(150px);

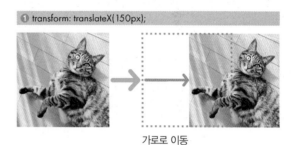

가로로 이동

❷ transform: translateY(50px);

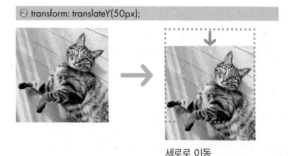

세로로 이동

❸ transform: translate(150px, 50px);

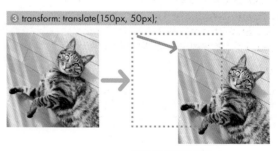

가로 및 세로로 이동

회전: rotate　　▶데모　chapter6/07-demo3

rotate는 요소를 회전시키는 함수입니다. rotate만 사용하면 원을 그리듯 둥글게 회전시키고 rotateX를 사용하면 가로로, rotateY는 세로로 회전시킵니다. 값을 입력할 때는 일반적으로 각도를 의미하는 deg를 사용하지만 rad, grad, turn도 사용할 수 있습니다.

CSS chapter6/07-demo3/style.css

```css
img {
    width: 300px;
    height: 300px;
    transition: transform .5s;
}

.transform1:hover {
    transform: rotate(180deg);    ❶
}
.transform2:hover {
    transform: rotateX(180deg);   ❷
}
.transform3:hover {
    transform: rotateY(180deg);   ❸
}
```

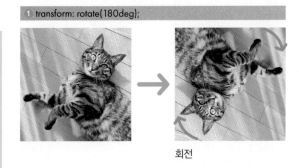

❶ transform: rotate(180deg);

회전

❷ transform: rotateX(180deg);

가로축 기준으로 회전

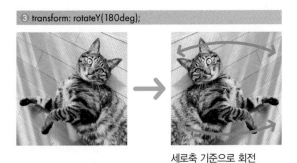

❸ transform: rotateY(180deg);

세로축 기준으로 회전

기울이기: skew　　▶ 데모　chapter6/07-demo4

skew는 요소를 비스듬히 기울이는 함수입니다. skewX는 가로 방향 경사, skewY는 세로 방향 경사,
skew는 쉼표로 구분해 skew(가로방향경사각도, 세로방향경사각도)로 설정합니다. 단위는 deg
이외에 rad, grad, turn 모두 사용할 수 있습니다.

css chapter6/07-demo4/style.css

```css
img {
    width: 300px;
    height: 300px;
    transition: transform .5s;
}

.transform1:hover {
    transform: skewX(10deg);
}
                              ❶
.transform2:hover {
    transform: skewY(10deg);
}
                              ❷
.transform3:hover {
    transform: skew(20deg, 10deg);
}
                              ❸
```

❶ transform: skewX(10deg);

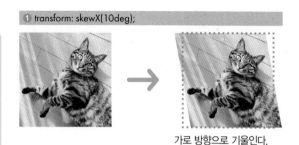

가로 방향으로 기울인다.

❷ transform: skewY(10deg);

세로 방향으로 기울인다.

❸ transform: skew(20deg, 10deg);

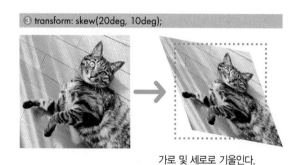

가로 및 세로로 기울인다.

■ 변형할 기준점을 설정하는 transform-origin

transform은 기본적으로 요소의 중심을 기준점으로 잡고 변형합니다. 이때 transform-origin 을 사용하면 기준점을 자유롭게 설정할 수 있습니다. 값은 숫자 이외에 top, right, bottom, left, center 등 키워드로도 설정할 수 있으며 사용하는 방법은 다음과 같습니다.

🟦 **css** 예시

```
셀렉터{
    transform-origin: X축기준점위치 Y축기준점위치;
}
```

예를 들어 요소를 회전시키는 rotate와 함께 사용한 코드를 살펴보겠습니다. 한 가지 주의할 점은 커서를 갖다 뒀을 때 변형하고자 한다면 :hover에 transform-origin을 넣는 것이 아닌 요소가 표시되는 곳에 구현해야 한다는 것입니다. 그렇게 하지 않으면 커서를 갖다 두는 순간 기준점이 바뀌면서 동작이 이상해질 수 있습니다.

🟦 **css** chapter6/07-demo5/style.css

```
.transform1{
    transform-origin: left top;
}
.transform1:hover {
    transform: rotate(10deg);
}
```

기준점

.transform1에 기준점을 좌측 상단으로 정의하고 이를 기점으로 10도 기울이며 좌측 상단을 기준으로 회전한다.

🟦 **css** chapter6/07-demo5/style.css

```
.transform2 {
    transform-origin: 50px 100px;
}
.transform2:hover {
    transform: rotate(10deg);
}
```

기준점

요소 왼쪽에서 50px, 위에서 100px인 지점을 기준으로 회전한다.

6.8 요소에 그림자 추가하는 법

화면을 입체적으로 보이게 하기 위해 추가하는 것이 바로 그림자입니다. 그림자를 어떻게 사용하느냐에 따라 콘텐츠 일부를 돋보이게 할 수도, 리듬감을 더할 수도 있습니다. 어떻게 구현하는지 알아봅시다.

■ 이미지에 커서를 갖다 두면 그림자 추가하기

그림자를 더하는 방법은 매우 간단합니다. box-shadow: 가로거리, 세로거리, 흐림크기, 그림자색; 한 줄만 추가하면 됩니다. 그림자 색은 컬러 코드 외에 RGBA로 투명도를 설정할 수도 있습니다. rgba(R값, G값, B값, 불투명도)로 설정합니다. 만약 웹 페이지에 배경색이나 배경 이미지가 설정되었다면 컬러 코드로 설정하는 것보다 불투명도를 설정하는 것이 배경에 자연스럽게 어우러질 수 있습니다. 갤러리 데모 사이트에서는 rgba(0, 0, 0, 0.5)를 추가해 반투명한 검은 그림자를 설정했습니다.

css 예시

```
셀렉터 {
    box-shadow: 가로거리, 세로거리, 흐림크기, 그림자색;
}
```

HTML chapter6/Demo-Gallery/index.html

```
<img class="grid-item"
    src="images/img1-400.jpg"
    srcset="images/img1-400.jpg 400w,
            images/img1-800.jpg 800w"
    alt="Sainte Chapelle">
```

> grid-item 클래스를 추가한 이미지에 커서를 갖다 두면 그림자가 생기도록 설정

css chapter6/Demo-Gallery/css/style.css

```
/*
DESKTOP SIZE
============================================== */
@media (min-width: 600px) {
    .grid-item {
        transition: .3s;
    }
    .grid-item:hover {
        filter: grayscale(0);
        box-shadow: 0 0 2rem rgba(0, 0, 0, .5);
        transform: scale(1.1);
        z-index: 3;
        position: relative;
    }
}
```

> 이미지 바로 밑에 흐릿함 강도가 2rem인 반투명한 검은색 그림자를 설정

커서를 갖다 두면 이미지 주변에 부드럽게 그
림자가 나타난다.

■ 커스터마이징 예: 안쪽 그림자 추가하기 　▶데모　chapter6/08-demo1

box-shadow 값에 inset을 넣으면 요소 안쪽에 그림자가 추가됩니다. 튀어나온 듯한 효과 대신 안으
로 들어간 듯한 효과를 낼 수 있습니다.

[css] chapter6/08-demo1/style.css

```css
div {
    background: #0bd;
    width: 400px;
    height: 400px;
    border-radius: 16px;
    box-shadow: 8px 8px 24px rgb(2, 90, 102, .6) inset;
}
```

요소 안쪽에 좌측 상단부터 내려오는
그림자를 추가했다.

■ box-shadow와 drop-shadow 필터와의 차이 　▶데모　chapter6/08-demo2

6.6절의 '필터 종류'에서 설명한 필터로도 그림자는 추가할 수 있었습니다. filter: drop-shadow();
를 적용해도, box-shadow를 적용해도 그림자 모양의 차이는 없습니다. 다른 점이 있다면 SVG나
PNG 형식의 이미지를 사용할 때의 그림자 위치입니다. box-shadow는 요소 주변에 그림자가 적용되
지만 filter: drop-shadow();는 이미지에 있는 일러스트 등 물체에 그림자가 생깁니다. 일부 브라
우저에서는 filter: drop-shadow();가 더 제대로 동작합니다.

```
css chapter6/08-demo2/style.css
```

```css
.boxshadow {
    box-shadow: 2px 2px 8px #666;                    ❶
}
.dropshadow {
    filter: drop-shadow(2px 2px 8px #666);           ❷
}
```

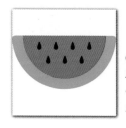

❶ box-shadow는 img 요소 주변에 그림자를 적용한다. 일러스트 자체에는 그림자를 적용하지 않는다.

❷ filter: drop-shadow(); 는 이미지 내 투명한 부분은 제외하고 일러스트 자체에 그림자를 적용한다.

■ 그림자를 추가할 때 주의할 점

디자인할 때 주의해야 할 점을 제대로 알아둔다면 그림자를 더 효과적으로 활용할 수 있습니다.

남용하지 않기

눈에 띄게 하고 싶은 이미지나 동영상 등 요소에 그림자를 넣으면 다른 콘텐츠와 차별화할 수 있으나 그림자를 넣을 때는 전체적인 밸런스를 고려해야 합니다. 그림자는 꼭 있으면 하는 곳에만 사용하는 것이 좋습니다.

동영상만 그림자를 적용했다.

왼쪽은 동영상, 이미지, 그 외 콘텐츠까지 그림자를 남용했으나 오른쪽은 동영상에만 그림자를 적용했다. 전체적인 밸런스를 유지하는 것이 중요하다.

충분한 여백 넣기

그림자를 추가하면 요소 주변이 어두워질 수밖에 없습니다. 콘텐츠가 너무 꽉 채워졌다면 화면 전체가 어두워져 분위기 역시 가라앉습니다. 충분한 여백을 넣어 그림자가 서로 겹치지 않도록 해야 합니다.

왼쪽은 여백 없이 그림자를 넣어서 답답해 보이나 오른쪽은 상하 여백을 넣어 그림자를 넣어도 깔끔해 보인다.

COLUMN

box-shadow의 CSS 코드를 생성해주는 웹사이트

미리보기로 그림자를 넣을 거리 및 흐림 정도를 확인할 수 있다면 생각한 이미지대로 구현하기 쉬울 것입니다. 화면을 조작해 그림자를 만들고 CSS 코드를 생성해주는 서비스를 활용해봅시다.

CSS generator

CSS generator 화면 좌측의 레인지 슬라이더를 드래그해서 거리와 흐림 정도, 그림자 퍼짐을 설정할 수 있습니다. 하단의 'Get Code' 버튼을 누르면 설정한 상태의 코드를 확인할 수 있습니다.

https://css-generator.net/box-shadow/

Neumorphism.io

'뉴모피즘'이라는 디자인이 주목받고 있습니다. box-shadow에 ,(쉼표)로 구분해 여러 값을 설정하면 구현할 수 있지만 직접 만드는 것은 꽤 복잡합니다. Neumorphism.io를 활용한다면 좀 더 쉽게 뉴모피즘 디자인을 적용할 수 있습니다.

https://neumorphism.io/

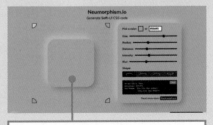

뉴모피즘 디자인이란 부드러운 그림자에 하이라이트를 더해 입체적인 느낌을 주는 표현을 의미한다.

6.9 라이트 박스로 이미지를 꽉 차게 표시하는 법

라이트 박스는 자바스크립트로 이미지를 표현하는 기능 중 하나입니다. 작은 섬네일 이미지를 클릭하면 어두운 반투명 배경색이 이미지를 덮고 그 위에 확대된 이미지가 나타납니다. 이미지 목록에 적용해보겠습니다.

01 확대할 이미지를 링크로 설정

이미지를 화면에 크게 표시할 예정이니 목록에 표시되는 이미지보다 크고 고해상도인 이미지를 준비합시다. 이번에는 가로 폭 1600px 이미지를 링크로 설정했습니다(❶). 자바스크립트로 설정할 때 필요하니 <a> 태그에 grid-gallery 클래스를 붙였습니다(❷).

📄 chapter6/Demo-Gallery/index.html

```
<a class="grid-gallery" href="images/img1-1600.jpg">                    ❶
    <img class="grid-item"                                             ❷
        src="images/img1-400.jpg"
        srcset="images/img1-400.jpg 400w,
                images/img1-800.jpg 800w"
        alt="Sainte Chapelle">
</a>
```

> 링크에 큰 사이즈의 이미지를 넣고 grid-gallery 클래스를 추가한다.

02 필요한 파일을 불러오기

luminous.min.js
라이트 박스를 구현하고자 **Luminous**라는 자바스크립트 파일을 활용합니다. 웹사이트(https://github.com/imgix/luminous)에서 다운로드할 수 있지만 지금은 웹에 업로드된 파일을 사용하니 파일 URL만 적습니다. index.html 파일의 제일 하단 **</body>** 직전에 파일을 불러오는 코드를 추가합니다.

📄 chapter6/Demo-Gallery/index.html

> </body> 위에 luminous 파일을 불러오는 코드를 삽입한다.

```
    (…생략…)
  <!-- JavaScript -->
      <script src="https://cdnjs.cloudfl are.com/ajax/libs/luminous-lightbox/2.3.2/luminous.min.js"></script>
      </body>
</html>
```

luminous-basic.min.css

Luminous의 CSS 파일도 불러옵니다. CSS 파일은 **<head>** 태그에 새롭게 생성한 style.css 파일보다 앞에 추가합니다.

 chapter6/Demo-Gallery/index.html

```
<!DOCTYPE html>
<html lang="ko">
    <head>                                    ┌─ <head> 태그에 luminous-basic.min.css를 불러온다.
        <meta charset="utf-8">
        <title>Photographer Mana Ohmoto</title>
        <meta name="description" content="사진가 Mana Ohmoto의 포트폴리오 웹사이트">
        <link rel="icon" type="image/svg+xml" href="images/favicon.svg">
        <meta name="viewport" content="width=device-width, initial-scale=1">

        <!-- CSS -->
        <link rel="stylesheet" href="https://unpkg.com/destyle.css@1.0.5/destyle.css">
        <link rel="stylesheet" href="https://fonts.googleapis.com/css2?family=Bree+Serif&display=swap">
        <link rel="stylesheet" href="https://cdnjs.cloudflare.com/ajax/libs/luminous-lightbox/2.3.2/
luminous-basic.min.css">
        <link rel="stylesheet" href="https://unpkg.com/aos@next/dist/aos.css">
        <link rel="stylesheet" href="css/style.css">
    </head>
```

script.js

Luminous 파일을 불러오는 것만으로는 동작하지 않습니다. 자바스크립트 파일에 라이트 박스를 어떤 요소에 적용할 것인가 정해 구현해야 합니다. js 폴더를 만들고 그 안에 script.js 파일을 만듭니다. script.js 파일은 **grid-gallery** 클래스 요소에 움직임을 추가하도록 설정했습니다.

 chapter6/Demo-Gallery/js/script.js

grid-gallery 클래스에 움직임을 추가하도록 설정

```
new LuminousGallery(document.querySelectorAll(".grid-gallery"));
```

script.js를 index.html에서 불러옵니다. 앞서 설명한 불러온 Luminous 파일 아래에 script.js 파일을 불러옵니다.

이제 모든 준비가 끝났습니다. 이미지를 클릭하면 확대된 이미지가 나타나고 이미지 좌우에 있는 화살표 아이콘을 클릭하면 전후 이미지가 표시됩니다.

```
    (…생략…)
  <!-- JavaScript -->
      <script src="https://cdnjs.cloudfl are.com/ajax/libs/luminous-lightbox/2.3.2/luminous.min.js"></script>
      <script src="js/script.js"></script>
      </body>
</html>
```

불러온 luminous.min.js 아래에
script.js를 불러온다.

목록 내 이미지를 클릭하면
이미지가 부드럽게 확대된다.

03 CSS로 요소를 중첩하고 사이즈 조정하기

자세히 보면 확대된 이미지에 이상한 부분이 있
을 것입니다. 확대된 이미지 위에 섬네일이 올라
가 있거나 동영상 줄무늬 아래에 가려지는 경우
등입니다. 모바일에서 보면 이미지가 지나치게
확대돼 이미지 전체를 볼 수 없기도 합니다.

문제점을 해결하고자 CSS로 조정합니다. 확대했을 때 제일 앞에 표시되도록 z-index를 4로 합니다(①). 다른 곳에 설정한 z-index보다 큰 숫자로 해야 합니다. 이미지는 max-width와 max-height로 최대 폭과 높이를 설정합니다(②). 단위를 vw나 vh로 하면 화면 사이즈 비율을 정할 수 있습니다. 모바일은 가로로 긴 이미지를 화면에 꽉 차도록 설정하면 높이가 부족해 오히려 작게 표시됩니다. 확대했을 때는 높이를 일정하게 유지한 채 옆으로 슬라이드할 수 있도록 설정합니다.

css chapter6/Demo-Gallery/css/style.css

```css
.lum-lightbox.lum-open {
    z-index: 4;
}
.lum-lightbox-inner img {
    max-width: 120vw;
    max-height: 80vh;
}
```

① 이미지를 확대하기 위해 .lum-open 클래스에 z-index:4를 설정했다.

② 이미지에 최대 크기를 설정했다.

모바일에서 본 화면

데스크톱에서 본 화면

확대된 이미지가 무엇인지 알 수 있도록 script.js 코드를 조금 바꿔 이미지 아래에 제목을 추가해보겠습니다. 앞서 기술한 new LuminousGallery(document.querySelectorAll(".grid-gallery"));를 코멘트 아웃^{comment out}하고 대신 caption으로 시작하는 옵션이 있는 다음 코드를 추가합니다. 코드는 'grid-gallery 클래스에 있는 img 요소의 alt 속성의 텍스트를 제목으로 표시하시오'라는 의미입니다. index.html에 있는 alt 속성의 내용을 이미지 하단에 표시하게 됩니다.

`js` chapter6/Demo-Gallery/js/script.js

```javascript
//new LuminousGallery(document.querySelectorAll(".grid-gallery"));
new LuminousGallery(document.querySelectorAll('.grid-gallery'), {}, {
    caption: function(trigger) {
        return trigger.querySelector('img').getAttribute('alt');
    }
});
```

코멘트 아웃

코드 추가

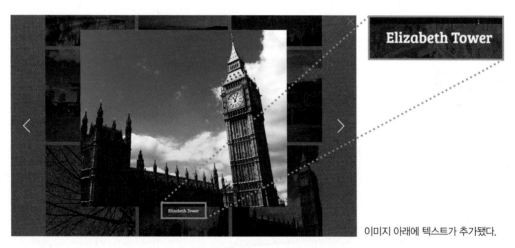

이미지 아래에 텍스트가 추가됐다.

6.10 애니메이션 추가하는 법

이미지를 스크롤해서 요소가 표시 영역 내에 들어오면 애니메이션과 함께 이미지가 나타나도록 자바스크립트로 구현해봅시다. 갤러리 데모 사이트는 AOS라는 자바스크립트 파일을 활용하겠습니다.

AOS 파일은 웹사이트(https://michalsnik.github.io/aos/)에서 다운로드할 수 있지만 지금 은 이미 웹에 업로드된 파일을 사용할 것이니 파일 URL을 적습니다. index.html 파일 가장 아래 `</body>` 앞에 실행에 필요한 script.js 파일을 적고 바로 위에 URL을 적어 불러옵니다.

🔲 chapter6/Demo-Gallery/index.html

```
    <!-- JavaScript -->
        <script src="https://cdnjs.cloudfl are.com/ajax/libs/luminous-lightbox/2.3.2/
luminous.min.js"></script>
        <script src="https://unpkg.com/aos@next/dist/aos.js"></script>
        <script src="js/script.js"></script>
        </body>
</html>
```

> script.js를 불러오는 코드 바로 위에 aos.js를 불러온다.

AOS의 CSS 파일도 불러옵니다. CSS 파일은 `<head>` 태그에 새로 생성한 style.css 파일 위에 코드 를 적습니다.

🔲 chapter6/Demo-Gallery/index.html

```
<!DOCTYPE html>
<html lang="ko">
    <head>
        <meta charset="utf-8">
        <title>Photographer Mana Ohmoto</title>
        <meta name="description" content="사진가 Mana Ohmoto의 포트폴리오 웹사이트">
        <link rel="icon" type="image/svg+xml" href="images/favicon.svg">
        <meta name="viewport" content="width=device-width, initial-scale=1">

    <!-- CSS -->
        <link rel="stylesheet" href="https://unpkg.com/destyle.css@1.0.5/destyle.css">
        <link rel="stylesheet" href="https://fonts.googleapis.com/css2?family=Bree+Serif&display=swap">
        <link rel="stylesheet" href="https://cdnjs.cloudflare.com/ajax/libs/luminous-
lightbox/2.3.2/luminous-basic.min.css">
        <link rel="stylesheet" href="https://unpkg.com/aos@next/dist/aos.css">
        <link rel="stylesheet" href="css/style.css">
    </head>
```

> `<head>` 태그에 새로 생성한 CSS 파일을 불러오는 코드 위에 aos.css를 불러오는 코드를 적는다.

script.js 파일에 짧은 한 줄 코드를 추가해 AOS로
애니메이션을 추가하도록 지시합니다.

JS chapter6/Demo-Gallery/js/script.js

```
AOS.init();
```
단 한 줄로 실행한다.

index.html 파일 내에 **data-aos** 속성으로 애니
메이션을 추가하고 싶은 요소의 태그에 애니메이
션 종류를 설정합니다. 갤러리 데모 사이트에서는

HTML 예시

```
<태그명 data-aos="애니메이션 종류">
```

<a> 태그에 추가했으며 스크롤할 때 **fade-up** 애니메이션이 적용돼 하단에서 순서대로 표시됩니다.

HTML chapter6/Demo-Gallery/index.html

```
<a class="grid-gallery" href="images/img1-1600.jpg" data-aos="fade-up">
    <img class="grid-item"
        src="images/img1-400.jpg"
        srcset="images/img1-400.jpg 400w,
                images/img1-800.jpg 800w"
        alt="Sainte Chapelle">
</a>
```

<a> 태그에 data-aos 속성으로 애니메이션
종류를 추가한다.

스크롤해서 표시 영역에 도달한 요소부터 순서대로 표시된다.

애니메이션 종류

애니메이션 종류는 여러 가지가 있습니다. 디자인과 어울리는 애니메이션을 적용해보세요.

● 페이드(fade): 부드럽게 나타나는 애니메이션

• fade	• fade-left	• fade-up-left
• fade-up	• fade-right	• fade-down-right
• fade-down	• fade-up-right	• fade-down-left

● 플립(flip): 회전하며 나타나는 애니메이션

• flip-up	• flip-down	• flip-left	• flip-right

● 슬라이드(slide): 슬라이드하며 나타나는 애니메이션

• slide-up	• slide-down	• slide-left	• slide-right

● 줌(zoom): 줌이 되는 애니메이션

• zoom-in	• zoom-in-left	• zoom-out-up	• zoom-out-right
• zoom-in-up	• zoom-in-right	• zoom-out-down	
• zoom-in-down	• zoom-out	• zoom-out-left	

■ 옵션 설정　　▶ 데모　　chapter6/10-demo1

애니메이션이 실행될 때까지 대기 시간이나 속도 등을 각각 설정할 수 있습니다. 애니메이션 종류와 함께 필요한 속성 및 값만 적으면 됩니다. 예를 들어 한꺼번에 요소를 표시하는 것이 아니라 하나씩 표시되도록 하려면 data-aos-delay로 조금씩 지연시킵니다.

chapter6/10-demo1/index.html

```html
<img src="images/img1-800.jpg" data-aos="fl ip-left" alt="Sainte Chapelle">
<img src="images/img2-800.jpg" data-aos="fl ip-left" data-aos-delay="200" alt="Fushimi Inari Shrine">
<img src="images/img3-800.jpg" data-aos="fl ip-left" data-aos-delay="400" alt="The Ocean in Okinawa">
<img src="images/img4-800.jpg" data-aos="fl ip-left" data-aos-delay="600" alt="Rainbow Colored Ocean">
<img src="images/img5-800.jpg" data-aos="fl ip-left" data-aos-delay="800" alt="Île de la Cité">
<img src="images/img6-800.jpg" data-aos="fl ip-left" data-aos-delay="1000" alt="Night View in Otaru">
```

좌측 위 요소부터 순서대로 200ms(0.2초) 간격으로 표시된다.

옵션 종류

속성	의미	지정할 수 있는 값	기본값
data-aos-off set	애니메이션을 시작하는 스크롤 위치	숫자(px)	120
data-aos-duration	애니메이션이 한 번 실행되는 데 걸리는 시간	숫자(ms)	400
data-aos-easing	애니메이션 속도와 타이밍	linear, ease, ease-in, ease-out, ease-in-out, ease-in-back, ease-out-back, ease-in-out-back, ease-in-sine, ease-out-sine, ease-in-out-sine, ease-in-quad, ease-out-quad, ease-in-out-quad, ease-in-cubic, ease-out-cubic, ease-in-out-cubic, easein-quart, ease-out-quart, ease-in-out-quart	ease
data-aos-delay	애니메이션이 시작하기까지 걸리는 시간	숫자(ms)	0
data-aos-anchor	애니메이션을 실행하는 위치를 별도 요소에 설정	셀렉터	null
data-aos-anchor-placement	요소의 어느 위치까지 스크롤하면 애니메이션을 실행할지 설정	top-bottom, top-center, top-top, center-bottom, center-center, center-top, bottom-bottom, bottom-center, bottom-top	top-bottom
data-aos-once	애니메이션을 한 번만 실행시킬지 여부	• true: 한 번만 • false: 스크롤할 때마다 실행	false

이외에도 많은 옵션이 있으니 어떻게 동작하는지 확인하고 적용해봅시다.

모든 요소에 옵션 일괄 지정 ▶데모 chapter6/10-demo2

옵션은 HTML 태그 속성으로 각각 설정할 수 있지만 전부 같은 옵션을 적용하고 싶다면 자바스크립트로 묶어서 하는 것이 좋습니다. 옵션은 자바스크립트 파일의 **AOS.init({**와 **});** 사이에 설정합니다.

앞서 설명한 옵션 속성에서 **data-aos-**를 제외한 나머지를 입력합니다. 예를 들어 애니메이션이 실행되는 시간을 조금 늦추고 싶을 때는 **duration: 1000**으로 설정합니다. 애니메이션이 기본값보다 천천히 실행됩니다.

js chapter6/10-demo2/js/script.js

```
AOS.init({
    duration: 1000
});
```

6.11 다크 모드에 대응하는 법

스마트폰이 보급되면서 어두운 곳에서 화면을 보는 일이 많아졌고 눈의 피로도를 줄일 수 있는 다크 모드를 적용하는 웹사이트가 늘고 있습니다. 다크 모드에 대응하는 웹사이트를 구현하고자 색을 변경해보겠습니다.

■ 다크 모드로 보기

다크 모드는 화면 배경을 검은색 톤으로 맞춘 디자인입니다. OS에서 설정하거나 밤이 되면 다크 모드로 전환되는 것도 있습니다. 우선 다크 모드에 어떤 것이 있는지 살펴보겠습니다.

맥

macOS Mojave 이후부터 다크 모드를 사용할 수 있습니다. 'Apple 메뉴→시스템 환경 설정→일반' 순서로 클릭해 패널 상단의 '화면 모드' 옵션에서 '다크 모드'를 선택합니다. '자동'은 낮에는 라이트 모드, 밤에는 다크 모드로 자동 전환하는 기능입니다.

윈도우

Windows 10 May 2019 이후부터 다크 모드를 사용할 수 있습니다. 바탕화면의 아무것도 없는 곳에서 우측 버튼을 클릭해 '개인 설정→색'을 선택한 후 '기본 앱 모드 설정'에서 '어둡게'를 선택합니다.

맥과 윈도우의 설정을 바꾸면 대응하는 애플리케이션이나 웹사이트의 색 조합이 바뀝니다.

일반 모드

다크 모드

■ CSS로 웹사이트를 다크 모드에 대응하도록 만들기

컴퓨터에서 다크 모드를 설정하면 웹사이트도 다크 모드로 바뀌도록 설정합니다. 별도 파일은 필

요하지 않으며 CSS 파일에 prefers-color-
scheme이라는 미디어 특성을 사용해 다크 모드
를 적용하고 싶은 CSS를 적습니다. OS에서 다
크 모드를 설정하면 스타일이 적용돼 웹사이트
도 다크 모드가 적용됩니다. 다크 모드에 적용
하고 싶은 스타일을 @media (prefers-color-
scheme: dark) {와 } 사이에 적습니다.

> **CSS** 예시
>
> ```
> @media (prefers-color-scheme: dark) {
>     body {
>         background-color: #000;
>         color: #fff;
>     }
> }
> ```

커스텀 속성으로 쉽게 관리하기

다크 모드를 적용하고 싶은 스타일을 많이 적으면 코드가 길어집니다. 이때 **커스텀 속성**[1]을 사용하면
좋습니다. 일반 모드와 다크 모드를 전환할 때 바꾸고자 하는 색을 커스텀 속성으로 등록해두면 코드
를 구현할 때 굉장히 편합니다.

----

[1] 커스텀 속성은 5.4절을 참고하기를 바랍니다.

갤러리 데모 사이트에서는 문자색은 **--text**, 배경색은 **--bg**, 동영상은 배경색과 잘 어우러지도록 불투명도를 **--video-opacity**로 설정했습니다. 일반 모드는 흰색 배경이고 글씨는 진한 회색이지만 다크 모드에서는 검은색 배경에 글씨는 연한 회색이 됩니다. 하나씩 지정하는 것보다 일괄로 변경되도록 해야 코드도 짧아집니다.

CSS chapter6/Demo-Gallery/css/style.css

```css
:root {
    --text: #333;
    --bg: #fff;
    --video-opacity: .5;
}
@media (prefers-color-scheme: dark) {
    :root {
        --text: #ddd;
        --bg: #000;
        --video-opacity: .7;
    }
}

body {
    color: var(--text);
    background: var(--bg);
    font-family: 'Bree Serif', sans-serif;
}
```

다크 모드용 미디어 쿼리 안에 커스텀 속성 값을 설정하면 관리가 쉬워진다.

흰 배경의 일반 모드

어두운 배경의 다크 모드

부드러운 애니메이션과 함께 전환

지금까지 설명한 내용만 적용하면 OS 설정으로 다크 모드 전환 시 화면 색이 갑자기 바뀝니다. **transition: .5s;**를 추가해 부드럽게 전환하도록 하겠습니다. 값은 애니메이션 길이이니 자유롭게 변경하세요.

CSS chapter6/Demo-Gallery/css/style.css

```css
body {
    color: var(--text);
    background: var(--bg);
    font-family: 'Bree Serif', sans-serif;
    transition: .5s;
}
```

페이지 전체에 적용되기 때문에 <body> 태그에 설정한다.

갑자기 화면 색이 바뀌면 나타나는 어른거림이 줄어든다.

■ 다크 모드 적용 예

주로 사용하는 OS, 애플리케이션, 웹사이트의 색 조합을 살펴보겠습니다. 검은색을 기본으로 해 색을 거의 사용하지 않는 것이 특징입니다. 다음의 예를 참고해 다크 모드를 구현할 때 어떤 색으로 조합할지 생각하기를 바랍니다.

iOS 글자색

배경색	서브 배경색	글자색
#000000	#1C1C1E	#FFFFFF

서브 글자색	메인 컬러	서브 컬러
#808080	#0A84FF	#30D158

트위터

완전히 어둡게

배경색	서브 배경색	글자색
#000000	#15181C	#D9D9D9

서브 글자색	메인 컬러
#6E767D	#1DA1F2

어둡게

배경색	서브 배경색	글자색
#15202B	#192734	#FFFFFF

서브 글자색	메인 컬러
#8899A6	#1DA1F2

https://twitter.com

페이스북 메시지

배경색	서브 배경색	글자색
#000000	#333333	#FFFFFF

서브 글자색	메인 컬러
#8B8B8B	#19A3FE

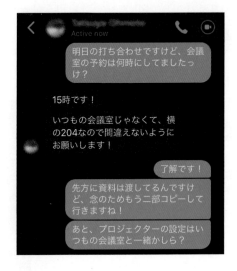

유튜브

배경색	서브 배경색	글자색
#1F1F1F	#282828	#FFFFFF

서브 글자색	메인 컬러	서브 컬러
#AAAAAA	#FF0000	#3EA6FF

https://www.youtube.com/

크롬

배경색	서브 배경색	글자색
#202124	#292A2D	#E8EAED

서브 글자색	메인 컬러
#9AA0A6	#8AB4F8

맥OS

배경색	서브 배경색
#414039	#3C3D34

글자색	메인 컬러
#E8E8E8	#2F7CF6

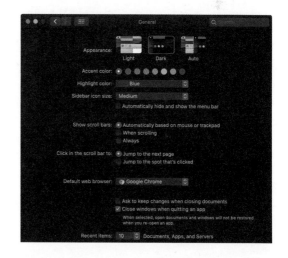

윈도우

배경색	서브 배경색	글자색
#000000	#1F1F1F	#FFFFFF

글자색	메인 컬러
#797979	#0078D7

각 색의 의미는 다음과 같습니다.

- 배경색: 화면 전체 배경색
- 서브 배경색: 각 요소에 사용되는 배경색
- 메인 컬러: 가장 눈에 띄는 색
- 서브 컬러: 메인 컬러 다음으로 눈에 띄는 색

6.12 연습 문제

6장에서 배운 것을 실제로 활용할 수 있도록 직접 연습해볼 수 있는 문제를 준비했습니다. 다음 내용이 반영되도록 연습 문제용으로 준비된 베이스 파일을 수정해보세요.

> 1 평상시에는 세피아 필터가 적용된 이미지를 표시하고 이미지에 커서를 갖다 두면 컬러로 바꾼다.
>
> 2 이미지에 커서를 갖다 두면 오른쪽으로 10도 기울어진다.
>
> 3 이미지를 클릭하면 라이트 박스를 적용해 페이지 안에 확대하고 이미지 하단에 alt 속성으로 설정된 텍스트를 표시한다.

■ 베이스 파일 확인

[연습 문제 파일] chapter6/12-practice-base

라이트 박스용 CSS와 자바스크립트 파일은 이미 불러왔습니다. script.js를 수정해 라이트 박스를 구현해봅시다.

모두가 좋아하는 동물

커서를 갖다 둬도 변화가 없다.

화면을 클릭하면 다른 페이지로 이동해 큰 이미지가 나타난다.

■ 해설 확인

 [연습 문제 파일] chapter6/12-practice-answer

모르는 것이 있으면 8장을 참고해 스스로 해결해보기를 바랍니다. 직접 해결하기 위해 투자하는 그 시간이 나중에 큰 힘이 될 것입니다. 문제를 모두 풀었다면 해설을 확인해보세요.

모두가 좋아하는 동물

세피아 이미지가 됐다.

마우스 커서를 두면

모두가 좋아하는 동물

이미지에 커서를 갖다 두면 옆으로 기울어지면서 컬러로 바뀐다.

이미지를 클릭하면 라이트 박스로 같은 페이지 안에 이미지가 확대되고 하단에 텍스트가 표시된다.

6.13 커스터마이징

이번 장에서는 애니메이션을 추가해 다이내믹한 디자인을 만드는 방법을 알아봤습니다. 움직임에 따라 여러 방법으로 보여줄 수 있으니 커스터마이징해봅시다.

■ 갤러리 사이트의 커스터마이징 포인트

grid를 적용한 레이아웃에서는 같은 크기 틀을 나열하거나 갤러리 데모 사이트처럼 일부만 크기를 변경할 수도 있습니다. 먼저 표시하고 싶은 내용에 맞게 틀의 크기를 생각하고 filter나 transform으로 이미지를 어떻게 보여줄 것인가 고민해봅시다. 자바스크립트에서 옵션 값을 바꾸며 어떻게 움직이는지 확인해보는 것도 좋은 방법입니다.

요구 사항

- 20~30대를 타깃으로 한 세련된 분위기의 카페 웹사이트. 목록으로 메뉴 사진을 표시하고 주소, 휴무일 등 가게 정보도 게시하고 싶다.
- 30대 여성을 메인 타깃으로 한 액세서리 웹사이트. 베이지와 연한 초록으로 부드러운 분위기를 만들고자 한다. 페이지 하단에 문의를 위한 양식을 추가하고 싶다.
- 모두의 취미를 소개하는 웹사이트. 무엇이든 좋고 동영상이나 사진과 함께 '취미에 빠지게 된 포인트'라는 소개문이 필요하다.

HTML과 CSS를
더 빠르고 쉽게 관리하는 방법

—

HTML과 CSS의 기본을 익숙해졌다면 이제 얼마나 효율적으로, 그리고
실수가 없도록 구현할 것인지 생각합니다. 이번 장에서는 에밋, calc 함수,
Sass 등을 소개합니다.

CHAPTER

07

HTML & CSS & WEB DESIGN

7.1 에밋으로 빠르게 코딩하기

HTML 및 CSS의 구현 방법에 익숙해졌다면 어떻게 하면 효율적으로 구현할 수 있을지 고민해볼 차례입니다. 에밋Emmet이라는 편리한 기능으로 실수도 줄이고 코딩 속도도 높여봅시다.

■ 에밋이란

에밋은 HTML와 CSS 코드 입력을 지원하는 에디터용 확장 기능입니다. 기존보다 코드가 생략돼 효율적인 코드 작성이 가능합니다. `margin-bottom : 100px;`을 구현하고자 한다면 `mb100`을 입력한 후 `tab` 키를 누르면 자동으로 완성됩니다. 실제로 입력하는 글자가 적어 굉장히 편리합니다.

https://emmet.io/

에밋이 표준 탑재된 텍스트 에디터

소개하는 텍스트 에디터는 처음부터 에밋이 탑재되어 있어 별도로 설정하지 않아도 바로 사용할 수 있습니다. 특히 비주얼 스튜디오 코드Visual Studio Code는 맥과 윈도우에서 무료입니다. 이번 장에서는 비주얼 스튜디오 코드를 기반으로 설명하겠습니다.

- 비주얼 스튜디오 코드: https://azure.microsoft.com/ko-kr/products/visual-studio-code/
- 어도비 드림위버Adobe Dreamweaver: https://www.adobe.com/kr/products/dreamweaver.html

확장 기능으로 에밋을 추가할 수 있는 에디터

소개하는 텍스트 에디터는 에밋이 기본 탑재되지는 않았지만 확장 기능을 추가하면 에밋을 사용할 수 있습니다. 사용 방법은 각 공식 사이트를 확인하기를 바랍니다.

- 아톰Atom: https://atom.io/
- 브래킷Brackets: http://brackets.io/
- 서브라임 텍스트Sublime Text: https://www.sublimetext.com/

■ 에밋으로 HTML 구현하는 법

HTML 파일을 열고 축약어를 적은 후 단축키인 (tab)을 누르면 코드가 자동으로 완성됩니다. 단축키는 텍스트 에디터에 따라 다를 수 있으니 각 에디터 공식 사이트를 확인하기를 바랍니다.

태그 입력

간단한 것부터 해보겠습니다. HTML에 태그를 쓸 때마다 <와 >를 적는 것은 상당히 번거로운 일입니다. 에밋에서는 태그 이름을 적고 (tab) 키를 누르기만 하면 됩니다.

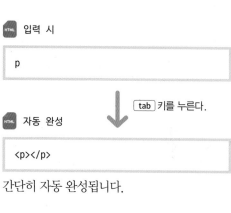

간단히 자동 완성됩니다.

클래스가 붙은 태그 입력

태그에 클래스를 붙인다면 태그명 뒤에 .를 추가하고 이어서 클래스명을 적습니다.

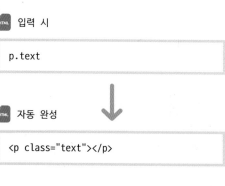

ID가 붙은 태그 입력

클래스가 아닌 ID를 붙이고 싶다면 . 대신 #(해시)를 붙여 입력합니다.

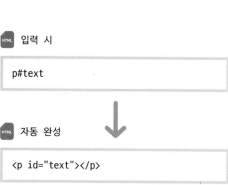

자식 요소가 있는 태그 입력

부모 자식 관계를 구현하려면 >로 구분해서 입력
합니다.

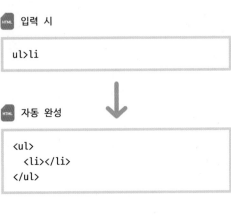

HTML 입력 시

```
ul>li
```

HTML 자동 완성

```
<ul>
  <li></li>
</ul>
```

여러 태그 입력

같은 태그를 여러 번 반복해서 입력할 때는 *를
붙이고 반복하고 싶은 숫자를 입력합니다.

HTML 입력 시

```
p*3
```

HTML 자동 완성

```
<p></p>
<p></p>
<p></p>
```

조합해서 코드 단축하기

지금까지 설명한 입력 방법을 조합하면 짧은 한
줄만으로도 여러 줄로 된 코드를 완성할 수 있
습니다. 클래스명이 menu인 <ul> 태그에 <li>
태그가 세 개, 그리고 그 안에 <a> 태그가 있는
코드를 구현하고자 한다면 우측의 코드처럼 입
력합니다.

HTML 입력 시

```
ul.menu>li*3>a
```

HTML 자동 완성

```
<ul class="menu">
  <li><a href=""></a></li>
  <li><a href=""></a></li>
  <li><a href=""></a></li>
</ul>
```

기억해두면 편리한 입력 방법

다른 기호를 사용해 코드를 편리하게 구현하는 방법이 있습니다. 태그를 만드는 방법부터 시작해 조
금씩 다른 방법도 적용해보세요.

기호	의미	예시	자동 완성
.	클래스명 지정	p.text	`<p class="text"></p>`
#	ID명 지정	p#text	`<p id="text"></p>`
>	자식 요소 입력	ul>li	`<ul><li></li></ul>`
*	태그 여러 개 입력	p*3	`<p></p><p></p><p></p>`
+	같은 계층 입력	div+p	`<div></div><p></p>`
^	한 단계 상위 계층 입력	ul>li^div	`<ul><li></li></ul><div></div>`
{}	텍스트 입력	p{텍스트}	`<p>텍스트</p>`
$	일련번호 붙이기	li.menu$*3	`<li class="menu1"></li><li class="menu2"></li><li class="menu3"></li>`

■ 에밋으로 CSS 구현하는 법

CSS도 앞서 설명한 것과 마찬가지로 CSS 파일을 열어서 축약어를 적은 후 `tab` 키로 코드를 자동 완성할 수 있으며 속성뿐만 아니라 값도 함께 설정할 수 있습니다. CSS 속성은 외우기 어려운 철자도 많으니 에밋으로 오타를 줄일 수 있습니다.

속성 입력

속성은 대부분 앞글자 한두 개만 입력하면 됩니다. 자동 완성되면 값을 입력하는 곳에 텍스트 커서가 이동해 그대로 입력합니다.

margin과 padding은 대개 top, right, bottom, left와 조합해 입력합니다. 이럴 때도 글자 하나만 더 입력하면 간단하게 추가할 수 있습니다.

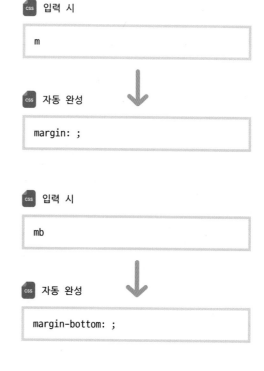

css 입력 시

```
m
```

css 자동 완성

```
margin: ;
```

css 입력 시

```
mb
```

css 자동 완성

```
margin-bottom: ;
```

값을 조합해 입력

속성과 값을 함께 설정할 수도 있습니다.

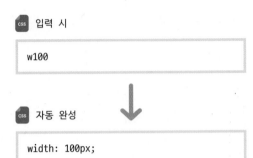

단위를 입력하는 곳에 아무것도 적지 않으면 px, %면 p, rem이면 r, em이면 e처럼 값 뒤에 단위의 머리글자를 입력합니다.

예시	자동 완성
w100	width: 100px;
w100p	width: 100%;
w100r	width: 100rem;
w100e	width: 100em;

속성에 따라 컬러 코드도 함께 입력할 수 있습니다.

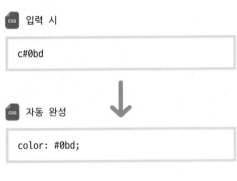

여러 값 입력

값을 여러 개 입력할 때는 공백 대신 - (하이픈) 으로 값을 구분해 입력합니다.

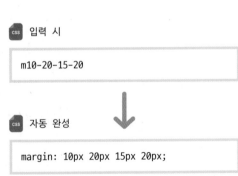

기억해두면 편리한 입력 방법

CSS는 속성에 따라 입력하는 방법이 달라 HTML에 비해 다루기 어렵다고 느낄 수 있습니다. 자주 사용하는 것부터 기억해두세요.

예시	자동 완성
m	margin: ;
p	padding: ;
w	width: ;
h	height: ;
fz	font-size: ;
c	color: #000;
bg	background: #000;
bd	border: 1px solid #000;
df	display: flex;
ta	text-align: left;

■ 에밋 입력 방법 모음

에밋에는 여러 가지 입력 방법이 있습니다. 공식 사이트의 축약어 목록 페이지를 참고하기 바랍니다.

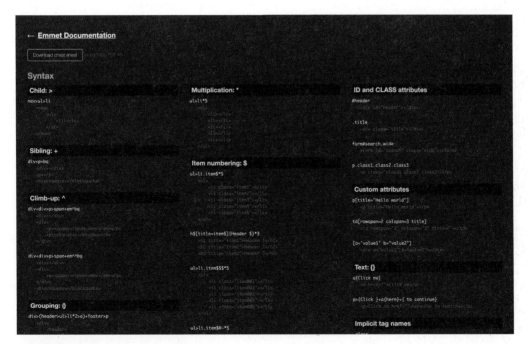

https://docs.emmet.io/cheat-sheet/

7.2 calc 함수로 계산식 사용하는 법

크기를 정할 때 calc 함수로 CSS에서 계산식을 사용할 수 있습니다.

■ calc 함수 사용법　▶ 데모　chapter7/02-demo1

calc 함수는 간단히 calc 뒤 괄호 안에 계산식을 적으면 됩니다. +, − 연산자는 앞뒤에 빈칸이 꼭 들어가야 한다는 점에 주의하기를 바랍니다 (*, / 연산자는 앞뒤에 빈칸이 없어도 되지만 일관성을 위해 빈칸을 넣는 것을 추천합니다).

CSS 예시

```
셀렉터 {
    속성 : calc(계산식);
}
```

사용할 수 있는 연산자

연산자	의미
+	더하기
−	빼기
*	곱하기
/	나누기

CSS chapter7/02-demo1/style.css

```
div {
    background: #0bd;
    width: calc(100% / 3);
    height: 100px;
    padding: 16px;
}
```

예를 들어 화면 폭의 1/3에 표현하고 싶을 때는 위 코드와 같이 구현하며 다음의 그림처럼 표현됩니다.

화면 폭의 1/3

화면 폭의 1/3, 즉 폭이 33.3333....%가 된다.

■ 각각 다른 단위 사용　▶ 데모　chapter7/02-demo2

서로 다른 단위를 조합해 식을 만들 수도 있습니다. 전체 화면 높이인 100vh에서 100px을 뺀 만큼만 표시하고 싶다면 **calc(100vh - 100px)**을 적습니다. 단위가 다르면 계산하기 어려우니 편리한 calc를 사용해 자동으로 최적의 값을 냅니다.

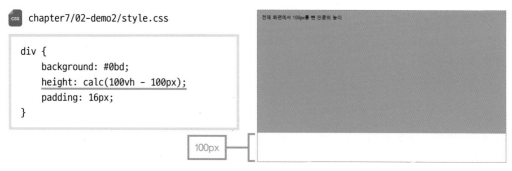

```
css  chapter7/02-demo2/style.css

div {
    background: #0bd;
    height: calc(100vh - 100px);
    padding: 16px;
}
```

전체 화면에서 100px을 뺀 만큼의 높이

100px

전체 화면에서 100px을 뺀 높이가 된다.

■ 커스텀 속성과 조합   ▶ 데모 chapter7/02-demo3

커스텀 속성에 값을 정의하려면 단위도 포함시켜야 합니다. 단위 없이 정의하고 싶을 때는 커스텀 속성을 호출할 때 calc로 단위를 포함한 1을 곱해서 해결할 수 있습니다.

```
css  chapter7/02-demo3/style.css

div {
    --number: 500;
    width: calc(var(--number) * 1px);
    background: #0bd;
    padding: 16px;
}
```

500px

커스텀 속성과 조합하기

커스텀 속성에 단위를 적용해 `width`가 500px이 된다.

7.3 Sass로 효율적인 코딩하기

Sass^{Syntactically Awesome Style Sheets}는 CSS를 더욱 편리하고 효율적으로 구현할 수 있는 언어입니다. CSS에 익숙해졌다면 이제 Sass를 익혀서 더 빠르게 구현해보도록 합시다.

■ Sass란

Sass(www.sass-lang.com)의 기본 사용법은 CSS와 같습니다. 새로운 프로그래밍 언어보다는

CSS를 보조하는 새로운 도구에 가깝습니다. 주로 CSS를 더욱 쉽고 간단하게 관리하기 위해 사용합니다. 어렵게 느껴질 수 있지만 익숙해지면 Sass 없이는 도저히 구현할 수 없다고 느낄 정도로 편리한 언어입니다.

Sass 확장자

Sass 파일의 확장자는 .scss 또는 .sass입니다. CSS에 좀 더 가까운 작성법인 .scss 형식을 기준으로 소개하겠습니다. HTML은 .scss 형식을 인식할 수 없어 변환(컴파일)해서 CSS 파일을 만듭니다. 만약 style.scss라는 Sass 파일을 변환하면 style.css가 됩니다. 변환의 필요성이 익숙하지 않겠지만 최근에는 편리한 변환 도구가 많으니 도구를 이용해봅시다.

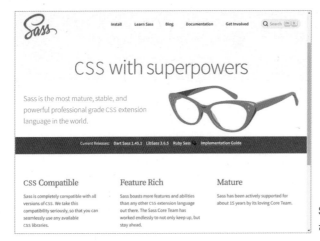

Sass 공식 웹사이트에서 최신 정보 확인이 가능하다.

■ Sass의 장점

실제 코드를 보는 것이 훨씬 이해하기 쉬울 것입니다. 지금부터 Sass를 사용해 어떻게 CSS로 변환하는지 살펴보겠습니다.

셀렉터 부모 자식 관계를 네스트로 구현

부모 셀렉터를 여러 번 적지 않아도 **네스트(중첩)**로 구현하면 자녀 셀렉터도 간단하게 관리할 수 있어 코딩 시간을 단축할 수 있습니다. 어떤 구조로 되었는지 파악하기 쉬워 편하게 유지보수할 수 있습니다.

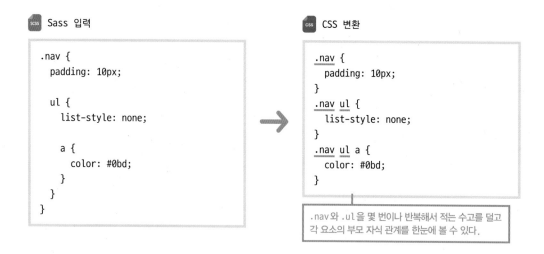

Sass 입력

```
.nav {
  padding: 10px;

  ul {
    list-style: none;

    a {
      color: #0bd;
    }
  }
}
```

CSS 변환

```
.nav {
  padding: 10px;
}
.nav ul {
  list-style: none;
}
.nav ul a {
  color: #0bd;
}
```

.nav와 .ul을 몇 번이나 반복해서 적는 수고를 덜고
각 요소의 부모 자식 관계를 한눈에 볼 수 있다.

변수로 값 다시 사용하기

몇 번이나 사용하는 값은 변수로 정의해서 다시 사용하는 것이 가능합니다. CSS에서도 커스텀 속성을 변수로 활용하지만 CSS보다 기호를 덜 써도 돼 작성하면서 발생할 수 있는 실수를 줄이는 것은 물론 더 편리하게 사용할 수 있습니다.

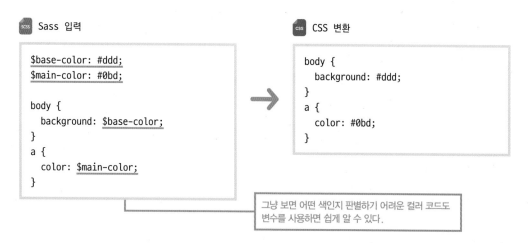

Sass 입력

```
$base-color: #ddd;
$main-color: #0bd;

body {
  background: $base-color;
}
a {
  color: $main-color;
}
```

CSS 변환

```
body {
  background: #ddd;
}
a {
  color: #0bd;
}
```

그냥 보면 어떤 색인지 판별하기 어려운 컬러 코드도
변수를 사용하면 쉽게 알 수 있다.

파일을 분할해 관리

코드가 길어지면 파일 한 개로 관리하는 것
이 어렵습니다. 웹 페이지 부품이나 페이지
마다 파일을 분할한 후 저장하면 각 목적에
따라 관리할 수 있고 쉽게 수정할 수 있습
니다.

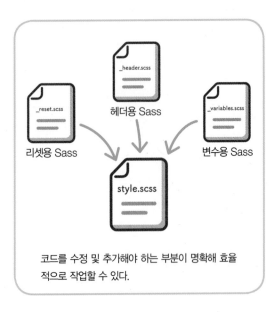

코드를 수정 및 추가해야 하는 부분이 명확해 효율
적으로 작업할 수 있다.

COLUMN

Sass를 체험할 수 있는 SassMeister

실제로 Sass를 사용하기 위한 환경 설정을 알아보기 전에 Sass가 어떤 것인지 좀 더 경험해보고 싶다면
SassMeister라는 온라인 도구가 있습니다. 좌우로 분할된 페이지에서 좌측의 Sass가 적힌 부분에 Sass 코드
를 적으면 자동으로 우측에 CSS 형태로 출력됩니다. 앞서 소개한 예제 코드를 입력하고 어떻게 변환되는지
확인해보세요.

https://www.sassmeister.com/

7.4 VSCode로 Sass 사용하는 법

비주얼 스튜디오 코드, 줄여서 VSCode는 마이크로소프트에서 제공하는 텍스트 에디터입니다. 기본 기능만으로도 코딩이 가능해 초보자가 다루기 쉬워 인기 있습니다. VSCode로 Sass를 사용해봅시다.

01 VSCode 설치하기

VSCode로 Sass를 사용해 보겠습니다. 전혀 어렵지 않습니다.

> 1. VSCode를 설치한다.
> 2. DartJS Sass Compiler and Sass Watcher 확장 기능을 설치한다.

2단계만 거치면 끝입니다. VSCode 공식 사이트에서 다운로드한 후 설치합니다. VSCode는 맥 및 윈도우 모두 무료로 사용할 수 있습니다.

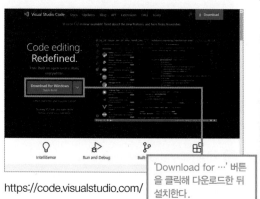

https://code.visualstudio.com/

'Download for …' 버튼을 클릭해 다운로드한 뒤 설치한다.

설치 완료 후 VSCode를 실행한 화면

VSCode 한국어 언어팩 설치

설치를 끝내면 메뉴가 영어로 표시돼 익숙하게 사용하려면 한국어로 바꿔야 합니다. 좌측 메뉴의 가장 아래에 있는 아이콘을 클릭해서 확장 기능 화면을 엽니다. 패널 상단의 검색란에 Korean을 입력하면 'Korean(사용법) Language Pack for Visual Studio Code'가 나타납니다. 클릭한 후 'Install' 버튼을 눌러 설치합니다. 설치가 완료되고 VSCode를 다시 실행하면 한국어 화면으로 바뀝니다.

Korean(사용법) Language Pack for Visual Studio Code를 설치한다.

VSCode를 재실행하면 한국어 화면이 나타난다.

02 DartJS Sass Compiler and Sass Watcher 확장 기능 설치하기

DartJS Sass Compiler and Sass Watcher는 Sass 파일을 CSS 파일로 자동 변환해주는 확장 기능입니다. 앞서 설명한 확장 기능 메뉴에서 DartJS Sass Compiler and Sass Watcher를 검색해서 설치해봅시다. 모두 설치했다면 준비는 끝이 납니다.

■ Sass 사용해보기 ▶ 데모 chapter7/04-demo

우선 상단 메뉴에서 '파일→새 파일'을 클릭해 새로운 Sass 파일을 만듭니다. style.scss라는 파일명에 오른쪽 코드를 입력한 후 임의의 폴더에 저장하겠습니다.

chapter7/04-demo/style.scss

```scss
$main-color: #0bd;

.nav {
  padding: 10px;

  a {
    color: $main-color;
  }
}
```

바탕화면에 SASS-TEST 폴더를 만든 후 그 안에 저장한다.

저장하면 SCSS 파일과 동일한 폴더에 자동 변환되어 CSS 파일이 생성됩니다. 자동 생성된 style.css 를 보면 어떻게 CSS 코드로 변환되는지 확인할 수 있습니다. 이처럼 한 번만 DartJS Sass Compiler and Sass Watcher를 설치하면 Sass 탐지가 시작돼 Sass 파일을 저장할 때마다 CSS 파일로 자동 변환합니다.

css chapter7/04-demo/style.css

```css
.nav {
  padding: 10px;
}

.nav a {
  color: #0bd;
}
```

style.scss와 같은 폴더에 style.css 파일이 생성된다.

SCSS 파일과 CSS 파일을 좌우에 두고 비교한 모습입니다.

같은 폴더에 style.min.css로 자동 생성됩니다. 들여쓰기나 줄 바꿈, 일반적인 코멘트 아웃을 모두 제외한 스타일로 생성된 CSS 파일입니다. 파일 크기를 줄일 수 있어 실제 웹사이트에 적용할 때는 .min.css 파일을 추천합니다.

.css.map이란

CSS 변환이 완료되면 CSS 파일과 함께 .css.map 파일도 생성됩니다. 열어보면 알 수 없는 코드가 많이 적혀 있습니다. SCSS 파일과 CSS 파일을 합치기 위한 소스맵source map이라는 파일입니다. 소스맵 파일이 있으면 크롬에서 개발자 도구로 CSS 파일을 검증할 때 원래 SCSS 파일 몇 번째 줄에 있던 내용인지 알 수 있습니다. 소스맵 파일은 삭제해도 괜찮습니다. CSS로 변환하면 다시 자동으로 생성됩니다.

다른 텍스트 에디터에서 Sass 사용하는 법

VSCode 외 다른 텍스트 에디터에서도 Sass를 자동 변환해주는 확장 기능이 있습니다. VSCode보다 손이 많이 가지만 공식 사이트에서 확장 기능을 확인하고 설정해봅시다.

에디터	확장 기능	공식 사이트
아톰(Atom)	sass-autocompile	https://atom.io/packages/sass-autocompile
브래킷(Brackets)	brackets-sass	https://github.com/jasonsanjose/brackets-sass

7.5 네스트 자유자재로 구사하기(Sass 활용하기 ①)

지금까지 설명한 것처럼 Sass의 네스트를 사용하면 셀렉터의 부모 자녀 관계를 한 번에 설정할 수 있어 코드를 쉽게 정리할 수 있습니다. 네스트 기능을 잘 활용해서 코드를 더욱 이해하기 쉽게 구현해 봅시다.

■ &를 붙여서 부모 셀렉터 참고하기   ▶ 데모   chapter7/05-demo1

&(앰퍼샌드)는 부모 셀렉터에 연결하는 기능이 있습니다. 셀렉터에 직접 붙이는 :hover와 같은 가상 클래스, ::after 같은 가상 요소를 구현할 때 편리합니다. 사용법은 부모 셀렉터 괄호 안에 &와 셀렉터를 이어서 적습니다. 예를 들어 부모 셀렉터에 :hover를 연결하고 싶으면 &:hover라고 씁니다. & :hover처럼 공백이 있으면 적용되지 않으니 주의하세요.

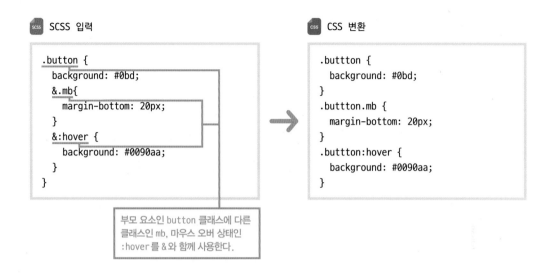

SCSS 입력

```scss
.button {
  background: #0bd;
  &.mb{
    margin-bottom: 20px;
  }
  &:hover {
    background: #0090aa;
  }
}
```

CSS 변환

```css
.buttton {
  background: #0bd;
}
.buttton.mb {
  margin-bottom: 20px;
}
.buttton:hover {
  background: #0090aa;
}
```

부모 요소인 button 클래스에 다른 클래스인 mb, 마우스 오버 상태인 :hover 를 &와 함께 사용한다.

클래스명도 네스트로 가능 ▶데모 chapter7/05-demo2

클래스명으로 부모 자식 관계를 표현할 때도 &로 연결해서 정리하면 편리합니다. 클래스명을 만들 때 보통 '부모 요소–자식 요소'처럼 기호로 구분하는 경우가 많습니다. 부모 요소는 post, 자식 요소는 post-title로 클래스명을 짓는 이유도 같습니다. 모두 post를 공통으로 사용하니 이후에 이어지는 클래스명은 &로 연결할 수 있습니다.

SCSS 입력

```scss
.post {
  margin-bottom: 20px;
  &-title {
    font-size: 2rem;
    padding-bottom: 10px;
    color: #0bd;
  }
  &-date {
    color: #ccc;
  }
}
```

&로 연결한다.

CSS 변환

```css
.post {
  margin-bottom: 20px;
}
.post-title {
  font-size: 2rem;
  padding-bottom: 10px;
  color: #0bd;
}
.post-date {
  color: #ccc;
}
```

공통 부분이 사라지고 부모 요소 클래스명과의 관계성이 잘 보인다.

■ 속성명도 네스트로 가능　　▶ 데모　chapter7/05-demo3

네스트는 셀렉터 외에서도 적용할 수 있습니다. `margin-bottom`처럼 -으로 구분된 속성도 괄호로 구분해 네스트를 적용할 수 있습니다. &는 필요 없지만 부모가 될 속성에 {(중괄호)를 붙이고 그 앞에 :을 넣습니다. 사용하는 법이 특이하니 반드시 이용하지 않아도 됩니다. 잘 확인해서 사용하기를 바랍니다.

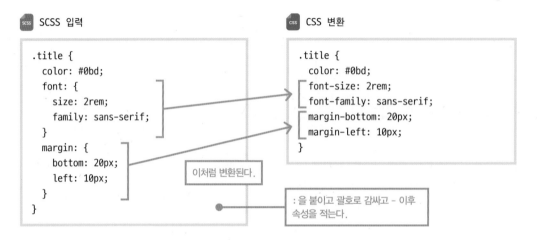

SCSS 입력

```scss
.title {
  color: #0bd;
  font: {
    size: 2rem;
    family: sans-serif;
  }
  margin: {
    bottom: 20px;
    left: 10px;
  }
}
```

CSS 변환

```css
.title {
  color: #0bd;
  font-size: 2rem;
  font-family: sans-serif;
  margin-bottom: 20px;
  margin-left: 10px;
}
```

이처럼 변환된다.

: 을 붙이고 괄호로 감싸고 - 이후 속성을 적는다.

■ 과도한 네스트 사용은 주의하기

네스트를 사용하면 매우 편리하지만 너무 많이 쓰면 계층이 깊어져 오히려 이해하기 힘든 코드가 됩니다. 특히 }가 너무 많아지면 어떤 것이 닫힌 괄호인지 알기 어려워 괄호를 누락하기도 합니다. 많아도 3단계까지가 적당합니다. 구현하다가 계층이 많아지면 해당 괄호가 어떤 내용을 닫은 것인지 코멘트 아웃으로 남겨놓는 것도 좋은 방법입니다.

```scss
.main-menu {
  margin: 10px;
  nav {
    background: #ddd;
    ul {
      display: flex;
      li {
        margin: 5px;
        a {
          color: #0bd;
          span {
            font-size: .85rem;
          }
        }
      }
    }
  }
}
```

닫힌 괄호가 많으면 어떤 셀렉터를 닫은 것인지 알기 어렵다.

```scss
.main-menu {
  margin: 10px;
  nav {
    background: #ddd;
  }
  ul {
    display: flex;
  }
  li {
    margin: 5px;
  }
  a {
    color: #0bd;
  }
  span {
    font-size: 0.85rem;
  }
} // .main-menu
```

네스트를 적용해 2단계로 정리됐고 코멘트 아웃을 넣었다.[1]

7.6 파셜 파일로 분할하기(Sass 활용하기 ②)

페이지 수가 많아지면 CSS가 수천 줄이 될 수 있습니다. 긴 코드를 파일 하나로 관리하면 읽기도 어렵고 수정해야 할 부분을 찾기도 힘듭니다. 목적 및 부분에 따라 파일을 별도로 나누어 관리해봅시다.

■ 파셜 기본 사용법　▶ 데모　chapter7/06-demo1

분할된 파일을 **파셜**partial이라고 합니다. 파셜 파일을 만들려면 파일명에 _(언더바)를 넣습니다. 헤더 부분을 다른 파일로 저장한다면 _header.scss를 만들고 그 안에 헤더에 사용할 스타일을 작성합니다. 작성한 파셜 파일은 메인 SCSS 파일에서 @use '파셜파일명';으로 불러옵니다. 이때 _와 확장자는 생략할 수 있습니다. 파일을 나눠놓으면 수정이 필요할 때 금방 접근할 수 있습니다. 예를 들어 _header.scss를 style.scss에서 불러온다면 다음과 같이 작성합니다.

---

1 네스트의 코멘트 아웃은 8.2절의 칼럼을 참고하세요.

```
/* _header.scss */
header {
    padding: 2rem;
    background: #000;
    h1 {
        font-size: 3rem;
    }
}
```

```
@use 'header';

/* style.scss */
.buttton {
  background: #0bd;
}
```

_header.scss를 불러올 때 _와 확장자를 생략하고 header 만 적어도 된다.

scss CSS 변환

```
/* _header.scss */
header {
  padding: 2rem;
  background: #000;
}
header h1 {
  font-size: 3rem;
}
```
_header.scss 내용

```
/* style.scss */
.buttton {
  background: #0bd;
}
```
style.scss 내용

서로 다른 폴더에 있는 경우   ▶ 데모   chapter7/06-demo2

분할된 파일이 많으면 용도별로 폴더를 나눠 관리하는 것이 좋습니다. 폴더명은 base, pages처럼 알기 쉬운 이름으로 생성합니다. 파일이 서로 다른 폴더에 있다면 불러올 때 폴더명도 같이 적습니다.

```
$main-color: #0bd;
$bg-color: #000;
```

폴더 구조 예시

chapter7/06-demo2/pages/_header.scss

```
header {
    padding: 2rem;
    h1 {
        font-size: 3rem;
    }
}
```

chapter7/06-demo2/pages/_footer.scss

```
footer {
    text-align: center;
}
```

chapter7/06-demo2/style.scss

```
@use 'base/variables';
@use 'pages/header';
@use 'pages/footer';

.buttton {
  background: variables.$main-color;
}
.item {
  background: variables.$bg-color;
}
```

> 폴더명을 함께 적는다.
> _와 확장자는 생략할
> 수 있다.

CSS 변환

```
header {
    padding: 2rem;
}
header h1 {
    font-size: 3rem;
}
```
> pages/_header.
> scss 내용

```
footer {
    text-align: center;
}
```
> pages/_footer.
> scss 내용

```
.buttton {
    background: #0bd;
}
```

```
.item {
    background: #000;
}
```

다른 파일에서 정의한 변수를 사용할 때 주의할 점이 있습니다. 단순히 변수 이름만 사용하면 제대로 적용되지 않으니 반드시 '**파셜명.변수명**'으로 적습니다. 지금은 _variables.scss에서 정의한 $main-color를 불러오기 위해 variables.$main-color로 적었습니다.

CSS의 import와 다른 점

CSS도 파일을 나누고 '@import 파일명'으로 각 파일을 하나로 모을 수 있지만 CSS는 분할된 파일 개수만큼 불러와야 해 웹 페이지 표시에 시간이 걸립니다. Sass 파셜은 CSS로 변환할 때 하나의 파일로 합쳐 불러오는 파일이 하나가 돼 훨씬 좋은 퍼포먼스를 낼 수 있습니다.

Prepros로 Sass 사용하기

Prepros는 코드 에디터가 아니라 순수하게 파일을 컴파일하는 데 특화된 도구입니다. 알기 쉬운 인터페이스로 만들어져 Sass에 익숙하지 않은 사람도 SCSS에서 CSS로 간단하게 변환할 수 있습니다. 29달러로 유료이지만 무료로도 사용할 수 있습니다. 맥OS, 윈도우, 리눅스를 지원합니다. 웹사이트에서 'Download Free Unlimited Trial' 버튼을 클릭해 다운로드 후 설치해보기 바랍니다.

https://prepros.io/

설치 완료 화면. 이곳에 SCSS 파일을 드래그 앤 드롭한다.

화면 아래에 'Process File' 버튼을 클릭하면 변환할 수 있다.

7.7 mixin으로 스타일 재사용하기(Sass 활용하기 ③)

mixin이란 미리 저장한 스타일을 필요한 곳에서 불러와 재사용하는 기능을 말합니다. '템플릿 만들어 두기'와 같은 의미입니다. 여러 번 사용해야 하는 스타일이 있을 때 활용하면 편리합니다.

■ mixin 기본 사용법 　▶ 데모　 chapter7/07-demo1

@mixin 뒤에 원하는 이름을 적고 괄호 안에 다시 사용하고 싶은 스타일을 정의합니다. 스타일을 적용하고 싶은 셀렉터에서 @include mixin명으로 미리 정의해둔 스타일을 불러옵니다. 다음 예에서는 circle이라는 이름의 mixin에 폭, 높이, 모서리 둥글기를 정의해 80px의 원형을 표현하는 스타일을 만들었습니다.

scss chapter7/07-demo1/style.scss

```scss
@mixin circle {
  width: 80px;
  height: 80px;
  border-radius: 50%;
}

div {
  @include circle;
}
```

위에 적은 circle이라는 mixin을 불러 온다.

css CSS 변환

```css
div {
  width: 80px;
  height: 80px;
  border-radius: 50%;
}
```

circle이라는 mixin에서 정의한 내용이 반영된다.

■ 인수 사용하기 　▶ 데모　 chapter7/07-demo2

인수란 '전해지는 값'을 의미합니다. mixin을 정의할 때 속성 값이 들어가는 부분에 임의의 변수를 넣으면 mixin을 불러올 때 넣은 값이 변수에 대입됩니다.

mixin 정의를 먼저 보겠습니다. 사이즈는 모르지만 원형을 표현하는 스타일입니다. @mixin 뒤에 mixin명을 적고 ()(소괄호)를 적은 후 임의의 변수명을 넣습니다. 예시에서는 $size를 넣었습니다. {} 안에는 스타일을 적고 폭과 높이의 값을 넣는 부분에 $size를 적습니다. mixin을 불러올 때 값이 대입됩니다.

scss chapter7/07-demo2/style.scss

```scss
@mixin circle($size) {
  width: $size;
  height: $size;
  border-radius: 50%;
}
```

임의의 변수명

@include mixin명으로 mixin을 불러옵니다. 인수가 있으니 불러올 때 () 안에 값을 넣으면 mixin에서 정의한 $size에 해당 값이 들어갑니다. 예시에서는 60px을 적어 60px인 원형을 표현하는 스타일로 변환되었습니다.

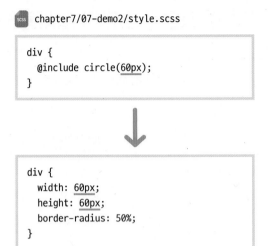

scss chapter7/07-demo2/style.scss

```scss
div {
  @include circle(60px);
}
```

↓

```scss
div {
  width: 60px;
  height: 60px;
  border-radius: 50%;
}
```

■ 인수 여러 개 사용하기 ▶ 데모 chapter7/07-demo3

,로 구분해서 인수를 여러 개 설정할 수도 있습니다. 불러올 때도 괄호 안에 쉼표로 구분해 정의한 순서대로 적습니다. 예시에서는 원 크기 외에 배경색을 $bg로 정의했습니다.

scss chapter7/07-demo3/style.scss

```scss
@mixin circle($size, $bg) {
  width: $size;
  height: $size;
  background: $bg;
  border-radius: 50%;
}

div {
  @include circle(60px, #0bd);
}
```

→

css CSS 변환

```css
div {
  width: 60px;
  height: 60px;
  background: #0bd;
  border-radius: 50%;
}
```

■ 초깃값 설정 ▶ 데모 chapter7/07-demo4

인수가 정의되었으면 호출할 때 반드시 인수 값을 설정해야 합니다. 인수 뒤에 :으로 구분해서 초깃값을 정의할 수도 있습니다. 초깃값이 있으면 값을 변경할 필요가 없을 때 코딩을

scss chapter7/07-demo4/style.scss

```scss
@mixin circle($size:80px) {
  width: $size;
  height: $size;
  border-radius: 50%;
}
```

줄일 수 있습니다. 초깃값은 @mixin mixin명(변수명: 초깃값)으로 정의하며 지금은 **80px**을 초깃값으로 정의했습니다. 불러올 때는 ()를 쓰지 않고 mixin명만 쓰면 초깃값이 호출되고 () 안에 값을 넣으면 그 값이 반영됩니다.

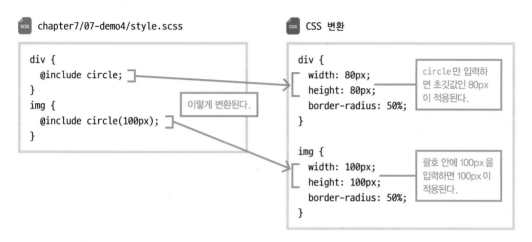

```
chapter7/07-demo4/style.scss

div {
  @include circle;
}
img {
  @include circle(100px);
}
```

이렇게 변환된다.

```
CSS 변환

div {
  width: 80px;
  height: 80px;
  border-radius: 50%;
}
```
circle만 입력하면 초깃값인 80px이 적용된다.

```
img {
  width: 100px;
  height: 100px;
  border-radius: 50%;
}
```
괄호 안에 100px을 입력하면 100px이 적용된다.

■ 커스터마이징 예: 텍스트에 그러데이션 컬러 입히기 ▶ 데모 chapter7/07-demo5

5.8절의 '그러데이션 텍스트 만들기'에서 설명한 텍스트에 그러데이션 컬러를 입히는 방법을 mixin으로 적용해보겠습니다. gradient-title이라는 mixin에 인수 두 개를 준비했습니다. 각각 다른 컬러 코드를 넣어 그러데이션을 만들어봅시다. post-title 클래스에서 호출할 때는 인수를 넣지 않아서 초깃값인 #4db1ec에서 #b473bf인 그러데이션이 적용됩니다. about-title 클래스는 인수를 넣어서 #ff9f67에서 #ffd673인 그러데이션이 됩니다. 다양한 스타일을 정의하고 요소에 따라 값이 조금씩 다른 경우에 mixin이 큰 도움이 됩니다.

chapter7/07-demo5/style.scss

```
@mixin gradient-title($color1: #4db1ec, $color2: #b473bf) {
  background: linear-gradient($color1, $color2);
  -webkit-background-clip: text;
  background-clip: text;
  -webkit-text-fill-color: transparent;
  text-fill-color: transparent;
}

.post-title {
  @include gradient-title;
```

```
}
.about-title {
  @include gradient-title(#ff9f67, #ffd673);
}
```

CSS 변환

```
.post-title {
  background: linear-gradient(#4db1ec, #b473bf);
  -webkit-background-clip: text;
  background-clip: text;
  -webkit-text-fill-color: transparent;
  text-fill-color: transparent;
}

.about-title {
  background: linear-gradient(#ff9f67, #ffd673);
  -webkit-background-clip: text;
  background-clip: text;
  -webkit-text-fill-color: transparent;
  text-fill-color: transparent;
}
```

■ 커스터마이징 예: 셀렉터별로 미디어 쿼리 호출 ▶ 데모 chapter7/07-demo6

인수를 사용하면 불러올 때 값을 설정할 수 있지만 값뿐만 아니라 속성까지 포함해 블록 통째로 설정할 수도 있습니다. mixin을 정의할 때 블록을 넣고 싶은 곳에 @content를 적습니다. 호출할 때는 {} 안에 **속성: 값;**을 적습니다. 커스터마이징할 수 있는 mixin이 완성됩니다. 이를 미디어 쿼리와 조합하면 편리하게 사용할 수 있습니다. 같은 셀렉터에서 화면 폭에 따라 스타일이 바뀌도록 적용할 때 유용합니다.

scss chapter7/07-demo6/style.scss

```scss
@mixin desktop {
  @media (min-width: 600px) {
    @content;
  }
}

h2 {
  font-size: 2rem;
  @include desktop {
    font-size: 5rem;
  }
}
```

css CSS 변환

```css
h2 {
  font-size: 2rem;
}

@media (min-width: 600px) {
  h2 {
    font-size: 5rem;
  }
}
```

@content 에 셀렉터와 font-size: 5rem; 이 추가된다.

사이트 올리는 법과 문제 해결 방법

—

혼자 공부할 때 가장 곤란한 점은 문제를 마주쳤을 때 스스로 해결할 수 없거나 해결하는 데 시간이 많이 걸린다는 것입니다. 문제를 조금이라도 쉽게 해결할 수 있도록 자주 발생하는 문제를 해결하는 방법을 소개하겠습니다.

CHAPTER

08

HTML & CSS & WEB DESIGN

8.1 체크 리스트

웹사이트를 구현하다 보면 제대로 표시되지 않는 경우가 종종 발생합니다. 대부분 간단한 실수를 발견하지 못했기 때문입니다. 다음 체크리스트는 웹사이트 제작을 배우는 학생들이 실제로 자주 묻는 질문을 목록으로 정리한 것입니다. 목록을 확인하고 무엇이 오류를 발생하게 한 원인인지 파악한 후 차근차근 해결해봅시다.

HTML/CSS

☐ 구현한 코드가 반영되지 않는다.

- -

    ☐ 파일을 저장했는가?
    ☐ 구현 중인 파일과 미리보기한 파일이 같은가?

☐ 알 수 없는 이유로 이상하게 표시된다.

- -

    ☐ 태그나 속성을 제대로 적었는가?
    ☐ 레퍼런스 사이트 확인: HTML 요소 레퍼런스 | MDN https://developer.mozilla.org/ja/docs/Web/HTML/Element
    ☐ 태그 시작과 닫힘 개수가 같은가?
    ☐ 닫힘 태그가 제대로 된 곳에 적혀 있는가?
    ☐ HTML 문법에 오류가 없는지 확인해본다(8.2절 참고).

☐ CSS가 적용되지 않는다.

- -

    ☐ HTML에서 CSS 파일 불러오기가 적용되었는가?
    ☐ CSS 파일의 파일 경로가 제대로 되었는가?

☐ 특정 부분에 CSS가 적용되지 않는다.

- -

    ☐ HTML에서 지정한 클래스명이나 태그명과 CSS 셀렉터명이 일치하는가?
    ☐ 클래스명, 태그명, 셀렉터명에 철자가 틀린 것이 있는가?
    ☐ 값 뒤에 ;이 빠지지 않았는가?
    ☐ 속성에 값이 제대로 들어갔는가?
      레퍼런스 사이트 확인: CSS 레퍼런스 | MDN https://developer.mozilla.org/ja/docs/Web/CSS/Reference

☐ 이미지가 표시되지 않는다.

- -

    ☐ 이미지 파일 경로가 제대로 적혀 있는가?
    ☐ 이미지 확장자가 올바르게 적혀 있는가?
    ☐ 이미지가 제대로 저장되었는가?
      *이미지 파일 자체가 깨졌을 가능성이 있다.

☐ 미리보기로 확인할 때 이유를 알 수 없는 여백이 있다.

- -

- [ ] 개발자 도구로 여백 부분을 수정한다. `margin`, `padding` 등 여백이 적용되었는가?
- [ ] HTML 파일에 띄어쓰기가 있는가?
  *텍스트 에디터 화면에서 ⌘ + F (윈도우에서는 Ctrl + F) 키로 문자를 검색할 수 있다. 여기에 공백을 입력하면 찾을 수 있다.

자바스크립트

구현한 코드가 반영되지 않는다.

- [ ] 파일이 저장되었는가?
- [ ] HTML에서 자바스크립트 파일을 제대로 불러오는가?
- [ ] 자바스크립트 파일의 파일 경로가 맞는가?
- [ ] 코드에 틀린 철자가 있지 않은가?
- [ ] 자바스크립트 파일에 띄어쓰기가 있는가?
  *텍스트 에디터 화면에서 ⌘ + F (윈도우에서는 Ctrl + F) 키로 문자를 검색할 수 있다. 여기에 공백을 입력하면 찾을 수 있다.
- [ ] 개발자 도구에서 자바스크립트 오류가 없는지 확인해보자(8.2절의 '자바스크립트' 참고).

개발자 도구에서는 오류가 없는데 반영되지 않는다.

- [ ] 자바스크립트 파일에서 지정한 클래스명, 태그명과 HTML 클래스명, 태그명이 일치하는가?

Sass

구현한 코드가 반영되지 않는다.

- [ ] 파일이 저장되었는가?
- [ ] CSS로 변환되었는가?

CSS로 변환되지 않는다.

- [ ] VSCode 확장 기능인 DartJS Sass Compiler and Sass Watcher를 사용한다면 Watch Sass 버튼을 클릭했는가?
- [ ] 코드에 틀린 철자가 있지 않은가?
- [ ] }(닫힌 중괄호) 수가 맞는가?
- [ ] 속성에 값이 제대로 들어갔는가?
  레퍼런스 사이트 확인: CSS 레퍼런스 | MDN https://developer.mozilla.org/ja/docs/Web/CSS/Reference
- [ ] 오류가 표시되면 지시에 따라 수정한다(8.2절의 'Sass' 참고).

오류가 발견되지 않는데 CSS로 변환되지 않는다.

- [ ] VSCode나 사용하는 변환 도구를 다시 연다. 툴 문제일 수 있다.
- [ ] 에디터, 확장 기능을 최신 버전으로 업데이트한다.

변환한 CSS가 미리보기에 반영되지 않는다.

- [ ] 변환한 CSS 파일을 저장한 곳과 HTML에서 불러오는 CSS 파일 경로가 일치하는가?

8.2 오류 메시지 해결 방법

웹사이트가 생각한대로 표시되지 않으면 오류를 체크할 수 있는 도구를 사용해봅시다. 자주 발생하는 오류 메시지의 의미와 해결 방법에 대해 알아보겠습니다.

■ HTML

HTML 문법은 Nu Html Checker에서 확인할 수 있습니다. 텍스트 영역에 HTML 코드를 복사 및 붙여 넣기해서 [Check] 버튼을 클릭합니다. 빨간색 Error가 있는 곳이 수정해야 할 부분입니다.

https://validator.w3.org/nu/#textarea

오류 메시지 내용이 처음에는 이해하기 어려울지도 모릅니다. 대표적인 오류와 해결 방법을 정리했으니 참고하세요.

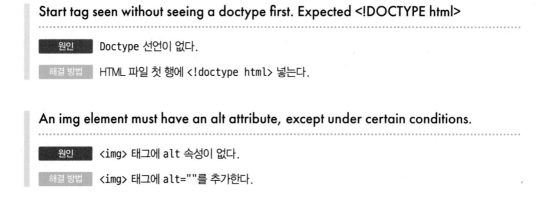

Start tag seen without seeing a doctype first. Expected <!DOCTYPE html>

원인 Doctype 선언이 없다.

해결 방법 HTML 파일 첫 행에 <!doctype html> 넣는다.

An img element must have an alt attribute, except under certain conditions.

원인 <img> 태그에 alt 속성이 없다.

해결 방법 <img> 태그에 alt=""를 추가한다.

Duplicate ID ○○

원인 ID명이 중복된다.

해결 방법
- 각각 ID명을 다르게 적는다.
- ID명이 아니라 클래스명을 설정한다.

Unclosed element ○○

원인 닫히지 않는 태그가 있다.

해결 방법 오류가 발견된 곳에 닫힘 태그를 추가한다.

○○ is obsolete. Use CSS instead.

원인 속성에 border, align 등 HTML5 규격에서는 추천되지 않는 스타일이 적용됐다.

해결 방법 CSS 파일에 필요한 스타일을 적용한다.

No space between attributes.

원인 속성 간 공백이 없다(예: <img src="cat.jpg"alt="고양이">).

해결 방법 속성과 속성 사이에 공백을 넣는다(예: <img src="cat.jpg "alt="고양이">).

Duplicate attribute ○○

원인 태그 하나에 속성이 중복됐다(예: <h2 class="title" class="mb">).

해결 방법 속성을 하나로 합친다(예: <h2 class="title mb">).

Element ○○ not allowed as child of element ▲▲ in this context.

원인 부모 요소 안에 설정하면 안 되는 자식 요소가 있다.

해결 방법 HTML을 수정해서 제대로 된 태그로 고친다.

Element ○○ is missing a required instance of child element ▲▲.

원인 필수 태그가 누락됐다.

해결 방법 HTML을 수정해서 필요한 태그를 추가한다.

■ CSS

CSS 문법도 HTML처럼 Nu Html Checker로 확인할 수 있습니다. 텍스트 영역 위의 CSS를 체크한 후 CSS 코드를 복사 및 붙여넣기해서 확인하고 [Check] 버튼을 누르세요. 빨간색 오류가 있는 곳이 수정해야 할 부분입니다.

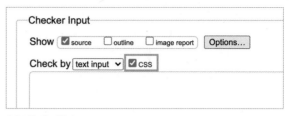

CSS를 체크한다.

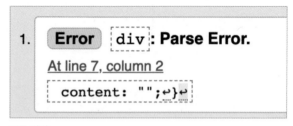

오류 발견

대표적인 오류와 해결 방법을 정리했으니 참고하세요.

Parse Error.

원인
- 오류가 발견된 곳 또는 그 앞의 블록에 괄호가 없다.
- :이 없다.
- 값이 없다.

해결 방법
- 괄호, :, 값 등 부족한 것을 추가한다.

Missing a semicolon before the property name ○○.

원인   오류가 발견된 곳 또는 그 앞의 값 뒤에 ;이 없다.

해결 방법   ;을 추가한다.

Property ○○ doesn't exist.

원인   속성명이 틀렸다.

해결 방법   올바른 속성명으로 고친다.

○○ is not a ▲▲ value.

원인 값을 적는 방법이 틀렸다.

해결 방법 올바른 값으로 고친다.

You must put a unit after your number.

원인 단위가 누락됐다.

해결 방법 0 이외의 값에는 단위가 필요하다. px, %, rem 등 적절한 단위를 추가한다.

@import are not allowed after any valid statement other than @charset and @import.

원인 @import가 적절한 곳에 기입되지 않았다.

해결 방법 @import를 CSS 파일의 첫 행에 적는다.

COLUMN

Sass 코멘트 아웃하는 법

SCSS 파일에서 코멘트 아웃하는 방법은 두 가지 입니다. 여러 행을 코멘트 아웃할 때는 CSS와 동일하게 /*와 */로 둘러쌉니다. 1행만 코멘트 아웃할 때는 //를 붙입니다. 일반적으로 CSS로 변환하면 1행만 코멘트 아웃한 것은 변환되지 않고 사라집니다. CSS 파일에서도 코멘트를 남기고 싶다면 여러 행을 코멘트 아웃하는 방법을 사용하기 바랍니다.

예시

```
/*
  여러 행을 둘러싸서
  코멘트 아웃할 수 있다.
*/

// 1행만 코멘트 아웃
```

■ **자바스크립트**

자바스크립트 오류는 크롬 개발자 도구에서 확인할 수 있습니다. 페이지의 우측 버튼을 클릭하고 '검사'를 눌러서 개발자 도구를 실행시켜보세요. 오류가 있으면 화면 우측 상단에 빨간색 X 표시가 나타나고 'Console' 탭에서 자세한 내용을 볼 수 있습니다.

오류가 없으면 Console 탭에 아무것도 표시되지 않는다.

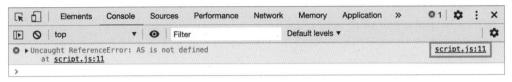

오류가 있으면 우측에 오류가 있는 파일명과 행이 표시된다.

net::ERR_FILE_NOT_FOUND

> **원인** 불러온 파일이 존재하지 않는다.

> **해결 방법**
> - 파일 경로를 수정한다.
> - 저장한 파일명과 불러온 파일명이 일치하지 않는다.
> - 파일명의 철자가 맞는지 확인한다.

Uncaught ReferenceError: ◯◯ is not defined

> **원인** 오류가 발견된 곳의 내용이 잘못됐다.

> **해결 방법**
> - 철자가 틀리지 않았는지 확인한다.
> - 불필요한 공백이 섞여 있는지 확인한다.

Uncaught SyntaxError: Unexpected token '◯◯'

> **원인** ;이나 괄호 등 필요한 기호가 누락됐다.

> **해결 방법** 부족한 기호를 추가한다.

■ Sass

SCSS 파일을 CSS 파일로 변환할 때 오류가 나서 제대로 변환되지 않을 때가 있습니다. 대부분 CSS를 잘못 만든 것이 원인입

'Watch Sass'를 클릭한 후 오류가 있으면 '문제' 탭에 표시된다.

니다. VSCode 텍스트 에디터의 확장 기능인 DartJS Sass Compiler and Sass Watcher를 사용한다면 화면 하단의 '문제' 탭에서 오류 메시지를 확인할 수 있습니다.

VSCode에서 '문제'가 보이지 않으면 상단에서 '보기→문제'를 클릭한다.

○○ expected

원인 필수 기호가 누락됐다.

해결 방법 오류가 발견된 곳에 누락된 기호를 추가한다.

property value expected

원인 값이 누락됐다.

해결 방법 알맞은 값을 추가한다.

string literal expected

원인 문자열을 "로 감싸지 않는다.

해결 방법 파셜 파일 등 파일을 불러올 때 문자열을 ' 또는 "로 감싼다.

Unknown property: ○○

원인 속성명을 잘못 기입했다.

해결 방법 속성명을 수정한다.

8.3 구현하다가 모르는 것이 있다면 웹사이트에 질문하기

체크리스트로 직접 체크를 하거나 검색해도 문제를 해결하지 못했다면 웹사이트에 질문을 올리는 것도 좋은 방법입니다.

▨ 질문하기 전 주의할 점

질문하기 전 먼저 **15분 정도는 스스로 해결해보도록** 합시다. 혼자서 문제를 해결해보는 것만으로도 본인의 능력 향상에 도움이 됩니다. 15분이 지나도 해결되지 않는다면 Q&A 사이트에 질문을 올려보세요.

질문은 답변하기 쉽도록 올리기

지금 어떤 문제를 겪는지 상세하게 올려야 답변자가 답변을 올리기 쉽습니다. 문제를 자연스럽게 해결할 수 있는 것은 물론 올바르게 이해할 수 있습니다. 먼저 간결하게 정리한 뒤 올려보기를 바랍니다.

- 무엇이 문제인가?　　　　• 무엇을 알고 있고 무엇을 모르는가?　　　　• 어디까지 해봤는가?

다음의 템플릿도 활용해보세요.

웹사이트를 구현하다가 문제가 발생해 질문을 올립니다. 원인 또는 해결책을 알고 계시는 분이 있을까요? 이 사이트에서도 검색해봤지만 해결 방법을 못 찾았습니다. 잘 부탁드립니다.

- 무엇을 구현하고 싶은가?
  예: 데스크톱 사이즈로 가로 폭 500px인 div를 만들고 싶다.

- 발생한 문제, 오류 내용
  예: 미디어 쿼리가 적용되지 않는다(해당 코드 붙여넣기).

- 시도한 것, 조사한 것
  예: 개발자 도구에서 확인했을 때 미디어 쿼리에 취소선이 있다. 틀린 철자도 없고 CSS 문법을 체크했을 때도 문제가 없다.

- 추가 정보 (화면 캡처, 브라우저 버전 등)
  예: 크롬, 사파리에서 확인을 완료했으며 모두 적용되지 않는다(모바일 사이즈, 데스크톱 사이즈 스크린샷 첨부).

답변자에게 잊지 말고 감사의 인사하기

답변자는 당신이 올린 질문을 확인하고 무료로 해결해줍니다. 호의를 당연하다고 생각하면 안 됩니다. 구체적이고 명확하게 질문을 올렸는지, 공격적인 문장은 아니었는지 생각해보기를 바랍니다. 만약 올라온 답변으로 문제가 해결되지 않더라도 고민에 시간을 할애해주었다는 것에 고마움을 느끼고 감사를 표시합시다.

질문이 해결된 것으로 상태 바꾸기

답변자에게 감사를 표시함은 물론 문제를 해결했음을 알리기 위해 해결 완료로 상태를 바꾸면 향후 같은 문제를 겪은 사람에게도 도움이 될 것입니다. 답변자 역시 해결될 때까지의 흐름을 보는 것만으로도 좋은 공부가 됩니다. 질문을 이어서 계속 올리지 않도록 주의하세요.

■ 질문 사이트

앞서 설명한 내용을 이해했다면 이제 질문 사이트에 질문을 올려봅시다. 국내에서 가장 알려진 질문 사이트를 소개합니다.

스택 오버플로

스택 오버플로Stack Overflow는 전 세계에서 프로그래머에게 가장 유명한 질문 사이트입니다. 웹 관련 문의뿐만 아니라 다양한 프로그래밍 언어와 관련한 질문도 가능합니다. 아직 한글 버전이 없어 영어로 질문을 올려야 하지만 압도적으로 데이터가 많으니 매우 유용합니다.

https://stackoverflow.com/questions

해시코드

해시코드Hashcode는 한국의 스택 오버플로로 불리는 사이트이며 한국어로 질문을 올리고 볼 수 있습니다. 웹에서 코드를 실행해 볼 수 있다는 점도 큰 장점입니다. 스택 오버플로보다는 데이터가 부족하지만 한국어로 볼 수 있어 영어가 불편하다면 해시코드 사이트를 접속해보기 바랍니다.

https://hashcode.co.kr/

갤러리 사이트에 올리기

디자인 참고에도 도움이 되면서 보는 것만으로도 즐거워지는 웹 디자인 관련 갤러리 사이트를 살펴보겠습니다. 여러분이 만든 웹사이트도 꼭 올려보기를 바랍니다. 사이트 관리자의 승인이 있어야 등록되기 때문에 신청한 모든 사이트를 올릴 수 있는 것은 아닙니다. 스크린샷은 승인되면 사이트 관리자가 준비하는 경우도 있고 신청할 때 미리 준비해서 올리는 경우도 있습니다. 미리 준비할 때는 크기나 파일 형식에 제한이 있을 수도 있으니 주의 사항을 잘 읽고 준비하세요.

국내 사이트

디비컷

디비컷DBCUT은 국내외 신규 웹사이트를 소개하고 평가하는 국내 웹 디자이너 커뮤니티입니다. 매일 신규 홈페이지가 업데이트되니 확인하면 도움이 될 것입니다.

https://www.dbcut.com/

GD WEB

GD WEB은 국내 우수 웹 디자인 사이트 선정 및 시상을 진행하는 사이트입니다. 웹 에이전시 관련 정보도 많이 얻을 수 있습니다.

https://www.gdweb.co.kr/

비핸스

비핸스Behance는 어도비에서 운영하는 크리에이티브 프로젝트 검색 서비스입니다.

https://www.behance.net/

해외 사이트

CSS Winner

CSS Winner는 오른쪽 위 'SUBMIT SITE'를 눌러서 신청합니다. 신청할 때는 9달러가 필요하나 만약 승인되지 않아서 올라가지 못하면 납입한 돈은 반환됩니다.

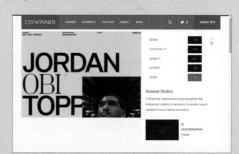

https://www.csswinner.com/

CSSline

CSSline은 푸터에 있는 'Submit a site'를 클릭해서 트위터를 경유해 신청할 수 있습니다.

https://cssline.com/

찾아보기

찾아보기